ALICE'S BIRTHDAY BOOK

ALICE'S BIRTHDAY BOOK

WITH QUOTATIONS FROM
LEWIS CARROLL'S
ALICE'S ADVENTURES IN WONDERLAND
AND *THROUGH THE LOOKING-GLASS*
AND PICTURES BY
SIR JOHN TENNIEL

M

MACMILLAN
CHILDREN'S BOOKS

Alice's Adventures in Wonderland and *Through the Looking-Glass*
First published 1866 and 1872 respectively by Macmillan & Co Ltd
The *Alice Birthday Book* (first published 1980)
now re-issued as *Alice's Birthday Book* and published by
Pan Macmillan Children's Books
a division of Pan Macmillan Publishers Limited
Cavaye Place London SW10 9PG
and Basingstoke

Associated companies throughout the world

ISBN 0–333–58457–0

The coloured illustrations are taken from the New Children's Edition

A CIP catalogue record for this book is available from the British Library.

Printed in Hong Kong

A BEFORE-WORD

"There ought to be a book written about me, that there ought!" said Alice as she grew and grew after drinking from the little magic bottle.

And of course there was – not just one but two, which have been read and enjoyed for over a hundred years.

In *Alice's Birthday Book* you can write down the birthdays of your relatives and friends, and enjoy the quotations and illustrations from Lewis Carroll's classic stories, whatever your age.

"Seven years and six months!" Humpty Dumpty repeated thoughtfully. "An uncomfortable sort of age. Now if you'd asked my advice, I'd have said 'leave off at seven' – but it's too late now."

(This quotation comes from page 109 of the New Children's Edition of *Through the Looking-Glass* – there are more quotations in the following pages and if you want to know where *they* come from you will find the answers in the last few pages of this book.)

The Rabbit skurried away into the darkness

JANUARY

In winter, when the fields are white,
I sing this song for your delight –

1

2

JANUARY

3

4

5

6

JANUARY

7

She tried the little golden key in the lock,
and to her great delight it fitted!

JANUARY

8

9

10

11

JANUARY

'We beg your acceptance of this elegant thimble'

JANUARY

12

13

14

15

JANUARY

16

17

18

19

JANUARY

20

21

22

23

JANUARY

24

25

26

27

JANUARY

28

29

30

31

JANUARY

'Curiouser and curiouser!' cried Alice; 'now I'm opening out like the largest telescope that ever was!'

‘An invitation from the Queen to play croquet’

FEBRUARY

'And what is the use of a book,' thought Alice, 'without pictures or conversation?'

1

2

FEBRUARY

3

4

5

6

FEBRUARY

7

'Do I look very pale?' said Tweedledum,
coming up to have his helmet put on.

FEBRUARY

8

9

10

11

FEBRUARY

12

13

14

15

FEBRUARY

16

17

18

19

FEBRUARY

20

21

22

23

FEBRUARY

24

25

26

27

FEBRUARY

28

29

The Hatter hurriedly left the court, without even waiting to put his shoes on.

The Caterpillar and Alice looked at each other
for some time in silence.

MARCH

'I told you butter wouldn't suit the works,' he added,
looking angrily at the March Hare.
'It was the *best* butter,' the March Hare meekly replied.

1

2

MARCH

3

4

5

6

MARCH

7

'If seven maids with seven mops
Swept it for half a year,
Do you suppose,' the Walrus said,
'That they could get it clear?'
'I doubt it,' said the Carpenter,
And shed a bitter tear.

MARCH

8

9

10

11

MARCH

" Fury said to
a mouse, That
he met in the
house, 'Let
us both go
to law: *I*
will prose-
cute *you.*—
Come, I'll
take no de-
nial: We
must have
the trial;
For really
this morn-
ing I've
nothing
to do.'
Said the
mouse to
the cur,
'Such a
trial, dear
Sir, With
no jury
or judge,
would
be wast-
ing our
breath.'
'I'll be
judge,
I'll be
jury,'
said
cun-
ning
old
Fury:
'I'll
try
the
whole
cause,
and
con-
demn
you to
death'"

The Mouse's Tale

MARCH

12

13

14

15

MARCH

16

17

18

19

MARCH

20

21

22

23

MARCH

24

25

26

27

MARCH

28

29

30

31

MARCH

The Cat only grinned when it saw Alice

'I dare say you're wondering why I don't put my arm round your waist,' the Duchess said: 'the reason is, that I'm doubtful about the temper of your flamingo.'

APRIL

In Spring, when woods are getting green,
I'll try and tell you what I mean.

1

2

APRIL

3

4

5

6

APRIL

7

'So young a child,' said the gentleman sitting opposite to her, (he was dressed in white paper,) 'ought to know which way she's going, even if she doesn't know her own name!'

8

9

10

11

APRIL

12

13

14

15

APRIL

16

17

18

19

APRIL

20

21

22

23

APRIL

24

25

26

27

APRIL

28

29

30

'Contrariwise,' continued Tweedledee, 'if it was so, it might be; and if it were so, it would be: but as it isn't, it ain't. That's logic.'

'Off with her head!'

MAY

'. . . and the moral of *that* is – "Take care of the sense, and the sounds will take care of themselves." '

1

2

MAY

3

4

5

6

MAY

7

She put one arm out of the window, one foot up the chimney.

MAY

8

9

10

11

MAY

'When we were little we went to school in the sea'

MAY

12

13

14

15

MAY

16

17

18

19

MAY

20

21

22

23

MAY

24

25

26

27

MAY

28

29

30

31

MAY

'Will you walk a little faster?' said a whiting to a snail.
'There's a porpoise close behind us, and he's treading on my tail.
See how eagerly the lobsters and the turtles all advance!
They are waiting on the shingle — will you come and join the dance?
Will you, won't you, will you, won't you, will you join the dance?
Will you, won't you, will you, won't you, won't you join the dance?

Alice tipped over the jury box

JUNE

'The more head downwards I am, the more I keep inventing new things' (the White Knight)

1

2

JUNE

3

4

5

6

JUNE

7

'You are old, Father William,' the young man said,
'And your hair has become very white;
And yet you incessantly stand on your head —
Do you think at your age, it is right?'

JUNE

8

9

10

11

JUNE

The King and Queen of Hearts were seated on their throne

JUNE

12

13

14

15

JUNE

16

17

18

19

JUNE

20

21

22

23

JUNE

24

25

26

27

JUNE

28

29

30

'The Duchess! The Duchess! Oh my dear paws! Oh my fur and whiskers! She'll get me executed, as sure as ferrets are ferrets!' (The White Rabbit)

JUNE

And certainly the glass *was* beginning to melt away, just like a bright silvery mist.

Alice was curled up in the great armchair

JULY

In summer, when the days are long,
Perhaps you'll understand my song

1

2

JULY

3

4

5

6

JULY

7

'Speak roughly to your little boy,
And beat him when he sneezes:
He only does it to annoy
Because he knows it teases.'

JULY

8

9

10

11

JULY

Jabberwocky

JULY

12

13

14

15

JULY

16

17

18

19

JULY

20

21

22

23

JULY

24

25

26

27

JULY

28

29

30

31

JULY

Alice soon came to the conclusion it was a very difficult game indeed.

‘O Tiger-lily! I *wish* you could talk’

AUGUST

'The rule is, jam to-morrow and jam yesterday –
but never jam today.'

1

2

AUGUST

3

4

5

6

AUGUST

7

A mad tea-party.

AUGUST

8

9

10

11

AUGUST

''Twas brillig, and the slithy toves . . .'

AUGUST

12

13

14

15

AUGUST

16

17

18

19

AUGUST

20

21

22

23

AUGUST

24

25

26

27

AUGUST

28

29

30

31

AUGUST

'I beg your pardon, your Majesty,' he began, 'for bringing these in: but I hadn't quite finished my tea when I was sent for.'

And he grinned almost from ear to ear

SEPTEMBER

In autumn, when the leaves are brown,
Take pen and ink and write it down.

1

2

SEPTEMBER

3

4

5

6

SEPTEMBER

7

I shook him well from side to side,
Until his face was blue:
"Come, tell me how you live," I cried.
"And what it is you do!"

SEPTEMBER

8

9

10

11

SEPTEMBER

They were in a little boat, gliding along

SEPTEMBER

12

13

14

15

SEPTEMBER

16

17

18

19

SEPTEMBER

20

21

22

23

SEPTEMBER

24

25

26

27

SEPTEMBER

28

29

30

The King read out from his book 'Rule Forty-two.
All persons more than a mile high to leave the court.'

SEPTEMBER

The last time she saw them, they were trying to put
the Dormouse into the teapot.

The White Knight

OCTOBER

'I mean, what *is* an un-birthday present?'
'A present given when it isn't your birthday, of course.'
Alice considered a little. 'I like birthday presents best.'

1

2

OCTOBER

3

4

5

6

OCTOBER

7

They were standing under a tree, each with an arm round the other's neck, and Alice knew which was which in a moment, because one of them had "DUM" embroidered on his collar, and the other "DEE".

OCTOBER

8

9

10

11

OCTOBER

12

13

14

15

OCTOBER

16

17

18

19

OCTOBER

20

21

22

23

OCTOBER

24

25

26

27

OCTOBER

28

29

30

31

The White Rabbit blew three blasts on the trumpet

NOVEMBER

'In *our* country,' Alice remarked,
'there's only one day at a time.'

1

2

NOVEMBER

3

4

5

6

NOVEMBER

7

'Now! Now!' cried the Queen. 'Faster! Faster!'
And they went so fast that at last they seemed to skim through the air, hardly touching the ground with their feet.

NOVEMBER

8

9

10

11

NOVEMBER

. . . Round its neck a paper label, with the words 'DRINK ME' beautifully printed on it in large letters.

NOVEMBER

12

13

14

15

NOVEMBER

16

17

18

19

NOVEMBER

20

21

22

23

NOVEMBER

24

25

26

27

NOVEMBER

28

29

30

'If everybody minded their own business,'
the Duchess said in a hoarse growl,
'the world would go round a deal faster than it does.'

NOVEMBER

'I can't stand this any longer!' she cried.

The confusion got worse every moment.

DECEMBER

'Begin at the beginning,' the King said gravely, 'and go on till you come to the end: then stop.'

1

2

DECEMBER

3

4

5

6

DECEMBER

7

'You alarm me!' said the King. 'I feel faint –
Give me a ham-sandwich!'

DECEMBER

8

9

10

11

DECEMBER

'Up above the world you fly,
Like a tea-tray in the sky.
Twinkle, twinkle —'

DECEMBER

12

13

14

15

DECEMBER

16

17

18

19

DECEMBER

20

21

22

23

DECEMBER

24

25

26

27

DECEMBER

28

29

30

31

Where the quotations come from

The page numbers refer to the New Children's Edition, published by Macmillan Publishers Ltd. of London.

'Wonderland' stands for *Alice's Adventures in Wonderland* and *'Looking Glass'* for *Through the Looking-Glass*

January

The Rabbit skurried away . . . *Wonderland* p17
In winter, when the fields . . . *Looking Glass* p118
She tried the little golden key . . . *Wonderland* p8
'We beg your acceptance . . .' *Wonderland* p32
'Curiouser and curiouser' *Wonderland* p14

February

An invitation from the Queen . . . *Wonderland* p72
'And what is the use of a book . . .' *Wonderland* p1
'Do I look very pale?' . . . *Looking Glass* p79
The Hatter hurriedly left the court . . . *Wonderland* p159

March

The Caterpillar and Alice . . . *Wonderland* p55
'I told you butter wouldn't suit . . .' *Wonderland* p91
'If seven maids with seven mops . . .' *Looking Glass* p66
The Mouse's Tale . . . *Wonderland* p34
The Cat only grinned . . . *Wonderland* p83

April

'I dare say you're wondering . . .' *Wonderland* p122
In spring, when woods . . . *Looking Glass* p118
'So young a child . . .' *Looking Glass* p45
'Contrariwise,' continued Tweedledee . . . *Looking Glass* p61

May

'Off with her head' . . . *Wonderland* p113
'. . . and the moral of that is . . .' *Wonderland* p122
She put one arm out of the window . . . *Wonderland* p159
'When we were little . . .' *Wonderland* p13
'Will you walk a little faster? . . .' *Wonderland* p139

June

Alice tipped over the jury box . . . *Wonderland* p162
'The more head downwards I am . . .' *Looking Glass* p158

10|18
12, avenue d'Italie — Paris XIIIe

Du même auteur
aux Éditions 10/18

PORTERHOUSE, n° 1911
WILT 1, n° 1912
WILT 2, n° 1913
MÊLÉE OUVERTE AU ZOULOULAND, n° 2074
OUTRAGE PUBLIC À LA PUDEUR, n° 2075
LE CRU DE LA COMTESSE, n° 2414
WILT 3, n° 2524
LE BÂTARD RÉCALCITRANT, n° 2704

FUMIERS ET CIE

PAR

TOM SHARPE

Traduit de l'anglais
par Christiane et David ELLIS

10 18

« Domaine étranger »
dirigé par Jean-Claude Zylberstein

BELFOND

Titre original :
The Midden

Sur l'auteur

Tom Sharpe le bien nommé ("*sharp*" signifie "futé" en anglais), est né en 1928 en Angleterre. Après des études à Cambridge, il sert dans les Marines avant de s'installer en 1951 en Afrique du Sud. Travailleur social puis professeur, il dirige également un studio de photographie. Dix ans plus tard, Tom Sharpe est expulsé pour avoir écrit et représenté une pièce contre le régime de l'Apartheid. De 1963 à 1972, il est assistant d'histoire au *College of Art and Technology* de Cambridge. Depuis 1970, il coule des jours heureux dans le Dorset en Angleterre, grâce au formidable succès de ses romans satiriques. Reconnu depuis *Wilt* comme l'un des plus grands humoristes anglais contemporains, Tom Sharpe a reçu, en 1986, le Grand Prix de l'humour noir pour l'ensemble de son œuvre.

ISBN 2-264-02789-4

En souvenir de Montsé Turró
Et avec tous mes remerciements à Jaume, Maria Carmen, Pep et Kim et à tous les membres de l'hôtel Levant, à Llafranc.

1

Dans la vie, Timothy Bright avait une ambition : être riche.

D'ailleurs, tous les Bright étaient riches. La chose allait de soi et on l'avait élevé dans la conviction qu'il ne ferait pas exception. Il avait grandi entouré des preuves de cette fortune familiale, les manoirs où vivaient tous les Bright de sa connaissance, leurs meubles et leurs hectares de jardins paysagés, les portraits des ancêtres Bright décorant les murs des manoirs Bright et, par-dessus tout, les histoires qu'on lui racontait sur ses ancêtres, ces Bright d'autrefois qui avaient su accumuler, au cours des siècles, cette fortune permettant aux Bright d'aujourd'hui une vie si confortable. Timothy ne se lassait pas d'entendre ces épopées. Mais sans bien en saisir toutes les nuances. Il ne lui était pas venu à l'esprit, par exemple, que les Bright du XXe siècle, et en particulier la génération de son père, n'avaient pratiquement rien fait pour accroître ou même conserver cette richesse. De plus, ayant accompli toute leur scolarité dans des *public schools* et développé, par conséquent, cette sottise prétentieuse qui va de pair, les Bright avaient fait ce qu'il fallait pour détruire ce bel édifice financier et pour saper l'influence de la famille. Ils en étaient même arrivés à se détruire eux-mêmes, sans grand bénéfice pour leur patrie.

Ainsi, alors que les Bright seniors s'étaient appliqués, par leurs talents et leurs relations politiques, à rendre les guerres inévitables, les Bright juniors étaient morts sur les champs de bataille, victimes de leur courage imbécile. Que cela ait aidé ou non les finances familiales, nul ne peut le dire. Mais ce que ni les guerres ni leurs goûts à fréquenter les terrains de cricket ou de chasse plutôt que les salles d'études n'avaient pu accomplir, les droits de succession ajoutés à leur stupidité indolente y étaient parvenus. On avait soigneusement caché tous ces détails à Timothy. Il y avait bien eu une ou deux vieilles tantes pour bougonner que les choses n'étaient plus ce qu'elles étaient de leur temps, quand chaque maison avait un vrai maître d'hôtel et un bataillon de domestiques, mais cette nostalgie d'un passé meilleur et révolu avait laissé Timothy indifférent. D'ailleurs, les quelques domestiques qu'il avait pu observer, se chauffant les côtes aux timides rayons du soleil contre le mur du potager modèle de l'oncle Fergus à Drumstruthie, ne l'avaient vraiment pas impressionné. Rien de bien surprenant, d'ailleurs. L'oncle Fergus était très mal vu du reste de la famille. C'était un Bright hors norme et particulièrement riche. Une vie de bons et loyaux services dans différentes régions du globe à l'hygiène douteuse mais au niveau de vie avantageux (Fergus Bright avait été vice-consul du Timor oriental et l'on avait même parlé de lui pour un poste aux Falklands) lui avait évité de connaître les fiascos financiers de ses frères et de ses cousins. Une dernière nomination de gouverneur de l'Asile royal près de Kettering lui avait été tout à fait profitable, et l'extrême discrétion qu'il avait su montrer envers ses patients, issus d'excellentes familles, avait trouvé sa juste récompense. Mais, en dépit de cela, ou peut-être à cause d'une parcimonie de mauvais aloi, on avait toujours présenté l'oncle Fergus à Timothy comme l'exemple de la droiture ennuyeuse et du danger social qu'implique une bonne éducation.

— Oncle Fergus est sorti d'Oxford avec mention très bien, aimait à dire tante Annie pour agacer ses frères.

— Et regardez où ça l'a mené ! Au Timor oriental ! ripostait invariablement le clan des vieux Bright dont très peu avaient réussi à entrer à l'université.

Donc, en dépit de sa richesse qui lui avait permis d'entretenir le domaine de Drumstruthie, Fergus était considéré comme un exemple négatif, et on avait conseillé à Timothy de choisir plutôt ses héros ailleurs, parmi ses oncles Harry ou Wedgewood ou Lambkin qui, tous, jouaient au polo, tiraient à la carabine, allaient à la chasse, appartenaient aux clubs les plus sélects de Londres, qui avaient livré quelques guerres sacrément sympas un peu partout et qui semblaient mener des vies très confortables sans se soucier de l'argent.

— Je n'y comprends vraiment rien du tout, papa, avait dit Timothy à son père un jour où ils étaient descendus à Dilly Dell pour assister à l'entraînement du nouveau furet du vieil Og, l'homme à tout faire du domaine.

Le vieil Og avait lâché la bête dans un terrier qu'il avait creusé lui-même pour y placer un lapin d'élevage car, comme il disait :

— Y a plus moyen d'trouver de la vraie lièvre avec toute leur mickeymatose, alors j'ai dû m'débrouiller et en acheter un au magasin.

Ce que Timothy Bright n'avait aucune peine à comprendre.

— Mais je ne comprends toujours rien à l'argent, Papa, reprit-il tandis que le furet s'engouffrait dans le trou. A quoi, au juste, sert l'argent ?

Bletchley Bright détourna pour quelques instants son

œil protubérant du monde artificiel du terrier pour observer brièvement son fils avant de revenir à des choses nettement plus importantes, comme la mise à mort d'un lapin. Il n'était pas tout à fait persuadé que la question de Timothy fût bien correcte.

— A quoi sert l'argent ? répéta-t-il d'une voix incertaine, ce qui permit au vieil Og de répondre à sa place.

— C'est fait pour qu'on y dépense, m'sieur Timothy, dit-il avec un méchant ricanement, qui, tout comme son parler archaïque et rustique, demandait un grand entraînement. Ceux qu'en ont, y z'y dépensent, et ceux qu'en ont pas, y z'y volent.

— Oui, enfin, j'imagine que c'est une façon de voir les choses, commenta Bletchley sans conviction.

Sa seule contribution au service public était de siéger à l'occasion au tribunal de paix de Voleney Hatch. La discussion fut interrompue par l'apparition du jeune furet, le museau taché de sang.

— A m'n avis, y sera une beauté, pas vrai ? s'attendrit le vieil Og, ce qui lui valut d'être immédiatement mordu au pouce pour prix de son inattention.

Réprimant avec peine l'envie d'utiliser un juron plus fort que « sacré bon sang de bois », Og fourra l'animal dans la poche de sa veste et partit précipitamment chercher de l'élastoplast au Mini-Market du village, plantant là père et fils. Ils ne tardèrent pas à repartir de leur côté, car c'était l'heure du thé en cuisine.

— Vois-tu, fiston, reprit Bletchley après avoir parcouru une centaine de mètres et mis un peu d'ordre dans ses pensées, l'argent c'est…

Il fit une pause tout en cherchant l'inspiration au fond d'une flaque d'eau boueuse.

— L'argent c'est… oui, tu vois, je ne sais pas très bien comment t'expliquer mais l'argent c'est… Bonté divine, mais je crois bien que j'ai vu une chouette effraie là-bas vers le bois. Ce serait formidable de voir une chouette effraie, tu ne trouves pas, Timothy ?

— Mais je veux savoir d'où vient l'argent, poursuivit Timothy qui n'entendait pas si facilement se laisser distraire par ce qui n'était qu'un vulgaire pigeon.

— Ah oui, d'où vient l'argent, dit Bletchley. Je sais très bien d'où il vient. Il vient d'autres gens qui paient, parbleu.

— D'autres gens, papa ? Des gens comme le vieil Og ?

Bletchley secoua la tête.

— Je ne pense pas que le vieil Og ait beaucoup d'argent. Les petits boulots, ça ne rapporte pas. Remarque, il est très heureux. L'argent ne fait pas le bonheur. J'espère qu'on t'a appris ça à l'école.

— Mr Habback gagne quatre-vingt-onze livres par semaine, dit Timothy. Scobey a vu sa feuille de paie sur son bureau et, d'après lui, ce n'est pas beaucoup.

— Eh bien, dire que c'est beaucoup serait exagéré, concéda son père, mais d'un autre côté les enseignants sont logés et nourris et ça, c'est un sacré bonus, tu sais.

— Mais comment est-ce que je vais faire pour gagner de l'argent ? Je n'ai pas envie de finir comme Mr Habback ! avait repris Timothy avec insistance.

Bletchley Bright avait parcouru d'un regard sans tendresse le morne paysage d'hiver avant de se résoudre à révéler, enfin, ce qui était de toute évidence le secret de la famille.

— Tu gagneras de l'argent quand tu deviendras un *nom* [1], dit-il enfin. Et c'est ce qui arrivera quand tu auras

---

1. Les *noms :* Dans le système de la Lloyd, ce sont les personnalités, possédant une certaine fortune et réputation, qui acceptent d'apporter leur nom, autrement dit leur patrimoine personnel, en garantie des risques encourus par la compagnie. En retour, ils reçoivent des dividendes confortables. Le système a parfaitement fonctionné jusque dans les années 90 où une série de procès et

vingt et un ans. En attendant ce jour, je te serais reconnaissant de ne plus jamais aborder le sujet de l'argent. C'est le genre de conversation qui n'est pas du tout convenable pour un Bright de ton âge.

Dès lors, Timothy avait été sûr et certain de devenir riche puisqu'il s'appelait Timothy Bright et que son nom de famille était une sorte de garantie pour faire fortune. Avec une telle certitude, il était tout à fait superflu de chercher à savoir comment y parvenir. La richesse viendrait plus tard par une sorte de processus naturel, quand il aurait atteint ses vingt et un ans et qu'il serait, par conséquent, devenu un *nom*. Entre-temps, il aurait à faire face — ou à prendre plaisir — aux problèmes de l'adolescence. Après avoir acquis le goût des sports de sang sous la houlette du vieil Og, il connut vers seize ans une brève crise religieuse, sur « sa route vers le Ciel », comme l'avait expliqué l'aumônier de l'école, le révérend Benedict de Cheyne, dans une lettre adressée à ses parents.

« Nous remarquons souvent chez les garçons de nature sensible une tendance à ce genre d'idées farfelues », y écrivait le révérend après que Timothy se fut décidé à lui livrer tous ses états d'âme en confession. « Cependant, je puis vous garantir que cet engouement intempestif pour une sainteté déplacée tend à disparaître très rapidement dès que s'affaiblit la notion primaire de péché. Je ferai naturellement de mon mieux, en tant que conseiller et compagnon spirituel de Timothy, pour hâter cette évolution. Nous passerons nos vacances de Pâques dans un cottage sur les landes d'Exmoor. J'ai souvent constaté que cette période d'isolement avait des effets bénéfiques sur

---

de désastres a obligé la Lloyd à puiser dans le bien des *noms* dont certains ont été absolument ruinés. *(N.d.T.)*

les jeunes âmes. Votre fidèle serviteur en Dieu, Benedict de Cheyne. »

— Je dois dire que je trouve assez inquiétante sa façon d'insister sur le péché, fit remarquer Bletchley à sa femme après avoir lu plusieurs fois la lettre.

— A votre avis, que vont-ils faire sur cette lande d'Exmoor ? demanda Ernestine. Il y fait terriblement froid à Pâques.

— J'aime mieux ne pas y penser, rétorqua Bletchley en quittant la pièce pour éviter d'avoir à affronter les questions de sa femme sur la nature exacte des idées farfelues de Timothy.

Il alla s'enfermer dans les toilettes du rez-de-chaussée et essaya de chasser les réminiscences de sa propre libido adolescente en contemplant les photos d'une splendide collection de pièges à taupes dans *Manoirs et jardins*. Ça ne lui aurait pas déplu de pouvoir essayer un de ces pièges sur le révérend Benedict de Cheyne.

Ce soir-là, Mrs Bright aborda à nouveau le sujet au cours du dîner.

— Bien sûr, tout ça c'est la faute au vieil Og, dit-elle alors qu'ils s'attablaient devant leurs œufs brouillés.

Bletchley suspendit le mouvement de sa fourchette.

— Le vieil Og ? Bonté divine, qu'est-ce que le vieil Og vient donc faire dans cette histoire ?

— Timothy a trop fricoté avec... eh bien, il a été soumis à l'influence pernicieuse du vieil Og, dit Ernestine.

— Influence pernicieuse ? Qu'est-ce que vous me chantez là !... s'exclama Bletchley. Le vieil Og est très bien. Sports de plein air et tout le bataclan.

— C'est peut-être votre point de vue, poursuivit-elle, mais, à mon avis, vous n'y êtes pas du tout. Laisser un garçon sensible et délicat comme Timothy fricoter avec... enfin... le vieil Og.

Elle s'interrompit et fixa son assiette.

— Fricoté ? Vous n'arrêtez pas d'utiliser cette expression. Si vous insinuez par là que le vieil Og a « fricoté » avec..., hurla Bletchley. Nom de Dieu ! Mais je vais lui ficher une raclée à ce type... Je vais...

— Oh, taisez-vous donc ! dit Ernestine. Vous vous rendez parfaitement ridicule. Vous êtes bien incapable de lui donner une raclée. Non, je veux dire que cet affreux bonhomme a fait succomber Timothy à deux terribles tentations.

Elle marqua un temps d'arrêt. Bletchley était prêt à quitter sa chaise.

— D'abord il y a eu cet horrible animal au museau dégoulinant du sang de ce pauvre petit lapin.

— Mais comment faire autrement ? coupa Bletchley. Il n'y a plus un seul lapin sauvage dans le coin et Og devait bien entraîner son furet ! D'ailleurs ce n'était pas un horrible animal. C'était le furet du vieil Og, le jeune Mignon.

— Tous les furets sont horribles, continua Ernestine Bright. Et comme si ça ne suffisait pas pour tournebouler l'esprit d'un enfant, il a fallu qu'Og le conduise chez une de ces gourgandines du village et le livre à...

— Le livrer lui ? fit Bletchley. Ce n'est pas ce qui s'est passé avec moi. Il l'a livrée, elle. Dans la fleur de l'âge... Allons bon, maintenant, qu'est-ce qui ne va pas ?

— Vous n'êtes qu'une vile créature, un être dégoûtant et d'ailleurs irrémédiablement impuissant. Je n'arrive pas à comprendre comment j'ai bien pu vous épouser.

Là-dessus, Ernestine Bright se leva de table et quitta la pièce.

— Moi je sais bien pourquoi, dit Bletchley en s'adressant au portrait de son grand-père Benjamin. Pour le fric.

Mais, avec le temps, les prédictions de l'aumônier se réalisèrent. Timothy Bright revint d'Exmoor complètement guéri de sa crise mystique. Même son attitude envers le révérend Benedict avait tout à fait changé. En fin de compte, il suivit le cursus habituel des garçons de son milieu et fut, comme il se doit, recalé à ses examens.

— Et voilà tes chances d'entrer à Cambridge qui te pètent au nez, mon garçon, lui dit son oncle Fergus quand il reçut ses résultats.

Timothy était monté à Drumstruthie pour y passer l'été.

— Il n'y a pas trente-six solutions : il faut t'orienter vers la banque. Je connais un tas d'imbéciles qui ont remarquablement réussi dans la banque. Apparemment cela n'exige aucune réelle intelligence. Je me rappelle qu'on y a fait entrer ton grand-oncle Harry et, plus crétin que lui, on a peine à imaginer. Un type charmant, si je me souviens bien, bien qu'un peu limité côté neurones. En fait, pour schématiser légèrement et employer un jargon politiquement correct, c'était un handicapé mental léger, à qui il fallait vingt minutes pour nouer sa cravate, mais un type épatant malgré tout. D'ailleurs, toute la famille l'a aidé à se lancer dans sa nouvelle profession. Je crois que c'est ton grand-oncle Charlie, l'oncle de ta grand-mère, qui a trouvé le biais. Charlie devait un sacré paquet de fric à un bookmaker de Newmarket et, en temps normal, il se serait contenté de l'éviter pendant un moment. Au lieu de quoi, il a demandé à la famille de se cotiser et il est allé trouver le book pour lui proposer un marché : le remboursement immédiat de la totalité de sa dette à condition que le gars prenne en charge le grand-oncle Harold et qu'il lui apprenne toutes les ficelles du métier. Le book, qui pensait qu'on voulait se débarrasser d'une sorte de demeuré, a accepté et, à la fin de ses études, Harold est devenu banquier dans la City. Il s'en est sacrément bien sorti, d'ailleurs. Il a fini sa carrière comme P-DG de la Royale Occidentale, avec une décoration. On disait qu'il avait le don de savoir ce qu'un type pensait rien qu'en observant ses mains. Un don extraordinairement utile pour un gars qui n'avait, pour ainsi dire, pas de matière grise.

A mon avis, tu devrais réussir dans la banque, ce qui tomberait à pic pour la famille qui aurait bien besoin d'une petite aide financière actuellement.

Stimulé par l'exemple de son grand-oncle, Timothy Bright avait essayé de persuader son père d'investir la somme nécessaire à son apprentissage chez un bookmaker de Newmarket. Mais il s'était heurté au refus clair et net de Bletchley qui ne voyait là qu'une occasion de gaspiller de l'argent.

— On voit que tu as encore écouté les inepties de ton oncle Fergus, lui dit Bletchley. D'abord Harold n'était pas si bête que ça. Ce que Fergus oublie de dire c'est que c'était un génie en maths. D'où sa réussite. Rien à voir avec ces balivernes comme regarder les mains des clients. A entendre ce que Fergus raconte, on pourrait penser que ton oncle n'était qu'une sorte d'assistant bookmaker.

— Mais l'oncle Fergus dit qu'il observait toujours les...

— Harold était myope comme une taupe et il n'y voyait pas à un mètre. Tout ce qu'il savait faire c'était extraire des racines carrées et calculer des trucs appelés nombres premiers plus vite que son ombre. Une vraie calculatrice humaine.

Néanmoins, Timothy Bright suivit l'exemple de son oncle en ce sens qu'il fréquenta assidûment les champs de courses, laissant des sommes considérables aux mains des bookmakers, mais, dans son cas, sans contrepartie pédagogique. C'est à peu près à cette époque qu'il entra lui aussi à la banque et, le jour de ses vingt et un ans, il devint un des *noms* de la Lloyd. Bletchley essaya de lui expliquer ce qu'était un *nom*.

— A vrai dire, débuta-t-il gauchement, à vrai dire, tu n'as même pas besoin d'investir de l'argent. Tu gardes tout ton capital en investissements, ou en biens immobiliers ou en ce que tu veux. Il y a même des gens qui le laissent à la Caisse d'épargne. Et chaque année la Lloyd te verse une prime. C'est simple comme chou.

— Prime ? dit Timothy. Vous voulez dire « prime » comme dans prime d'assurance ?

— Tout juste, dit Bletchley ravi de voir son fils comprendre aussi vite, exactement comme une assurance de voiture. Au lieu d'empocher les primes, la Lloyd les redistribue à tous les *noms*. C'est un système merveilleusement équitable et je me demande bien ce qu'on aurait fait sans lui. En fait je crois que les Bright sont des *noms* depuis l'origine du système, depuis des siècles. Une vraie bénédiction du ciel.

C'est sur cette note d'optimisme quelque peu emphatique que l'entrevue se termina. Désormais Timothy Bright était un *nom.*

Quelques années plus tard, il s'était vraiment fait un nom.

Timothy était arrivé dans la City au début des années quatre-vingt convaincu que le monde lui appartenait, ce qui coïncidait exactement avec le point de vue de l'establishment alors au pouvoir. Sa situation au département des investissements de la banque Bimburg lui permit de jouer un rôle singulièrement important dans la restructuration des marchés financiers. Longtemps avant que le délit d'initié soit devenu monnaie courante, quelques agents de change les plus douteux ou, selon le point de vue, les plus malins, avaient compris que Timothy était l'intermédiaire idéal pour véhiculer l'information puisqu'il n'avait pas la moindre idée de ce qu'on lui racontait. Ce fut cette enviable réputation de discrétion involontaire qui contribua, plus que le reste, à son ascension régulière dans la hiérarchie de la banque. Lorsqu'on demandait à Timothy Bright de faire monter une action, il le faisait. S'il fallait la faire baisser, il le faisait aussi. Naturellement la famille Bright tirait de substantiels bénéfices dans l'opération, en particulier l'oncle Fergus qui venait régulièrement d'Aberdeen en train-couchettes simplement pour inviter son neveu à dîner et lui tirer les vers du nez en lui faisant passer en revue les affaires de la semaine. Après ces interrogatoires déguisés, Fergus Bright regagnait Drumstruthie en vieil homme plus riche et beaucoup mieux informé. Bien entendu il lui fallait tous ses talents de traducteur, voire de décrypteur, pour arriver à extraire une réelle information de tout le fatras incohérent que Timothy lui restituait. Mais ces efforts en valaient clairement la peine et oncle Fergus put ainsi acheter à bas prix des actions qui atteignaient peu après des cotes astronomiques, tout en se débarrassant de celles qui n'allaient pas tarder à s'effondrer. En fait, ce furent surtout les interventions de l'oncle Fergus sur le marché boursier qui valurent à Timothy d'être promu et de passer du département des investissements de la Bimburg au bureau de recrutement des *noms* de la Lloyd. Bien sûr, ce n'était pas son titre officiel et on en niait même farouchement l'existence, mais tout l'objet de ce bureau était de transmettre le message aux millions de nouveaux riches thatchériens pour les convaincre de devenir un des *noms* de la Lloyd, ce qui avait le double avantage d'être très honorable sur le plan social et très gratifiant sur le plan financier.

Tandis que les prix de l'immobilier flambaient et que le Premier ministre exaltait ce nouvel âge d'or de l'Angleterre, Timothy Bright faisait exactement ce qu'on lui demandait et recrutait de nouveaux *noms* qui devraient payer ce que l'on prévoyait bientôt de perdre dans une série de procès : amiante, pollutions et toute une kyrielle d'autres désastres.

C'était la belle vie. Timothy évoluait dans un monde où autosatisfaction et rapacité étaient érigées en vertus sociales. Que ce soit aux clubs, pendant les week-ends à la campagne, au cours de réunions politiques ou dans les dîners plus intimes, on pouvait compter sur Timothy Bright pour affirmer que la prospérité avait enfin béni l'Angleterre de l'après-guerre et que le Premier ministre avait sauvé la nation de ses propres démons. En récompense de son idolâtrie, on eut la gentillesse de lui confier les dernières informations sur les plans de privatisation et la liste des compagnies qui devaient bénéficier de contrats gouvernementaux. En fait, l'afflux de ces informations, soi-disant confidentielles, prit un tel rythme que Fergus se décida à louer en permanence une chambre à l'hôtel au lieu de perdre son temps en allers-retours avec l'Écosse. Il fut tout particulièrement reconnaissant d'être averti à l'avance de la grève des mineurs, ce qui lui permit de prendre des dispositions en conséquence et d'investir dans les transports routiers de Nottingham et leurs filiales de pièces détachées.

— Un type très bien, ce MacGregor, et un Écossais ! fit-il quand Timothy lui eut révélé le nom de celui qui allait être nommé à la tête des Charbonnages, ce qui porterait à son comble la rage de Scargill, le leader des mineurs.

Même Bletchley, d'habitude extrêmement méfiant dès qu'il s'agissait de conseils financiers émanant de son fils, se laissa convaincre d'investir, mais en évitant tout ce qui touchait aux Charbonnages et sans suivre les méandres subtils de la tactique de Fergus. Au contraire, il prit les conseils de son fils au pied de la lettre et, en conséquence, faillit perdre presque toute sa fortune en or canadien.

— C'est la dernière fois que j'écoute ce crétin fini que vous avez pour fils, dit-il à Ernestine. Cette espèce de minus m'avait très clairement annoncé un retour fracassant de l'étalon-or. Prétendait tenir le tuyau d'un autre connard qui travaille à la Banque d'Angleterre. Et maintenant regardez où on en est ! Pas étonnant que le pays soit dans la panade.

— Allons voyons, mon cher, dit Mrs Bright, Timothy a réussi une carrière magnifique. D'ailleurs, c'est ce que tout le monde dit. Vous n'allez pas lui gâcher son plaisir. Après tout, on n'est jeune qu'une fois.

— Dieu merci !

Et Bletchley partit échanger son point de vue avec le vieil Og qui pensait lui aussi que le monde était dans un sacré pétrin.

— Y sont d'venus mabouls, lui dit Og. Y a un gars du ministère qu'est v'nu nous dire qu'y-z-allaient gazer tous les blaireaux. J'y ai dit qu'on avait pas d'blaireaux mais y m'a pas écouté. « Faut les gazer vu qu'y sont tubards », qu'y m'a fait le gars. Alors j'y ai dit comme ça : « Jamais entendu parler de ça mais n'importe comment ici y a pas d'blaireaux. C'est pas l'bon coin pour les blaireaux, sauf si vous voulez gazer la brosse à raser d'not maître vu qu'y a pu qu'ça comme blaireau par ici. »

Bletchley éprouvait toujours un réel réconfort à entendre ce vieil homme dont les paroles simples le ramenaient dans un monde qui n'avait jamais existé, un monde où tous les étés étaient ensoleillés et où il y avait toujours de la neige le jour de Noël.

A maints égards, Timothy Bright vivait dans un monde aussi irréel que les souvenirs de son père. Lui aussi traversa les années 80 convaincu de la véracité du discours des spécialistes en communication. Et tandis que les politiciens et les hommes d'affaires vivaient dans l'espoir que, à force de discours optimistes, cette prospérité dont ils se vantaient finirait par arriver, Timothy, pour sa part, le croyait vraiment. Avec cette sublime ignorance qui n'est pas une excuse aux yeux de la loi, il prospérait en glorifiant des criminels ou des requins comme Maxwell et Ronson et en soutenant qu'une condamnation à la prison n'était en rien un obstacle à la promotion sociale. Dans le monde de Timothy personne ne démissionnait ou n'était puni pour ses négligences ou autre délit pire encore. La grande Maggie répandait sur la City ses gloussements de poule satisfaite, et Maxwell réduisait au silence les critiques les plus timides en les assignant sans pitié en diffamation devant les tribunaux, rendant ainsi les juges de Sa Majesté complices de ses délits infâmes. Timothy, lui, prospérait. C'était un charmant imbécile et tout le monde l'aimait.

Puis, du jour au lendemain, il ne fut plus qu'une sacrée crapule et pas si bête que ça, après tout.

2

Toujours un peu lent à comprendre, Timothy mit un certain temps avant de s'apercevoir que rien n'allait plus. Comme d'habitude il vaquait à ce qu'il appelait ses occupations. Comme d'habitude, il fréquentait les mêmes clubs et les mêmes bars où il tenait les mêmes discours et son petit boniment de boursicoteur. Mais, lentement, il finit par se rendre compte que les choses avaient changé. Du jour au lendemain, certaines personnes cessèrent de le voir. Des amis qu'il avait poussés à devenir des *noms* commencèrent à lui reprocher ses conseils.

— Mais je ne me doutais pas du tout que les choses pourraient tourner aussi mal, expliquait-il.

Naturellement, on le traitait de sale menteur.

— Déjà, en 1982, tu savais que les tribunaux américains accorderaient d'énormes indemnités aux victimes de l'amiante...

— D'accord, j'étais au courant, admit Timothy, mais à l'époque je ne connaissais pas cette maladie. Je croyais qu'il s'agissait d'eczéma ou d'une bricole de ce genre.

— Mais tu savais bien que les indemnités seraient considérables. Et les problèmes de pollution ? Tu assistais à cette fameuse réunion où ils ont mis au point toute cette sale combine : recruter de nouveaux *noms* pour leur faire payer l'addition. Et ne t'avise pas de dire le contraire. On sait que tu étais là, avec Coletrimmer.

— Effectivement j'y étais, fit étourdiment Timothy. Je me rappelle cette réunion mais je ne me doutais pas qu'il serait question de telles sommes d'argent. De toute manière, ce n'est pas moi qui vous ai forcés à entrer dans le Syndicat.

— Tiens donc ! Alors explique-nous pourquoi tu as réussi à ne pas te laisser embringuer dans l'histoire. Tu t'en tires plutôt bien, non ?

— Je n'ai fait que suivre les conseils de Coletrimmer.

— Tu parles ! A d'autres ! Coletrimmer est dans le pétrin et toi tu te la coules douce. Qu'est-ce que tu attends pour l'imiter et foutre le camp en Amérique du Sud, par exemple ?

Dans ce nouvel univers impitoyable, Timothy fut de plus en plus isolé. Même au sein de ses clubs il dut faire face à une impopularité qui devint vite insupportable. Les rares petites amies qu'il avait gardées de sa période faste prirent de la distance à mesure que se dégradaient sa situation financière et son style de vie.

— Ce Timothy Bright est vraiment un tocard de première, entendit-il une de ses anciennes conquêtes déclarer dans un wagon bondé. Je le trouvais déjà nul à l'époque mais alors maintenant ! Beurk !

Pour ne rien arranger, oncle Fergus lui-même cessa de venir à Londres et proclama partout à la ronde qu'« il n'était pas question que ce taré de Timothy remette les pieds à Drumstruthie », ce qui blessa particulièrement Timothy. Car, pour une fois, il avait fourni à son oncle une information précieuse en l'avertissant de l'imminence d'une guerre dans le Golfe. Mais l'oncle Fergus s'en était tenu à sa tactique habituelle qui consistait à prendre le contrepied de tout ce que lui rapportait son neveu. Il en avait déduit qu'aucun conflit n'étant à redouter il fallait investir de fortes sommes dans les pétroles irakiens. Le vieil homme perdit dans l'histoire un sacré paquet, ce qu'il ne pardonna jamais à son neveu.

En conséquence, Timothy se retrouva sans personne de sensé à qui demander conseil quand sa propre situation financière devint critique. Les problèmes se manifestèrent avec une rapidité alarmante. Sa maison de Holland Park, qu'il avait acquise au plus haut de la vague immobilière, avait nécessité un emprunt colossal. Avec la récession il fut dans l'impossibilité d'honorer ses mensualités de remboursement. Et pour couronner le tout, il finit par être lui-même pris au piège du scandale de la Lloyd et débiteur de centaines de milliers de livres sterling. En l'espace de quelques mois, tout l'univers de Timothy Bright s'était effondré.

C'est à ce moment de son existence que, poursuivant son ambition de faire fortune, il se souvint de la méthode employée par le grand-oncle Harold. Timothy se lança donc dans les courses de chevaux et les jeux de hasard.

Après avoir pratiquement perdu sa chemise aux courses, il s'endetta pour mettre en pratique une martingale infaillible qu'il avait lue quelque part. Il misa donc tout ce qu'il possédait à la roulette du Club Markinkus. Mais la roulette refusa de se conformer au système. Quand Timothy quitta la table de jeu, il ne lui restait plus qu'à accompagner au bureau deux messieurs baraqués, pour faire ce qu'ils appelaient « un brin de causette avec le patron ».

En fait de brin, ce fut plutôt un bouquet et, quand Timothy quitta le casino vingt minutes plus tard, il n'avait plus aucun doute sur ce que serait son avenir s'il ne payait pas ses dettes dans les trente jours.

— Et je suis généreux, mon gars, dit M. Markinkus, visiblement magnanime. Mais t'avise pas de dépasser la date limite. Ouais, la date limite. Tu piges ?

Timothy avait pigé. Dès les premières lueurs de l'aube qui éclairaient peu à peu les rues de Londres, il commença à chercher comment il pourrait bien s'en sortir.

C'est dans ces heures sombres que lui vint l'inspiration qui devait radicalement changer sa vie. Il se rappela sa grand-tante Ermyne qui n'avait jamais cessé de répéter, jusqu'à ses derniers jours, à l'asile, ces paroles restées proverbiales : « Dans la vie, les Bright ont toujours su prendre les choses du bon côté. » Timothy ne devait pas avoir plus de onze ans à l'époque, mais ces mots s'étaient gravés dans sa mémoire. Il les entendait encore et revoyait toujours tante Ermyne répétant cette phrase comme une incantation tandis qu'on l'emmenait sur un brancard, dans les couloirs de l'asile Foldingue. Cette scène l'avait marqué. Il avait plus tard demandé au mari de tante Ermyne, l'oncle Vernon, d'humeur volubile et badine ce jour-là, ce qu'elle voulait dire par là. Le vieil homme, après avoir vaguement fait allusion aux quelques années de liberté et de bonheur qui lui restaient à vivre, avait pris le jeune Timothy par la main pour le conduire dans la grande galerie où s'alignaient les portraits des ancêtres.

— Ici, mon garçon, tu verras des Bright qui ont su prendre les choses du bon côté, avait-il déclaré d'un ton tout empreint de dévotion familiale. Quand l'horizon est tout à fait noir, ce qui est le cas, m'a-t-on dit, avant l'aurore, c'est de l'exemple de nos ancêtres que vient la lumière. Ici, par exemple, tu as Croker Bright, peu de temps avant sa capture par les Français. Son point fort c'était la piraterie de haute mer et aussi, plus classiquement, la contrebande de la soie et du cognac. Les Espagnols le redoutaient. Il est mort en 1678. La famille lui doit beaucoup ainsi qu'à son fils Stanhope que tu vois là-bas. Stanhope Bright, un superbe gaillard, négrier et fondateur de la branche Bright de Bristol. Très riche aussi. Ici, tu as son cousin Blakeley Bright, connu sous le nom de Bright l'Essoreuse bien qu'il n'ait eu aucun rapport avec le monde de la blanchisserie contrairement à ce qu'on pourrait croire. Ce surnom vient de son invention, un genre de rouleau compresseur ultra rapide et particulièrement dévastateur dont j'ai oublié la fonction précise. Tout ce que je me rappelle, c'est que la machine a seulement pu être utilisée dans les mines de charbon, là où des taux de mortalité élevés étaient parfaitement tolérables.

Oncle Vernon avait ainsi passé en revue la galerie des ancêtres en soulignant, chemin faisant, les vertus de chacun et en rappelant comment ils avaient su prendre les choses du bon côté. Ce fut pour Timothy l'occasion d'apprendre que tous les Bright avaient réussi à s'enrichir, en dépit de leurs handicaps et malgré l'adversité. On pouvait citer pour exemple le révérend Otto Bright de la Mission Bright de Zanzibar qui, même après l'abolition de l'esclavage, avait magnifiquement réussi dans ses opérations de collecte de fonds pour l'Église en fournissant de jeunes Africains bien membrés à certains scheikhs de la péninsule Arabique aux goûts raffinés. Quant à sa sœur Ursula, très concernée par la condition féminine, elle s'était vouée à la réinsertion de jeunes demoiselles de Houndsditch qu'elle persuadait de s'engager dans des « couvents séculiers », selon ses termes, des établissements généralement situés dans des ports assez sordides d'Amérique du Sud. Dans les années vingt, on retrouvait encore chez les Bright d'Amérique quelques descendants directs de Croker Bright parmi les collaborateurs de Joseph Kennedy, gangster et bootlegger notoire, à la grande période de la prohibition et de la contrebande d'alcool. Oncle Vernon se rappelait encore certains d'entre eux, « des types bien et qui respectaient les traditions familiales ».

Vernon aimait aussi placer une autre vieille maxime des Bright.

— Ce vieil adage : « Quand il y a un besoin, il faut le satisfaire. Quand il n'y en a pas, il faut le créer », remonte à Enoch Bright, un contemporain d'Adam Smith, à l'époque des vrais Tories. C'est d'ailleurs resté la base de toute la pratique économique moderne. Coca-Cola en est un bon exemple.

Et aujourd'hui, debout dans la lumière grise du petit jour, à deux pas d'Edgware Road, Timothy se remémorait toutes les paroles de l'oncle Vernon et faisait de son mieux pour voir « les choses du bon côté », à la manière des Bright. Ce n'était pas facile mais il s'y appliquait. Il avait encore un genre d'emploi à la banque Bimburg. Il disposait d'un appartement acheté au nom d'un ami à Notting Hill Gate. Il avait remisé sa Porsche de collection dans un garage et se déplaçait en moto, une Suzuki 1100. Mais surtout, il lui restait les relations de la famille Bright, un atout considérable qu'il entendait bien utiliser au maximum. Il comptait sur l'aide des Bright contemporains et l'exemple des Bright d'antan pour lui donner la force et l'inspiration qui le mettraient à l'abri des soucis financiers et des menaces de M. Markinkus. Ragaillardi par ces pensées optimistes, il regagna son domicile où il passa le reste de la journée à dormir.

Pendant tout le week-end, il se creusa la cervelle pour élaborer le plan qui le tirerait d'affaire. Et s'il allait chez lui voir son père pour lui demander un peu d'argent ?... Non, il ne l'avait fait que trop souvent et, la dernière fois, Père l'avait menacé de le faire proclamer financièrement irresponsable s'il s'avisait de prononcer encore une seule fois le mot « emprunter » en sa présence. Mère, quant à elle, ne disposait pas d'argent. L'oncle Fergus, peut-être ?

Mais non : l'oncle Fergus avait une dent contre tout ce qui était jeu de hasard. Timothy le revoyait encore prêchant dans cette étrange église presbytérienne et fulminant contre « l'Enfer du jeu », image que Fergus semblait prendre au pied de la lettre. Il n'y avait donc personne dans la famille pour le sortir de cette galère.

— Et pourtant il s'agit bien là d'un besoin qu'on devrait satisfaire, constata Timothy avec amertume.

Mais, le mardi suivant, au moment où Timothy avait atteint l'extrême limite de ses capacités de réflexion et de son ressort moral, il reçut un coup de téléphone au bureau. Un certain Mr Brian Smith lui proposait de passer prendre un verre au bar El Baco de Pologne Street le soir même, avant de rentrer chez lui.

— Disons vers dix-huit heures trente, avait précisé Mr Smith avant de raccrocher.

Timothy se dit qu'il n'avait rien à perdre à accepter ce rendez-vous. D'autant plus que quelque chose dans le ton de la voix de Mr Smith lui avait laissé entendre qu'il serait bien avisé de ne pas négliger l'invitation. A dix-huit heures vingt-cinq, Timothy entrait dans le bar. A peine venait-il de commander une Red Biddy que le barman lui dit que Mr Smith l'attendait dans une pièce à l'arrière. Sans essayer de comprendre comment le barman avait pu savoir qui il était, Timothy prit son verre et passa derrière.

— Ah, m'sieur Bright. Mon nom est Smith mais vous pouvez m'appeler Brian, dit un homme qui n'avait ni une tête ni un accent à s'appeler Smith et encore moins Brian.

C'était la première fois que Timothy le voyait.

— Sympa de vous être dérangé, m'sieur Bright.

— Ravi de vous connaître. Comment allez-vous ? fit Timothy dans un effort de civilité.

— Ça baigne, dit Smith en lui indiquant une chaise de l'autre côté du bureau. Mais on m'a dit que pour vous les affaires marchaient moyen, pas vrai ?

— Vous savez, actuellement, avec la crise et cette dépression…, hasarda Timothy.

Mais il sentit tout de suite que son interlocuteur ne s'intéressait pas aux généralités économiques. Smith, qui se curait les ongles avec une sorte de rasoir à manche, esquissa un genre de sourire que Timothy ne trouva pas vraiment sincère.

— Bon, je sens qu'on va se comprendre tous les deux, fit Smith, qui, d'un coup de rasoir, coupa en deux une mouche en plein vol. Toi, tu as besoin d'argent et moi de l'argent je peux t'en donner. Qu'est-ce que tu dis de ça ?

— Hé bien, dit Timothy, encore impressionné par le sort tragique de la mouche, je trouve que… euh… vraiment, c'est très généreux de votre part.

— Pas généreux. C'est du business.

Ayant sorti un miroir de poche, Smith entreprit de défricher une de ses narines avec le rasoir.

— Tu veux que je t'en dise plus ?

— Eh bien…, balbutia Timothy qui aurait apprécié que Mr Smith se montrât moins expert dans l'art de manier le rasoir.

— Alors j't'explique, poursuivit Smith. T'as une moto, une grosse Suzuki 1100, pas vrai ?

— Oui, dit Timothy.

— T'as un oncle, pas vrai ?

— En fait, j'en ai plusieurs.

— OK, plusieurs. Mais t'en as un en particulier, le juge Benderby Bright de mes deux, non ? coupa Smith.

— Ah oui, l'oncle Benderby, fit Timothy qui déglutit, la bouche sèche.

L'oncle Benderby le terrifiait.

— J'ai des potes qui lui doivent beaucoup, à ton oncle Benderby. Environ quinze ans, poursuivit Smith. T'étais au courant ?… Ah, sacré bordel de merde !

Timothy n'était pas au courant et Smith venait de s'entailler le nez. La situation ne s'améliorait pas.

— Navré de l'apprendre, murmura-t-il, mais on ne l'aime pas beaucoup dans notre famille non plus.

S'épongeant le nez avec son mouchoir de soie bleue, Smith expédia adroitement le rasoir sur le bureau où il alla sectionner un cigare en deux. Smith partit aux toilettes chercher une provision de papier hygiénique.

— L'a bien un yacht baptisé le *Lex Britannicus*, non ? fit-il en se tamponnant le nez à grand renfort de papier.

— Absolument, dit Timothy, fasciné par le spectacle.

— En hiver ton oncle Benderby descend le bateau dans un port pas loin de Barcelone, et quand vient l'été, il le remonte à Fowey. Et en septembre il repart. Pas vrai ?

— Tout à fait correct. Absolument, dit Timothy. Entre nous, c'est une saison épouvantable pour faire de la voile, avec les tempêtes d'équinoxe. Mais, comme le dit toujours l'oncle Benderby, c'est dans ces moments-là qu'on voit les vrais marins.

— Ouais, et il s'y connaît, pas vrai ? fit Smith avec un sourire déplaisant.

Sous son nez le tampon ensanglanté ne faisait rien pour ajouter à son charme.

— A mon avis, ton oncle et toi vous devriez vous revoir. Très vite. Qu'est-ce que tu dirais de prendre ton gros cube et d'aller lui porter un cadeau ?

— Un cadeau pour l'oncle Ben...

— Tout juste. Un cadeau. Alors voilà ce que tu vas faire...

Pendant dix minutes, Timothy Bright écouta ses instructions. Elles étaient tout à fait claires et, selon Timothy, elles n'annonçaient rien de très réjouissant.

— Vous me demandez de prendre le ferry Plymouth-Santander avec ma moto, d'aller à Llafranc où je rencontrerai une personne qui me remettra un paquet que je dois glisser dans la soute à voiles du yacht de l'oncle Benderby à son insu. C'est bien ça ?

— Plus ou moins. Sauf que tu dois emporter un colis avec toi, histoire, pour nous, de rentabiliser ton voyage et de contrôler que t'as bien fait le boulot.

— Je dois dire que, personnellement, je trouve l'entreprise plutôt hasardeuse..., commença Timothy.

Mais il fut à nouveau interrompu. Smith avait ouvert un tiroir et tiré d'une enveloppe une photo en couleurs qu'il jeta sur le bureau en direction de Timothy.

— Jette un coup d'œil. Je te présente Piggy, mon pote le cochon.

Timothy baissa les yeux et vit quelque chose qui avait dû, effectivement, être un jour un cochon. Smith lui laissa le temps de savourer le spectacle.

— Compris ? Si t'as envie qu'on joue à coupe-coupe cochon avec toi, rien de plus simple : tout ce que tu dois faire c'est essayer de me doubler. Compris ?

— Je crois que oui, dit Timothy qui n'avait pas la moindre envie de finir comme cette innommable charcuterie. Je veux dire oui, naturellement. Compris.

Smith rangea la photo et saisit le rasoir.

— Tu prendras le ferry de Plymouth le 20. Ça te donnera le temps d'arranger les choses avec ta banque. Ils te doivent encore des congés. Environ trois semaines.

— Je crois. Euh, oui d'accord, fit Timothy avec un pauvre sourire.

Ce diable d'homme savait tout de lui. C'était terriblement déconcertant et effrayant.

— C'est le moment d'appliquer le dicton de tous les bons petits yuppies de la Bourse : *vends en mai et pars où il te plaît*. Voilà ton ticket et de l'argent pour tes petites dépenses. Autre chose ?

— Non, je ne pense pas.

Smith reprit son maniement du rasoir et sourit.

— Si, il y a autre chose. T'allais oublier ça.

De sa main gauche il sortit un paquet enveloppé de papier kraft, soigneusement ficelé, qu'il posa bien en évidence sur le bureau.

— N'essaie pas de faire le malin et de jouer au petit con. Sinon tu finiras comme Piggy mon pote le cochon. Recta. Voilà le colis pour le Pedro qui t'attendra à l'autre bout. Si tu t'avisais de le perdre… Finalement je crois que tu ferais mieux d'emporter la photo du cochon, des fois que t'aurais un trou de mémoire.

Sa main se dirigea vers le tiroir où il avait rangé la photo, mais Timothy secoua la tête.

— Pas besoin de rappel, tout est parfaitement clair.

— Alors ce Pedro, tu le retrouves à quel endroit ?

— Au sommet de la côte, après le camping de Kim.

— A quelle heure ?

— Je dois y passer tous les soirs à onze heures trente, trois nuits de suite à partir du 24. Pedro y sera un de ces soirs. Au fait, comment savoir que c'est lui ?

— Te fais pas de bile. C'est lui qui te reconnaîtra. Il a une jolie photo de toi, une de celles où t'as encore une gueule présentable.

Smith ôta le tampon de papier ensanglanté qu'il maintenait sous son nez.

— Pedro te donnera l'article à glisser dans la soute à voiles. Comment tu monteras à bord ? Ça, c'est ton problème, mais t'as intérêt à avoir une excuse en béton si on te chope.

Le ton de Smith avait changé. Il avait perdu son accent étranger mais n'avait pas non plus celui de Londres.

— A moins, bien sûr, que t'aies seulement envie de rendre visite à tonton Benderby. Une gentille petite visite. Rien de mal à ça. Tu es libre…

— Mais… euh… ce paquet que je dois mettre dans la

soute, on risque de le remarquer, non ? demanda Timothy que la question commençait à travailler.

Smith secoua la tête.

— On le remarquera oui et non. Disons que c'est quelque chose de familier. Par exemple une bouée. Une jolie petite bouée bien usée comme les autres, la copie de celle qui a disparu il y a quelques jours. Absolument identique. Et le moment venu, quand tonton fera voile vers Fowey, tu seras tranquillement chez toi, dormant bien peinard dans ton lit.

— Je vois, dit Timothy qui avait le sentiment très net que ses chances de dormir peinard risquaient d'être bien minces à l'avenir.

Son père lui-même avouait craindre Benderby dont il trouvait les sentences un tantinet sévères. Le juge Bright, qui ne faisait pas mystère de ses opinions, estimait que le tarif minimum pour les revendeurs et trafiquants de drogue devait être la prison à vie, et sans possibilité de remise de peine. Il s'était fait ovationner aux deux derniers banquets annuels de l'Amicale des officiers de douanes et des contributions indirectes. L'idée d'introduire une bouée farcie de kilos de substances illégales dans la soute à voiles du *Lex Britannicus* emplissait Timothy d'une terreur à peu près égale à celle que lui inspirait la photo du cochon. Pas tout à fait autant, cependant. L'oncle Benderby ne maîtrisait pas l'art d'écorcher les cochons au rasoir. Pas encore. Mais on ne pouvait pas prévoir ses réactions s'il découvrait que son cher petit neveu faisait partie du groupe qui lui avait refilé une bouée pleine de drogue. D'un autre côté, les risques de voir le voilier du juge fouillé par la douane en arrivant à Fowey étaient plutôt réduits.

— Rien à craindre de ce côté-là, dit Smith qui semblait lire dans les pensées de Timothy. A peu près autant de chance que de voir le pape se mettre à distribuer des capotes sur la place Saint-Pierre.

Il marqua un temps d'arrêt et recommença à tripoter son rasoir.

— Encore une chose, ajouta-t-il. Une chose que tu ferais bien de ne pas oublier. Une supposition qu'il te prendrait l'idée de prévenir les flics, disons en traînant près d'un commissariat ou d'un panier à salade ; ou alors en passant certains coups de fil, avec ton portable par exemple. Dans ce cas, ce n'est pas seulement le sort de mon pote le cochon qui t'attend. Pour commencer, tu pourras dire adieu à tes roupettes, adieu à ta bite et fini la tringlette. Et ce sera le hors-d'œuvre. La partie de coupe-coupe cochon viendra plus tard, des jours plus tard et lentement, très lentement. Enfonce-toi ça tout de suite dans ta petite cervelle de merde.

Une fois de plus la lame du rasoir alla se planter en vibrant sur le bureau.

Timothy Bright quitta le bar vers vingt heures quinze avec, sous son bras, le paquet brun et, dans sa poche, une enveloppe contenant cinq mille livres. S'il suivait bien les instructions, Mr Smith lui en remettrait vingt-cinq mille au retour. Exactement la somme qu'il devait à Mr Markinkus et à son casino. Ce soir-là, il se soûla avant d'aller au lit.

Le lendemain matin, il arriva en retard à la banque Bimburg. Une lettre l'attendait. On l'informait qu'à compter du 18 mai prochain Timothy Bright n'aurait plus besoin de formalités pour prendre ses trois semaines de vacances.

Il avait été mis à la porte.

3

Dans sa petite propriété de Pud End, Victor Gould traversait nonchalamment la pelouse du terrain de croquet pour regagner le petit pavillon d'été qui lui servait de bureau. Ce bungalow surplombait la mer et, de sa fenêtre, Victor pouvait voir l'estuaire et observer les allées et venues des bateaux de pêche ou des yachts descendant vers la Manche. D'habitude, il en tirait un grand réconfort mais, aujourd'hui, il n'en espérait aucun soulagement. Il venait de subir un véritable choc et il avait besoin de réfléchir. Mrs Leacock, la personne chargée de faire le ménage et de vérifier — selon les termes de sa femme Brenda — que « tout se passait bien », lui avait laissé un mot sur la table d'entrée. Mr Timothy avait téléphoné pour savoir si ça ne le dérangeait pas qu'il vienne passer quelques jours chez lui.

Un peu que ça le dérangeait ! A vrai dire, Timothy Bright n'aurait pas pu le déranger davantage s'il avait voulu le faire exprès. C'était la plus mauvaise nouvelle qu'ait reçue Victor depuis un sacré bout de temps et elle avait atterri sur la table du hall d'entrée juste au moment où il allait s'offrir un peu de distraction et où son rêve d'un an allait se réaliser. Depuis que sa femme était partie aux États-Unis rendre visite à sa famille, Victor avait savouré le plaisir d'être seul. Mrs Leacock comptait pour du beurre : elle ne venait que le matin et il arrivait à l'éviter. Victor était un farouche partisan des longues vacances familiales à condition qu'on les prenne sans lui. Il comptait au nombre des plaies de sa vie conjugale d'avoir, en épousant Brenda Bright, épousé *de facto* toute la smala des Bright. On ne l'avait pourtant pas accueilli à bras ouverts. Dès le début, les Bright lui avaient clairement fait sentir qu'il n'appartenait ni à leur classe sociale ni à leur monde culturel. Barnabé Bright, un colonel bardé de décorations (Distinguished Service Order, Military Cross, etc.), avait tout fait pour dissuader sa fille d'une telle mésalliance. La veille de son mariage, il était allé la trouver dans sa chambre à coucher.

— Ma chère enfant, avait-il commencé tout en piétinant sciemment le pantalon de son futur gendre et en élevant la voix, je voudrais que tu te rendes compte que ce type n'est qu'un butor et un paltoquet.

Pendant quelques secondes, Victor, nu comme un ver dans la pièce à côté, s'était rengorgé. Ces épithètes de butor et de paltoquet avaient un petit quelque chose d'assez plaisant. Puis le colonel avait repris :

— Un minable et lamentable butor, un sale petit mac, un gigolo gominé de l'espèce méprisable qu'on voit traîner dans les halls d'hôtel de Brighton à la remorque des vieilles rombières.

Dans son dressing, Victor avait rougi de colère. La réponse de Brenda était tombée, elle aussi, comme une douche froide.

— J'en suis parfaitement consciente, papa. Je sais que c'est un vaurien, qu'il n'est pas de notre monde et qu'il vient d'une famille de tarés. Son oncle Joe s'est fait renvoyer de la marine pour avoir essayé de sodomiser un mousse un après-midi de carénage…

Pendant une minute, Victor, abasourdi, n'avait pu en entendre davantage. Pour lui, l'infortune de son oncle Joe était une révélation tout comme l'était la familiarité de sa douce fiancée avec le terme « sodomiser ». De toute évidence, le colonel en était resté, lui aussi, médusé.

— Bien sûr, Victor est exactement comme vous le décrivez, poursuivit-elle, mais c'est pour cela que j'ai besoin de lui. Vous le comprenez certainement, papa ?

Un gargouillis paternel suggéra que cette logique lui échappait complètement.

— J'ai besoin d'un être répugnant comme Victor pour donner un sens à ma vie.

Nu et frigorifié, Victor avait essayé d'intégrer ce nouvel aspect de sa fonction conjugale. Le colonel Bright semblait, quant à lui, avoir autant de difficultés à suivre.

— Un sens ? Un sens ? avait-il braillé, au bord de l'apoplexie. Qu'est-ce que tu en as à foutre d'un sens ? Tu es une Bright, non ? Qu'est-ce que tu veux de plus comme sens ? Pas besoin d'épouser cette sale petite larve ! Ce type n'est qu'une sous-merde. Avec lui, ta vie sera un véritable enfer. Il passera son temps à te tromper avec la femme des autres et il perdra des fortunes dans des trucs abjects comme les courses de lévriers. Et puis, bon sang de bon Dieu, ce type n'est même pas chasseur !

Visiblement c'était là l'ultime injure pour le colonel. Mais cela n'ébranla pas Brenda.

— Bien sûr que non, petit père chéri, Victor est bien trop froussard pour aller à la chasse. Et puis, le pauvre chou porte un bandage herniaire.

— Dieu du Ciel, firent à l'unisson le colonel et Victor.

— Mais il n'a que vingt-cinq ans, ce charlot, poursuivit le colonel. Qu'est-ce qu'il peut bien foutre d'un bandage herniaire à son âge ?

Victor aurait bien aimé, lui aussi, qu'on lui éclaircisse ce dernier point, car, de sa vie, il n'avait jamais vu de bandage herniaire, de près ou de loin. La réponse de Brenda l'avait achevé :

— Je pense que cela a quelque chose à voir avec son scrotum, avait-elle dit d'une voix tout empreinte de pudeur virginale. Bien sûr, je n'en sais pas plus pour l'instant, mais j'imagine qu'après notre lune de miel je pourrai vous donner une explication.

Le colonel, peu désireux d'en apprendre davantage sur le scrotum de son futur gendre, avait mis fin à l'entretien. Avec un grognement de dégoût, il avait tourné les talons, piétinant cette fois la chemise de Victor, et quitté la chambre au pas de charge. Dès lors, il avait tout fait pour éviter son gendre et ne lui avait plus adressé la parole que contraint et forcé. L'attitude de la famille à l'égard de Victor n'avait jamais changé. Ni celle de Brenda, comme il devait se rendre compte avec le temps.

A l'époque, il avait succombé sur-le-champ à ses charmes et n'avait pas résisté à l'adorable petite moue qu'elle avait faite en lui demandant si elle n'était pas une gentille petite fifille bien maligne de s'être débarrassée aussi vite de son vilain papa. Des années plus tard, après que Brenda eut décidé qu'en ce qui la concernait elle avait eu sa ration d'activités sexuelles et qu'il était temps de se consacrer à résoudre les problèmes sexuels d'autrui, Victor comprit toute la vérité de la remarque de sa jeune épouse. Brenda avait vraiment besoin de quelqu'un de répugnant pour donner un sens à sa vie. Par « sens » elle entendait se sentir moralement supérieure, ce qui ne dérangeait pas Victor. Il y avait des compensations à être moralement inférieur. Il avait eu ainsi toute liberté pour mener sans restriction sa vie amoureuse, donnant en retour à Brenda la satisfaction d'exercer mansuétude et pardon. Victor trouvait la mansuétude un rien exaspérante mais il n'en tenait pas rigueur à Brenda. En revanche, il continuait à en vouloir à la famille Bright. Et voilà qu'aujourd'hui sa maison risquait d'être envahie par le Bright qu'il supportait le moins, son neveu Timothy. Pour ne rien arranger, il attendait son propre neveu Henry, qui venait de rentrer d'Amérique du Sud et d'Australie.

— Quelle sacrée tuile ! murmura-t-il en regardant, désespéré, par la fenêtre.

Il avait déjà essayé de téléphoner au domicile de Timothy à Londres mais en vain. Comme toujours, quand il s'agissait d'un Bright, inutile d'espérer annuler la visite. Dans le passé, Victor avait mis au point toute une série de tactiques pour encourager les Bright à écourter leur séjour. Par exemple, en coupant le chauffage central le jour de leur arrivée ou en organisant une série de pannes d'électricité au moment précis où ils se trouvaient aux toilettes ou dans la salle de bains. Mais, dans l'ensemble, ces ruses médiocrement efficaces n'avaient abouti qu'à ternir encore davantage sa réputation. Pour Timothy Bright, il lui faudrait concocter un autre plan de défense. Car Victor Gould entendait bien ne pas laisser gâcher la visite de son propre neveu.

A Londres, Timothy terminait ses préparatifs de voyage en Espagne. Il avait obtenu de son médecin un calmant pour les nerfs et il s'était mis à boire plus que de coutume. C'est dans cet état semi-comateux, le cocktail alcool-tranquillisants atténuant un peu le souvenir angoissant de Piggy le cochon, qu'il finit par mesurer la gravité de sa situation. Il s'était bien fait posséder. Mais sa rancœur visait surtout sa propre famille qui, selon lui, avait le devoir de l'aider financièrement après tout ce que Timothy avait fait pour elle à la City. Au lieu de cela, on l'avait laissé choir, sans se soucier de son sort. On l'avait laissé s'endetter auprès des frères Markinkus, et personne n'avait bronché quand la banque l'avait fichu dehors. Or, les Bright avaient toujours été clients de la banque Bimburg, depuis la nuit des temps, et si quelqu'un pouvait user de son influence pour éviter son renvoi, c'était bien un membre de la famille Bright. Timothy oubliait simplement que c'était grâce aux relations de sa famille qu'il avait pu trouver cet emploi et le garder si longtemps. Puis, de l'attendrissement sur son propre sort, il dériva mollement vers des idées de vengeance.

Puisque les membres de sa famille persistaient à ne pas l'aider, il aurait été bien bête de se gêner. Avec ce raisonnement, il lui fut facile de se persuader qu'il était en droit de se servir lui-même, ce qui n'était pas difficile. Tante Boskie, cette vieille bique de quatre-vingt-dix balais, lui avait fait une procuration pour gérer son portefeuille d'actions lorsqu'elle était entrée à l'hôpital l'an passé et elle ne l'avait jamais annulée. De toute manière, sa santé déclinait et elle ne s'apercevrait de rien. Ce n'est pas quelques actions de plus ou de moins qui allaient changer grand-chose. D'ailleurs, certains placements ne rapportaient vraiment plus rien. Bref, il avait parfaitement le droit de les utiliser, non ? Surtout si ça lui évitait de subir le sort de Piggy le cochon. Tante Boskie aurait certainement été d'accord si elle avait été au courant. Cela ne faisait aucun doute pour Timothy : il savait que sa tante l'aurait sauvé de ce charcutage. Ayant étouffé ses derniers rares scrupules, Timothy vendit les actions de la vieille dame et, dans la foulée, une partie de celles de l'oncle Baxter, ce qui lui permit de quitter Londres porteur de cent cinquante mille livres sterling en billets de banque. Naturellement, il rembourserait le tout, intérêts compris, une fois la crise actuelle passée. En attendant, il aurait de quoi se retourner si les choses tournaient au vinaigre. Avec cette idée réconfortante en tête et l'étrange paquet brun de

Mr Smith dans une de ses sacoches, il prit la route de Cornouailles.

En arrivant, il trouva Victor Gould et son neveu installés sur la pelouse, sirotant leurs cocktails dans la lumière du crépuscule. Timothy en fut très contrarié. Il ne s'attendait pas à la présence de Henry. Il avait appris que tante Brenda était en Amérique et il espérait trouver son oncle Victor seul à la maison. Dans la famille Bright, Victor passait pour un vieux grincheux et peu de gens l'aimaient. Timothy n'aurait jamais imaginé qu'il puisse avoir une quelconque vie sociale : chaque fois qu'il était venu à Pud End rendre visite à sa tante Brenda, oncle Victor était allé s'enfermer dans son cabanon d'été ou parti bricoler dans le jardin. On avait fini par le considérer comme une sorte d'appendice de sa tante, quelqu'un d'utile pour faire les corvées et les courses, un homme qui sortait de temps en temps le voilier ou partait à la pêche, enfin, disons qu'il s'occupait, quoi. C'était d'ailleurs pour toutes ces raisons que Timothy avait choisi Pud End comme lieu de séjour. Au moins, il était sûr qu'en l'absence de tante Brenda il ne risquait pas de tomber sur un autre Bright puisque aucun membre de la famille ne tenait à fréquenter Victor. Il était donc tout à fait tranquille : personne ne saurait ni où il était ni ce qu'il faisait. Et voilà que Henry s'était pointé !

Timothy descendit de sa moto et ôta son casque.

— Ne vous dérangez surtout pas pour moi, dit-il, je prends un verre et j'arrive. Je crois que je sais où ça se trouve.

Il entra dans la maison d'un pas guilleret.

— Tu vois ce que je veux dire ? dit Victor. Il est absolument infect.

— Alors pourquoi le supportez-vous ? demanda Henry. Dites-lui d'aller voir ailleurs.

Victor sourit amèrement.

— Mon cher neveu, je vois que tu ne comprends rien aux règles complexes et aux compromis subtils que l'état conjugal impose à un homme marié. Pour ta tante, la loyauté envers la famille est plus forte que... disons... tout, sauf, j'imagine, l'instinct maternel. Je ne peux pas davantage flanquer cette petite canaille à la porte et m'attendre à finir paisiblement mes jours avec ta chère tante, qu'un hippopotame ne peut espérer s'envoler de son bourbier en battant des oreilles. Le destin me condamne à supporter ce lourdaud. J'espère seulement qu'il partira demain.

Mais Timothy, qui sortait de la maison, un verre d'excellent whisky pur malt à la main, ne tarda pas à le détromper.

— J'ai appris que vous étiez seul, Victor. Je me suis dit : « Et si j'allais lui tenir compagnie et lui remonter le moral, à ce cher vieux tonton boudeur ? »

— Très bien observé, fit l'oncle Victor, « boudeur » est absolument l'adjectif qui convient.

— Je ne savais pas que tu faisais de la moto, dit Henry après un long moment de silence embarrassé que Timothy ne parut pas remarquer.

— Ah oui, la moto, c'est supergénial. D'ailleurs, c'est vraiment la seule façon de se déplacer à Londres de nos jours.

Ce fut une soirée pénible. Timothy se soûla, n'aida pas à faire la vaisselle après le dîner, et monopolisa la conversation avec ses potins de la City et ses histoires d'actions et de valeurs-titres, autant de sujets qui n'intéressaient pas du tout les autres. Et le pire, c'est qu'il empêcha Henry de placer le récit de son voyage.

— Seigneur Dieu, tu te rends compte du petit trouduc que c'est, dit Victor en montant se coucher. Je ne peux absolument pas le supporter un jour de plus. Je sens que je vais faire un malheur.

— Pas très agréable comme spécimen, acquiesça Henry.

Et il entra dans sa chambre, tout songeur. Ce pauvre vieux tonton ne rajeunissait pas et c'était bien navrant qu'il ait à supporter la présence de ce misérable yuppie simplement pour que tante Brenda lui fiche la paix. En bas, Timothy avait mis la télévision à plein tube.

— Trop c'est trop, murmura Henry, et il descendit baisser le son.

Il trouva Timothy en train de se bourrer une pipe avec le meilleur tabac de Victor, du Perth Special.

— Tu sais, ce mélange est préparé tout exprès pour l'oncle Victor, dit Henry.

— Je sais bien. Mais il ne le remarquera pas. Il n'est plus dans le coup. Tu vois, il me fait pitié, dit Timothy. Avant, il était assez marrant, du moins d'après certains. Mais maintenant je le trouve vachement aigri. Un vrai vieux. Tu veux t'en bourrer une ?

— Je ne crois pas, dit Henry en saisissant le pot de tabac.

Il passa l'heure suivante à regarder la télévision et à écouter les pleurnicheries de Timothy. Quand il regagna sa chambre, Henry s'était forgé sur son cousin une opinion assez définitive qu'il aurait pu difficilement exprimer en termes décents, même avec beaucoup d'indulgence.

Quand il descendit le lendemain matin, il trouva son oncle déjà debout, en train de se préparer des toasts et du café.

— J'ai pensé qu'il valait mieux que je sois levé et prêt à partir avant que ce monsieur ne daigne nous faire l'honneur de sa présence, dit Victor. Il a vraiment foutu le bazar dans la pièce à côté et je crois qu'il a pratiquement liquidé cette bouteille de whisky. Espérons que ça va l'assommer pour un bon moment. On devrait partir faire une petite balade sur le sentier de la côte et aller déjeuner à l'Auberge de la Rivière.

Henry regarda par la fenêtre. C'était une belle matinée d'été. Finalement, malgré tout, il allait bien profiter de sa journée avec l'oncle Victor. Ils se mirent en route après le petit déjeuner. Auparavant, Henry monta dans sa chambre pour redescendre le pot de tabac Perth Special qu'il plaça à côté de la télévision. Le plan qu'il avait en tête ne marcherait pas forcément. Mais si ce plan marchait, Timothy n'aurait qu'à s'en prendre à lui-même.

4

L'après-midi était déjà avancé quand Henry et l'oncle Victor revinrent à Pud End pour le thé. Ils trouvèrent Timothy avachi devant la télévision. Les restes de son repas traînaient encore sur la table de la cuisine. Visiblement, il n'avait pas hésité à s'ouvrir une boîte de vrai caviar Beluga qu'il était allé dénicher dans la réserve, ce qui ne semblait lui inspirer ni gêne ni gratitude.

— Qu'est-ce que vous avez fabriqué ? demanda-t-il, presque agressif. Je suis resté tout seul ici toute la journée.

Henry, sentant son oncle prêt à exploser, s'empressa d'intervenir.

— Eh bien, nous avons fait une très longue marche. Au bord des falaises.

Timothy insista.

— Vous auriez tout de même pu me réveiller, dit-il, une marche m'aurait fait du bien.

— Tu étais complètement groggy quand je suis passé te voir ce matin, sinon je t'aurais dit de venir, poursuivit Henry. De toute manière, cela ne t'aurait pas beaucoup plu. Trop de vent. De vraies bourrasques.

Dans la cuisine, Victor était en train de mettre un peu d'ordre.

— Merci pour la diplomatie, fit-il quand Henry entra. Tu m'as certainement évité un procès pour meurtre. Je sais que j'arrive à l'âge où l'on commence à radoter sur la baisse des valeurs morales de la nouvelle génération mais, franchement, ce jeune homme achève de me persuader que les choses ont bien changé. Une brève ou, mieux encore, une très longue période de travaux forcés ferait certainement le plus grand bien à ce gaillard. Et, par la même occasion, cela rendrait un grand service au reste de l'humanité.

— Je ne serais pas étonné que ça lui arrive un de ces jours, oncle Victor, dit calmement Henry en attaquant la vaisselle. A mon avis, il mijote quelque chose de pas très net.

— Tu crois ? dit Victor, reprenant espoir. Et qu'est-ce qui te fait dire ça ?

— J'ai passé toute la soirée avec cet idiot à écouter ses fanfaronnades de pochard. Il ne m'a pas dit ce qu'il manigançait mais il semble convaincu d'avoir trouvé, je le cite, « un bon filon ». Et l'expérience m'a appris qu'il s'agit invariablement de quelque chose que la loi condamne.

— Alors là, tu m'intéresses ! Tu ne peux pas imaginer comme j'aimerais que la police vienne l'arrêter ici. Je suis certain que ce serait le meilleur moyen de décourager à jamais le reste des Bright de remettre les pieds à Pud End.

— Et en plus cela donnerait à tante Brenda encore autre chose à te pardonner, fit remarquer Henry.

Victor tiqua.

— Ne plaisante pas, mon garçon. Ce n'est pas drôle du tout. Je souhaite que tu tombes sur une femme franchement rancunière. Je l'espère pour ton bien, naturellement. Tu ne peux pas imaginer l'effet dissuasif qu'a le pardon.

Je n'oublierai jamais le jour où Brenda a pardonné à Hilda Armstrong d'avoir… bref, passons. Bien entendu, la scène a eu lieu en public, au cours d'une réunion de la Ligue des femmes ou bien du conseil paroissial. Une scène très gênante pour tout le monde. Ça devait être pendant le conseil paroissial parce que les réunions de la Ligue des femmes, je n'y assiste jamais. A la suite de cette histoire, les Armstrong ont été mis à l'index et, comme ce vieux Bowen Armstrong refusait de divorcer, il a été inondé de lettres anonymes au vitriol, une vraie boue. A la fin, ils ont été obligés de retourner s'installer en ville, en prétextant que la vie à la campagne n'était pas bonne pour la santé de Hilda. En fait, elle était d'un tempérament remarquablement… enfin bon. Tout cela pour te prouver que le pardon peut avoir des conséquences vraiment néfastes.

— A propos, mon oncle, dit Henry en finissant de ranger la cuisine, je vous conseillerais fortement de ne pas toucher à votre pot de Perth Special. Je sais que c'est votre tabac favori mais Timothy en a fumé et…

Henry hésita.

— Eh bien quoi ? dit Victor

— Il est peut-être un peu… trafiqué, tonton. Je veux dire… enfin je pense…

Mais Victor le coupa.

— N'en dis pas davantage. Je crois, enfin j'espère, avoir compris. Et n'imagine pas que je te blâme. Entre nous, où t'es-tu procuré le cyanure ?

Henry se mit à rire.

— Rien d'aussi méchant, je vous promets. C'est seulement une drogue qu'on m'a donnée en Australie. Je n'en connais pas exactement les effets parce que je ne touche pas à ce genre de truc, mais je crois que c'est une substance réputée plus puissante que… vous tenez vraiment à le savoir ?

— Peut-être pas, finalement, dit Victor. Je pense que je vais me retirer pour méditer un moment dans mon bureau.

Il regagna son bungalow par la pelouse. Confortablement installé dans son fauteuil favori, il savoura sa chance d'avoir un neveu aussi sympathique et aussi intelligent que Henry pour l'aider à affronter cette crise. Et de crise il en était bien question dès qu'il s'agissait d'affronter Timothy. Par quel mystère de la génétique humaine une famille pouvait-elle bien produire des gens comme Brenda qu'on pouvait considérer malgré tous ses défauts — et la sainteté, pour Victor, en était un — comme une femme intelligente et raffinée, et engendrer également un être comme Timothy ? Mais peut-être fallait-il inverser les termes et s'étonner de la présence de Brenda au milieu de cette famille composée essentiellement de fainéants, de snobs et de crétins égocentriques. Au bout d'un moment, Victor s'endormit en se disant qu'il se fichait comme d'une guigne de ce que Henry avait pu mettre dans son tabac. Si ça le débarrassait de cet affreux Timothy, ça ne pouvait pas être vraiment mauvais…

Devant son poste de télévision, Timothy se demandait ce qu'ils allaient manger pour dîner. Naturellement, il était encore un peu tôt mais il n'aurait pas refusé un verre. Si Henry n'avait pas été présent dans la pièce, il serait bien volontiers allé se servir dans le placard d'angle. Mais ce sacré Henry le mettait en quelque sorte mal à l'aise. Finalement Timothy prit le pot de tabac et commença à se bourrer une pipe, histoire de prouver qu'après tout personne ne pouvait l'empêcher de faire ce qu'il lui plaisait.

Face à lui, Henry détourna son regard. Il n'avait pas la moindre idée de la quantité d'extrait de crapaud qu'il fallait mettre et seulement une notion assez vague de ses effets. Les hallucinogènes n'étaient vraiment pas son domaine. Il avait rapporté ce *bufo sonoro* pour rendre service à un ami qui menait des recherches sur les drogues psychotropes. La seule chose qu'on lui avait dite à Brisbane, c'est que le crapaud était du LSD puissance mille et qu'il vous garantissait un sacré voyage. Et un sacré voyage, c'était justement ce qu'il fallait à Timothy Bright. Mais Henry n'avait pas envie de rester assis à attendre le résultat. Certainement pas. Il allait quitter la pièce quand Timothy alluma sa pipe.

— Dis donc, murmura-t-il, il a tourné ou quoi, ce tabac ? L'odeur est vachement bizarre.

— C'est le mélange spécial de l'oncle Victor, dit Henry. Il est peut-être un peu inhabituel.

— Tu parles ! Et il a un drôle de goût...

Là-dessus Timothy avala la fumée. C'était vraiment la dernière chose à faire. Il ne fallait pas traiter ce tabac comme une vulgaire cigarette. Timothy resta figé sur place, une lueur étrange dans le regard, puis il ôta la pipe de sa bouche et la fixa. Apparemment il se passait quelque chose de curieux qu'il ne comprenait pas complètement. « Pas complètement » était faible. Timothy ne comprenait plus rien du tout. Il tira une autre bouffée et marqua un temps de réflexion. La première impression était passée. Il n'avait plus cette sensation d'aspirer une cheminée de four crématoire et il se remit à fumer.

Timothy se trouvait dans un monde nouveau, un monde étrange qui avait perdu son apparence habituelle, où les choses les plus familières prenaient des allures fantastiques et changeaient sans arrêt de formes et de couleurs. Plus rien dans cet univers n'était impossible : les objets se déplaçaient, fonçaient vers lui puis l'évitaient de justesse ; ou bien, par quelque tour de passe-passe extraordinaire, ils se retournaient sur eux-mêmes et se retrouvaient à l'envers, puis reprenaient leurs formes initiales. Quant aux sons, Timothy n'avait jamais rien entendu de pareil. Les bruits de la télévision se répercutaient dans sa tête comme dans une sorte de caverne où il se tenait, silhouette chétive, sous la voûte de son propre crâne. D'autres voix venaient se mêler à ces bruits sous l'immense dôme osseux qui l'encerclait, des voix qui résonnaient en roulements de tonnerre étouffés et qui lui ordonnaient de partir, de s'en aller, de fuir pendant qu'il en était encore temps, avant que Piggy le monstrueux cochon n'arrivât, le rasoir à la main, pour exercer sa terrible vengeance ; Timothy Bright, obéissant à ces voix dictées par ses propres craintes, n'eut plus qu'une envie : décamper. Il bouscula Henry et se rua, les yeux exorbités et le regard aveugle, vers le jardin où l'attendait sa Suzuki. Un instant plus tard, il quittait Pud End, emporté par cet objet magique dans une dernière gerbe de graviers, et filait sur la route de campagne vers son destin, loin de Piggy et de son rasoir. Derrière lui, Henry et l'oncle Victor, qui avaient suivi la scène avec stupéfaction, restaient pétrifiés sur la pelouse du croquet.

— Seigneur Dieu, dit Victor tandis que le bruit de la moto s'éloignait, est-ce que c'est un effet de mon imagination mais j'ai bien cru voir un halo autour de lui.

— Personnellement je n'en ai pas vu, dit Henry, mais je comprends ce que vous voulez dire. Pourtant il roulait sans lumières.

— Et à une vitesse incroyable, poursuivit Victor en essayant d'étouffer l'espoir qui venait de germer dans son esprit.

Les deux hommes levèrent les yeux vers la pleine lune.

— Évidemment, cela peut expliquer sa conduite, dit Victor. Qu'est-ce que tu lui as mis comme saloperie ?

— C'est simplement une substance qu'on extrait des crapauds. Je crois que personne ne sait très bien de quoi il s'agit sauf, peut-être, certains experts de la guerre neurobactériologique. Si ça se trouve, ça varie d'un crapaud à l'autre. Il faudra que je demande à mon copain le biochimiste.

— Moi, je trouve qu'on devrait boire quelque chose, dit Victor. Soit pour célébrer son départ, soit en signe de deuil. Ou peut-être pour les deux à la fois. Quel soulagement qu'il ait vidé les lieux !

Ils rentrèrent et éteignirent la télévision.

— Je me sens un peu coupable, commença Henry, mais son oncle l'interrompit.

— Mon cher garçon, ce bougre d'imbécile a pris quelque chose qui ne lui appartenait pas, un point c'est tout. Je te parie que dans deux heures on le verra réapparaître, aussi odieux qu'avant.

Mais Timothy ne revint pas. Il était déjà bien loin vers le nord, roulant à tombeau ouvert sur l'autoroute au mépris le plus absolu du code de la route. D'ailleurs, dans son esprit, ou dans ce qui lui restait d'esprit, le code de la route n'existait pas, remplacé seulement par une logique qui défiait toute logique normale. Il n'avait même pas conscience d'être sur une autoroute. Le peu de capacité d'analyse qu'il possédait à l'ordinaire l'avait abandonné. Il s'était mis en pilotage automatique sur cet engin diaboliquement rapide sans avoir la moindre notion de ce qui lui arrivait. En bref, sous l'influence de ce concentré de crapaud circulant dans ses veines et court-circuitant ses synapses, Timothy Bright possédait maintenant l'inconscient de quelque ancêtre pré-hominien avec la compétence mécanique du loubard moderne. Il aurait été impropre de dire qu'il avait perdu l'esprit, comme le suggérèrent cependant deux policiers de la route après avoir constaté au radar que la Suzuki dépassait les 260 kilomètres à l'heure. Ils décidèrent cependant de ne pas le poursuivre, n'ayant aucune envie d'être mêlés à une macabre récupération de chair humaine, opération qui exigerait certainement un nombre considérable de sacs en plastique. Pour Timothy, une telle éventualité n'existait pas. Il se déplaçait au centre d'un énorme disque de flammes dansantes et d'ombres effrayantes qui se déroulaient et s'entortillaient selon un thème complexe où bruits et musiques se fondaient en un chapelet infini de couleurs et de lumières nées des catadioptres de la chaussée, avant de prendre la forme des visages de Markinkus et de Brian Smith. A ce moment-là, si la puissance de la Suzuki l'avait permis, Timothy aurait bien volontiers accéléré. Il était alors saisi de vagues de terreur démentielle dont l'intensité était presque insupportable. Sous les roues de son engin, les kilomètres défilaient sans qu'il en eût conscience. Les feux arrière des voitures et des camions venaient à sa rencontre et il les déjouait, comme dans un jeu électronique, avec une facilité terrifiante pour les autres conducteurs.

Vers dix heures du soir, Timothy, ayant quitté l'autoroute, s'était engagé par de petites routes de campagne sur un plateau parsemé de bourgades et de villages, de vallées boisées et de rivières cascadantes. Obéissant aux instructions de son pilote automatique, il ralentissait aux croisements et freinait quand il le fallait. Il franchit ainsi une série de collines pour atteindre des landes quasi désertiques où les moutons traversaient la route miraculeusement, juste avant ou après son passage. Il lui fallait aller de l'avant et trouver l'abri qui le protégerait des démons qui habitaient son crâne. Un jour, il finirait par atteindre cette terre d'asile où régnait un bonheur infini. Les images se succédaient, mais toutes lui apportaient en alternance ces terreurs et ces perspectives d'évasion qui le gardaient en selle. Plus loin, toujours plus loin, il s'enfonçait dans un monde qu'il n'avait jamais vu et qu'il ne pourrait jamais retrouver. Et, pendant toutes ces heures, Timothy Bright n'eut plus conscience de ses actes ni de ce qui l'entourait. Sa main manœuvrait la poignée des gaz à la demande, ralentissant dans les virages, reprenant de la vitesse dans les lignes droites. Mais Timothy ne s'en rendait pas compte. Seules importaient ses pulsions intérieures. A un certain moment de la nuit, sensations corporelles et images mentales se conjuguèrent pour le persuader qu'il était en feu et qu'il devait se débarrasser de sa peau pour ne pas être brûlé vif. Il s'arrêta dans un bosquet près d'un cours d'eau, se déshabilla entièrement, jeta ses vêtements sur la rive avant de se remettre en selle. Il reprit sa chevauchée dans son paysage de fantasmes, nu comme un ver. Une dizaine de kilomètres plus loin, il arriva au croisement des Sept-Chemins qui retrouve la grande route du Nord. Timothy traversa le carrefour comme un bolide et s'engagea sur la route privée de la Compagnie des eaux du comté de Twixt et Tween. Superbement indifférente à la surface défoncée de la chaussée, la Suzuki roulait plein gaz, faisant vibrer au passage les traverses des grilles canadiennes. Timothy parvint au sommet de Scabside Fell dans un paysage d'herbages entourés de murs de pierres sèches. Devant lui se dressait l'énorme digue de béton d'un lac de retenue. Timothy avait atteint la fin de son voyage.

Il accéléra vers ce qu'il crut être l'azur du ciel. Un mouton d'un certain âge, qui s'était endormi sur la route pour profiter d'une tiédeur relative, prit vaguement conscience du danger et se remit sur ses pattes. Pour Timothy Bright, il ne s'agissait que d'un petit nuage. Une seconde plus tard, le mouton virevoltait en l'air et se retrouvait projeté avec la moto dans les profondeurs du lac. De son côté, Timothy, catapulté dans les airs et toujours aussi superbement inconscient des événements, atterrissait dans un bosquet de jeunes pins sur la rive opposée. Il rebondit mollement de branche en branche avant de se retrouver, sans la moindre frayeur, sur le tapis d'aiguilles de pins du sous-bois. Il resta un long moment allongé dans le noir. Puis, persuadé qu'on commençait à le charcuter comme Piggy le cochon, il bondit sur ses pieds et sortit du petit bois. Maintenant il avait des ailes et aurait pu voler si le sol ne s'était pas constamment mis en travers. Par trois fois il heurta brutalement le macadam, ce qui n'arrangea pas son état. A un certain moment il se coinça le pied dans les traverses d'une grille canadienne qu'il prit pour une huître géante. Les effets de l'extrait de crapaud s'atténuant, l'impression d'être désolidarisé de son corps s'affaiblit. Et, après s'être enfin libéré de la terrible étreinte de l'huître, Timothy commença à ressentir les effets du froid.

Il lui fallait rentrer chez lui. Mais chez lui, où était-ce ? Timothy n'en avait pas une idée très claire. Chez lui, cela signifiait d'abord simplement un toit et des murs, comme ce bâtiment dont il voyait se détacher la silhouette à l'horizon. Dans une semi-réalité, mélange d'agitation mentale et de privation partielle de sensations, Timothy se dirigea vers cette bâtisse. Il atteignit un gros mur de pierres et un portail en fer, exactement ce qu'il voulait. Il essaya de pousser le portail mais il était fermé à clé. De l'autre côté, une forme noire semblait le guetter. Sans importance. La seule chose qui comptait, c'était de trouver un bon lit chaud. Timothy Bright saisit les grilles en fer et se mit à grimper. Arrivé au sommet, il n'aurait qu'à s'envoler. De l'autre côté du portail, un rottweiler trapu l'attendait avec impatience. Dressé dès son enfance à tuer, il attendait avec joie le moment d'en avoir enfin l'occasion.

Perché au sommet de la grille, Timothy hésita un instant. Il était redevenu un oiseau et, cette fois-ci, il avait fermement l'intention de voler. Ayant lâché les pointes en fer forgé, il resta une seconde les bras en croix. Pendant quelques secondes, l'air sembla le porter. Tandis que Timothy plongeait sur lui, le rottweiler, tel le vieux mouton de la route, eut une vague prescience du danger. Puis, quatre-vingt-dix kilos de yuppie s'écrasèrent sur lui, d'une hauteur de quatre mètres. Ses grosses pattes plièrent sous le choc. Rejetant la grande inspiration qu'il avait prise, le chien vida ses poumons par les divers orifices de son anatomie, entraînant dans la débâcle une bonne portion de son dîner. Il avait compris trop tard son erreur. Sa gueule se referma dans un claquement sec, ses mâchoires se verrouillèrent et la respiration lui manqua. Dans un ultime effort désespéré, la bête essaya d'éviter l'asphyxie en se remettant sur ses pattes. Mais, étalées de chaque côté de son corps, elles lui refusaient tout usage. Ce n'est que lorsque Timothy roula sur le côté que le chien put enfin se libérer. Le féroce rottweiler n'était plus qu'un fauve vaincu. Avec un geignement plaintif, il clopina vers l'arrière de la maison, pour se réfugier dans sa niche.

Sur les pavés de la cour, Timothy mit quelque temps à récupérer. Il avait eu, lui aussi, le souffle coupé mais pas tout à fait autant que le rottweiler. Plus que jamais, il avait besoin d'un bon lit. C'était même une envie impérieuse. Avec de grandes difficultés, il parvint à se remettre sur ses pieds et se dirigea vers la porte d'entrée qu'il distinguait dans la lumière vacillante. Il tourna la poignée et la porte s'ouvrit. Le vestibule était éclairé. Timothy gagna l'escalier et, rassemblant toutes ses forces, il gravit les marches dans le noir. En face de lui il y avait une porte. Il l'ouvrit, entra et trouva un lit. Quand Timothy se glissa dans les draps, quelqu'un se retourna à l'autre bout et une voix dit : « Bon Dieu, qu'est-ce que vous puez le chien », puis sombra dans le sommeil. Ce que ne tarda pas à faire Timothy Bright.

5

Dans la salle des banquets de l'hôtel Underview de la ville de Tween, le commissaire divisionnaire sir Arnold Gonders présidait le repas d'honneur de la brigade criminelle de Twixt et Tween. Officiellement, ce dîner fêtait le départ à la retraite de l'inspecteur principal Holdell, membre de la brigade depuis toujours. En réalité, on célébrait la décision du procureur général du royaume de ne pas traîner devant les tribunaux vingt et un membres de la brigade, leur épargnant ainsi de multiples inculpations de faux témoignages, extorsion d'aveux, pots-de-vin et corruption, recours à la violence sans justification, parjure et faux serments à la pelle. Tous ces crimes avaient fait condamner des douzaines d'innocents à des sentences allant jusqu'à dix-huit ans de prison ferme, tandis que les vrais coupables dormaient bien tranquilles dans leur lit, rêvant à leurs futurs crimes et vilenies.

Le commissaire divisionnaire, lui, était tout particulièrement satisfait de cette nouvelle. Il venait de passer la journée à Londres avec le procureur général et le ministre de l'Intérieur qui, au cours d'un entretien privé, l'avaient informé de leur décision. Comme l'avait expliqué sir Arnold à son adjoint, Harry Hodge :

— Je n'y suis pas allé par quatre chemins. La priorité, c'est le moral de nos troupes. La priorité numéro un, que je leur ai dit. Et si vous tenez absolument à saper ce moral, vous n'avez qu'à traîner mes gars devant un tribunal. Mais, dans ce cas-là, j'aime autant vous avertir tout de suite qu'il faudra vous chercher un autre commissaire divisionnaire. Ils ont reçu le message cinq sur cinq, moi je vous le dis.

Ce qui n'était pas exactement la façon dont les choses s'étaient passées.

La décision avait été prise deux semaines auparavant, et le procureur général avait dû déployer tous ses arguments les plus convaincants pour persuader le ministre qu'un procès contre la brigade n'irait pas dans le sens de l'intérêt général. La discussion s'était déroulée pendant un déjeuner au Carlton Club.

— Ouvrez seulement ce foutu bordel de panier de crabes, avait-il dit, et la boîte de Pandore semblera une joyeuse rigolade en comparaison.

Le ministre y avait réfléchi tout en chipotant sa tranche de foie d'agneau.

— Tiens, je n'avais jamais vu les choses sous cet angle, fit-il enfin en lissant de la main ses cheveux gras. J'imagine que ça doit leur arriver.

— Leur arriver quoi ? demanda le procureur.

— De baiser. Forcément. C'est logique.

— Baiser qui ? demanda le procureur en commençant à se demander si le ministre visait son propre goût pour les prostituées.

Pourtant il aurait pu jurer n'en avoir jamais rencontré

une du nom de Pandore. En tout cas, pas dans ses souvenirs, et pas dans une boîte de nuit.

— D'autres crabes, dit le ministre. Ils sont tous du même sexe ou bien ils possèdent les deux sexes, les crabes. Je crois que c'est ce qu'on appelle une espèce bissextile.

Le procureur essaya de remettre de l'ordre dans ses esprits. Il n'arrivait absolument pas à voir le rapport entre des crabes bissextiles, un procès et une boîte de putes.

— Bon, pour revenir à cette brigade criminelle de Twixt et Tween, poursuivit-il, il y a un certain sir Arnold Gonders dans l'histoire et, bien que je n'aie aucun atome crochu avec le pékin, je dois reconnaître qu'il pèse son poids au parti. C'est Elle qui l'a nommé et en un sens il est resté une sorte de favori.

— Ah bon ? dit le ministre, songeant *in petto* qu'en ce cas sir Arnold devait être un sacré pervers. Je crois qu'il a été bien utile pendant la grève des mineurs contre cet enfoiré de Scargill, non ?

— Tout à fait. Il n'a jamais reculé d'un pouce. Voulait envoyer la police montée avec des chevaux caparaçonnés contre les piquets de grève et des canons à eau avec une sorte d'acide. Il reçoit ses instructions directement de Dieu, comme l'autre dingue. Ça vous ferait penser que ce putain de bon Dieu est sacrément bizarre, si vous voulez mon avis.

Le ministre regarda le procureur d'un air inquiet. On ne sait jamais, avec les magistrats, de nos jours.

— Dites donc, vous ne faites pas une fixation contre les putes, non ? Vous n'avez jamais été tenté par une relation bissextile ?

Le procureur général réprima un sourire. Lui aussi se posait des questions au sujet du ministre de l'Intérieur sur lequel avaient circulé des rumeurs. Des histoires de travelo.

Au total, le déjeuner avait été fort désagréable mais finalement le procureur avait convaincu le ministre de laisser en paix, au nom des intérêts supérieurs du parti, la brigade criminelle de Twixt et Tween et son commissaire divisionnaire. Sir Arnold semblait en effet détenir des informations assez croustillantes sur une histoire de promotion immobilière à Tweetagel, comme il en avait informé par téléphone le procureur général. Les subtilités financières de la famille de l'ex-Premier ministre ajoutées aux menaces explicites de sir Arnold avaient achevé de persuader le procureur qu'il valait mieux éviter de se fourrer dans ce guêpier. Pour résumer : sir Arnold en savait beaucoup trop long pour être traité à la légère.

Maintenant, du haut de la table d'honneur où il dominait l'assemblée, le commissaire s'en tenait à sa propre version de l'affaire. Elle avait l'avantage d'être plus simple et de mieux convenir à l'image qu'il se plaisait à se donner, celle d'un *pater familias* bienveillant prêt à sacrifier de bon cœur sa propre carrière pour que ses petits gars gardent la foi en leur mission de gardiens de la loi. Bien sûr, il ne fallait pas oublier Dieu dans le tableau. Sir Arnold ne serait jamais arrivé nulle part dans la vie si Dieu n'avait pas été tout le temps à ses côtés. Enfin, presque tout le temps.

Comme il l'avait dit un jour à son adjoint :

— Vous devriez vous mettre à la religion, Harry. Je vous assure que vous devriez essayer. Ça bat le Rotary à plate couture. Sans problème. Ça donne un sens, si vous voyez ce que je veux dire. Avec Dieu à ses côtés, on est sûr d'avoir raison. Mon handicap au golf s'est amélioré de quatre points depuis que je me suis mis à la religion. J'étais resté à vingt-deux pendant pratiquement une vingtaine d'années et tout d'un coup je passe à dix-huit. Si c'est pas une preuve de l'existence de Dieu, ça !

La fête était sans aucun doute une grand succès. Le champagne coulait à flots et une demi-douzaine de caisses de cognac avaient été offertes par le principal revendeur de drogue de la région. Les caisses avaient été volées dans la cave d'un amateur renommé de bons vins, ce qui en garantissait l'excellence. Il y avait même une « kissogram girl », une jeune personne entièrement nue, si l'on fait exception des rayures de forçat peintes sur son corps, qui avait été envoyée par le fils de l'ex-Premier ministre avec le message suivant : « A ce cher vieux Bill. Courage, les gars. On les aura, tous ces salauds. » Tout le monde avait trouvé l'intention géniale. Sauf peut-être sir Arnold qui, ayant démarré la soirée au gin-tonic, était passé au whisky puis, ayant été invité à vider des pintes de brune de Newcastle avec deux inspecteurs, avait continué au champagne avant de se mettre au côtes-du-rhône, un cru particulièrement virulent, pour finir au cognac. A ce point de la soirée, il commençait à se demander si des petites femmes nues tortillant leur adorable popotin bariolé aux quatre coins de la salle étaient bien à leur place dans un repas quasi officiel.

— De mon temps, ça ne se serait pas fait, fit-il remarquer à Hodge. Mais enfin, si ça les amuse... Ça durcit le moral des troupes.

— A mon avis, on risque de voir durcir d'autres choses, dit son assistant.

Mais sir Arnold prétendit ne pas avoir entendu. Il se demandait justement s'il arriverait à honorer Glenda ce soir-là. Probablement pas.

En attendant, il devait écouter le discours de l'inspecteur principal Rascombe. Sir Arnold alluma un Montecristo numéro un et se cala confortablement sur sa chaise pour l'écouter. Il avait prévenu Hodge avant le repas :

— On ne peut pas s'attendre qu'un bon flic comme Rascombe soit, par-dessus le marché, un sacré bon orateur.

Rascombe était en train de lui donner raison.

Ce n'est que vers la fin des dix minutes allouées à son discours qu'il attaqua le cœur du sujet. Jusque-là il s'était contenté de broder sur le thème de l'excellent travail qu'avaient accompli la brigade en général et le futur retraité Holdell en particulier, soulignant au passage le nombre de crimes qu'ils avaient « résolus ». Puis il changea soudain de cap et, avec une éloquence surprenante, s'en prit à cette scandaleuse campagne de dénigrement et à ce tissu de calomnies lancé par les médias contre la fine fleur des défenseurs de l'ordre et de la loi, la meilleure équipe d'hommes et de femmes avec laquelle il ait jamais travaillé.

— Ce que le public doit bien comprendre, dit-il en guise de conclusion, et ce que ces enfoirés de culs-bénits feraient bien de piger presto, c'est que la loi, c'est nous (applaudissements de la salle), et que l'ordre, c'est l'ordre. Et si ça ne leur plaît pas, ils peuvent toujours pisser dans un violon ou débarrasser le plancher !

Les acclamations qui saluèrent ce résumé déontologique du rôle de la police dans la société furent si agréables à sir Arnold qu'il se servit une autre rasade de cognac. Et c'est un homme heureux qui se leva de son siège pour attaquer son discours. Il commença par louer les services de Holdell dont le dévouement avait fait de Tween un endroit plus sûr. La ville figurant au deuxième rang des villes de province pour les crimes de sang, ce résultat n'aurait certainement pas impressionné un auditoire plus sobre et plus équitable. Un des jeunes serveurs ne put d'ailleurs pas réprimer une quinte de toux. Mais le commissaire, imperturbable, termina en rappelant à tous les officiers présents que « notre île nationale se trouve sous la menace d'une invasion d'un genre nouveau et redoutable, je parle de celle que complote le grand banditisme cosmopolite et international. Déjà des criminels — et vous voyez tous qui je veux dire — essaient de pervertir nos valeurs traditionnelles de justice et de fair-play en sapant les fondements mêmes de notre morale qui, comme nous le savons tous, réside dans cette valeur de base : la famille. Et qu'on ne vienne pas nous parler de famille monoparentale, une contradiction de termes en soi et une parfaite ineptie, car j'attends qu'on m'explique comment il peut y avoir une mère s'il n'y a pas de père et *vice versa.* Cette soi-disant famille monoparentale, voilà le germe de la pourriture qui finira par ronger tout l'édifice de la nation britannique. Quant à moi, je vous l'affirme solennellement, qu'on ne compte pas sur moi pour laisser des bonnes femmes à cheveux courts et des hommes du genre vous-voyez-ce-que-je-veux-dire, ainsi qu'une bande de babouins d'outre-mer (clin d'œil appuyé en direction des cuisines) fourrer leur nez dans notre manière de mener le pays. » Et le commissaire conclut en reprenant sa prière habituelle : « Dieu Tout-Puissant, Père éternel de l'Univers, aide-nous à lutter contre les forces du Mal et à triompher des cœurs impurs qui voudraient empêcher la brigade criminelle d'accomplir sa mission et Tes saintes volontés. Amen. »

Quand il reprit son siège, il recueillit les applaudissements espérés et commença à regarder les jeunes playmates d'un œil plus favorable. Et même tout à fait favorable. Finalement, c'était excellent pour le moral, ces belles filles, de vraies femmes, elles. On avait commencé à reculer des tables et à dégager un espace. Visiblement, on voulait danser. Et pourquoi pas ? Vive la jeunesse ! Mais le commissaire avait d'autres projets. Il avait bien l'intention de passer le reste de la nuit avec cette chère Glenda qui avait toujours quelques nouvelles fantaisies à lui apprendre. C'était un des grands avantages d'avoir la Vieille Écluse, là-haut, sur ce lac que sa femme aimait tant. Idéal pour rencontrer Glenda en ville autant qu'il le voulait. Il avait acheté le vieux hangar à bateaux pour une bouchée de pain quand on avait privatisé la Compagnie des eaux de Twixt et Tween, et il avait mis le paquet pour le retaper et l'aménager. Un petit refuge sympathique, s'était-il dit à l'époque. Mais maintenant que lady Vy se l'était approprié, il y allait aussi peu souvent que possible. Ce week-end, justement, il avait d'excellentes raisons pour rester à l'écart : lady Vy était allée à Harrogate chercher sa prétendue tante Léa et, à cette heure-ci, elles devaient être à la Vieille Écluse en train de faire Dieu sait quoi. D'ailleurs il s'en fichait totalement. Glenda était une brave fille qui lui apportait tout ce qu'un homme pouvait désirer. Il allait donc la retrouver et... Juste au moment où il se laissait aller à anticiper ces heureuses perspectives, le sergent Filder vint se pencher sur son épaule.

— Je suis désolé, patron, mais il y a ce type, Bob Lazlett, du journal *Les Échos*, qui voudrait une déclaration.

— A cette heure de la nuit ? Qu'est-ce qu'il veut comme déclaration, cet enfoiré ?

— Il a entendu dire que Londres avait renoncé aux accusations contre la brigade...

Le commissaire enfonça rageusement le reste de son cigare dans sa portion de camembert.

— Merde alors, j'aimerais bien savoir comment il est au courant. Je n'ai fait aucune déclaration, et à Londres on m'a promis de ne pas faire de communiqué de presse avant lundi, pour éviter les journaux du dimanche.

— J'en sais rien, patron. Mais il y a toute une bande de ces empaffés à la porte, y compris ceux de Channel 4 et de la BBC. Je leur ai bien dit que le repas, c'était juste pour le départ à la retraite de l'inspecteur Holdell mais ils ont pas voulu avaler ça.

Sir Arnold Gonders repoussa sa chaise et se mit debout. Il avait mauvaise mine.

— Harry, cria-t-il à son assistant. Faites-moi rhabiller toutes ces nanas en vitesse et dites aux gars de mettre la sourdine et d'y aller mollo. Non, attendez : laissez Rascombe s'en occuper. Vous et moi, on se tire d'ici. Je n'ai pas envie de me retrouver en photo ce week-end dans leur presse à la con. Peuvent toujours se brosser, les salauds. On va partir par-derrière.

Il sortit sur le palier pendant que son adjoint donnait en toute hâte ses instructions à l'inspecteur principal. Un coup d'œil par-dessus la rampe dans le hall de l'hôtel, et sir Arnold comprit que la catastrophe était imminente. Ça grouillait de journalistes et seul un cordon de policiers en uniforme arrivait encore à retenir ces excités et à les empêcher de monter à l'étage.

Sir Arnold revint dans la salle à manger.

— Où est l'entrée de secours ? demanda-t-il au sergent Filder.

— Là aussi, y en a un paquet, chef.

Sir Arnold se resservit une bonne rasade de cognac et passa la bouteille à Hodge. Avec la fatigue du banquet, il ne se sentait foutrement pas d'attaque pour affronter cette horde de journalistes et de fouille-merde. Et on pouvait faire confiance à ces salauds pour qu'ils publient partout qu'il était bourré.

— Très bien. Filder, allez voir le directeur et réservez-nous deux chambres pour la nuit. Ces fumiers sont bien capables de passer huit heures et même plus dans la rue. La version officielle que vous leur donnerez c'est que Hodge et moi étions absents ce soir.

— J'ai bien peur que ça ne soit pas une très bonne idée,

patron, dit Hodge. On m'a dit qu'ils avaient soudoyé un des serveurs. Il leur a déjà parlé, au sujet des filles.

Sir Arnold, accablé, imaginait déjà un déchaînement médiatique qui pourrait presque rivaliser avec le scandale des crimes de la brigade. Il n'était que trop bien placé pour savoir ce que la presse pouvait faire à la réputation d'un homme. Il s'en était servi assez souvent. Il finit son cognac d'une seule gorgée.

— Nous devons nous en tenir à un démenti formel, dit-il, et il appela Rascombe. Nous n'étions pas là ce soir, vu ? Hodge et moi, nous n'avons pas mis les pieds ici. La soirée était en l'honneur du départ à la retraite de Holdell et, pour tout le monde, je suis encore à Londres. D'accord, je sais qu'ils savent que je suis là. Mais ils ne pourront rien prouver si nous, on la ferme. Compris ?

— Compris, dit Rascombe qui connaissait la manœuvre.

— Pas d'interviews, pas de déclarations. Peau de balle et silence total. Hodge et moi, on n'a jamais été là. Et s'il veut garder sa licence, ce foutu directeur de l'hôtel ferait bien de confirmer notre version de l'histoire. Faites-lui bien comprendre où est son intérêt. Maintenant, Filder, allez nous chercher une voiture banalisée et qu'elle nous attende dans Blight Street.

— Je peux vous prêter la mienne, dit le sergent. Elle est au parking municipal.

Le commissaire adjoint semblait inquiet.

— Mais comment faire pour sortir de l'hôtel ? demanda-t-il.

— Ben, on pourrait toujours organiser une petite diversion, suggéra l'inspecteur. Un ou deux appareils photo cassés, et quelques dents en moins dans la mâchoire à ce connard de Bob Lazlett, ça devrait faire l'affaire.

— Ça ferait un foutu désastre, oui, coupa sir Arnold. Pourtant, je serais ravi qu'on lui casse la gueule à ce petit connard. Mais en privé. En tout cas, pas ce soir. Dans une allée bien sombre et sans témoin, là ce serait différent.

Vingt minutes plus tard, avec la complicité empressée du directeur de l'hôtel, une grosse camionnette se présentait à l'entrée de service. Le hayon s'abaissa et le tapis roulant se mit à décharger les fournitures de la matinée. Quand ce fut terminé, sir Arnold et Harry Hodge, en blouses blanches, se glissèrent par le hayon et disparurent.

— Quelle histoire à la con, dit le commissaire qui avait fini de vider la bouteille de cognac. Plutôt crever qu'aller chez moi maintenant. Ces tordus doivent assiéger ma baraque.

— Vous pouvez venir à la maison, proposa Hodge.

Mais sir Arnold n'était pas d'humeur à affronter le regard caustique de Mme Hodge. Non merci ! Quant à Glenda, plus question d'aller la retrouver maintenant. Que quelqu'un ait seulement vent de son existence et ça chierait sacrément dans la colle.

— Je vais demander à Filder de me conduire à la Vieille Écluse. Si ces salopards se pointent, je leur lâcherai le chien dessus.

Il était presque trois heures du matin quand le commissaire s'extirpa de la camionnette pour s'effondrer, épuisé, dans la Rover de la police et prendre la route du lac de Scabside.

6

Il s'était mis à pleuvoir et la lune avait disparu lorsque sir Arnold arriva enfin à la Vieille Écluse. Il descendit en trébuchant de la voiture de police, épuisé, ivre et de fort méchante humeur.

— Ça ira, patron ? demanda le sergent.

Le commissaire, vacillant devant le portail en fer, avait fini par trouver ses clés.

— Ça irait bougrement mieux si ces salauds de journalistes n'avaient pas bousillé ma soirée, grogna-t-il, hargneux, en ouvrant le vantail.

— Pas de doute, patron. Les médias, c'est une vraie saloperie.

Et le sergent avait repris la route du barrage pour rejoindre la nationale au carrefour des Sept-Chemins.

Le commissaire, ayant refermé le portail, se demanda bien pourquoi Genscher, son rottweiler, marchait en boitant. De plus il avait le souffle court et semblait être devenu asthmatique.

— Il ne faut pas qu'on réveille Milady, pas vrai, mon vieux pote ? chuchota sir Arnold, la voix rauque.

Il traversa la cour. Arrivé devant la porte d'entrée, il

fouilla ses poches pour retrouver ses clés. Mais ce n'était pas nécessaire : la porte était ouverte, détail qui le mit en rage. Encore une manie de cette idiote de Vy qui laissait toujours tout ouvert ! Pourtant il l'avait mise en garde plus d'une fois, avec tous ces cambriolages.

— C'est particulièrement cocasse venant de vous, mon cher, vous, le Grand Protecteur de notre société qui se vante toujours d'assurer la sécurité du citoyen. Franchement, avec Genscher dans la cour, il faudrait être fou pour essayer d'entrer. Ne soyez plus un gamin.

Ce genre de riposte illustrait bien le comportement de sa femme à son égard. En tout cas, il n'allait certainement pas courir le risque de la réveiller maintenant. De toute façon, il aurait eu de la peine, avec toutes ces pilules qu'elle prenait. Les pilules plus la picole. Dans le vestibule, sir Arnold chercha à tâtons l'interrupteur, mais ses doigts ne rencontrèrent qu'une plaque de plâtre frais. Vy avait sans doute fait changer le bouton de place. Elle n'arrêtait pas d'appeler un tas de maçons et de plombiers pour tout chambouler. Il fallait donc se passer de la lumière et surtout ne pas réveiller lady Vy. Pour plus de précaution, il ôta ses chaussures et gravit l'escalier aussi silencieusement que lui permettait sa démarche chaloupée.

C'est alors qu'il entendit les ronflements. Il savait qu'elle ronflait et il s'en était plaint plusieurs fois. Mais là, c'était un bruit totalement différent, comme si elle pétait dans un bain de boue. Une chose était certaine, il n'avait pas l'intention de partager le même lit que ces foutues flatulences. Il irait dans la chambre d'ami. Il entra dans la salle de bains pour faire pipi. Là aussi impossible de trouver l'interrupteur. Encore un coup de ces électriciens de malheur. Sir Arnold se déshabilla dans le noir et sortit sur le palier. Arrivé devant la porte de la chambre d'ami, il se rappela que la fameuse tante Léa l'occupait certainement. Risquer de se retrouver au lit avec cette vieille peau ? Des clous ! En maudissant sa femme, il fit demi-tour à l'aveuglette. C'était bien typique de cette sacrée bonne femme d'avoir fait changer de place les interrupteurs, juste pour le plaisir ! Devant la porte de leur chambre à coucher, il s'arrêta, hésitant. Juste ciel, quel bruit affreux. Il lui vint alors à l'esprit qu'il y avait quelque chose de vraiment anormal. Peut-être Vy avait-elle un peu trop forcé sur les comprimés que le médecin lui avait donnés pour sa dépression ? Et si elle faisait une overdose ? En tout cas, ce qu'elle avait n'était pas ordinaire. On dit bien que ronfler peut être dangereux pour la santé, non ? Il l'avait lu quelque part. Un sombre espoir se dessina brièvement dans l'esprit du commissaire. Pourquoi ne pas la laisser ronfler un moment ?

Entre-temps, il devait absolument trouver un Alka Seltzer et une demi-aspirine.

Toujours à l'aveuglette, il repartit vers la salle de bains. Il y trouva l'Alka Seltzer, ou du moins ce qu'il crut en être. Pas pour longtemps. Cette saloperie, c'était le Stéradent du dentier de Léa. Sir Arnold Gonders le recracha rageusement dans la cuvette des W-C. Cette femme et la bande de dégénérés qu'elle appelait sa famille le rendraient fou ! En plus, elle avait le culot de prétendre que c'était lui le responsable de sa déprime. Voilà ce qui arrive, disait-elle, quand on épouse un homme qui ne fréquente que des criminels de la pire espèce. Quant à préciser lesquels, Vy était restée assez évasive. Mais ce dont elle était sûre, comme sa famille le lui avait assez répété, c'est que ce mariage était une mésalliance. Elle aurait difficilement pu trouver pire — à moins, bien sûr, d'épouser un membre de la famille royale. Sir Arnold savait tout cela. Les Gilmott-Gwyre étaient terriblement snobs et Vy voyait d'un mauvais œil jusqu'à ses relations avec Dieu. Or, si Dieu Tout-Puissant n'était pas le top dans l'échelle sociale, on se demandait bien qui l'était.

Pour comble de malheur, les nerfs de lady Vy avaient été mis à rude épreuve récemment. Un guignol du Service d'entretien des communications avait trafiqué son téléphone de voiture, si bien que Lady Vy s'était retrouvée, par deux fois, en liaison avec de très louches établissements du quartier des docks. Un jour, c'est le « Saint Temple de L'Extase Divine » qui avait répondu à son appel puis, la seconde fois, « Les Portes de Nacre du Paradis ». Comme elle essayait en fait de téléphoner à sa sœur, qui, aux dernières nouvelles, était encore de ce monde, Vy en avait déduit, atterrée, que son mari était branché en ligne directe avec Dieu et que Dieu était un individu à l'accent oriental qui lui proposait « tous les produits, herbes, pommades et lubrifiants avec ou sans vibromasseur qui vous garantiront le septième ciel. Satisfaite ou remboursée. Massage et assistance manuelle personnalisée sur demande. » La réaction de lady Vy au premier appel avait conduit la Jaguar et deux autres voitures dans le fossé de l'autoroute M85. La fois suivante, trois semaines plus tard, Vy avait dit à Dieu ou à l'archange Gabriel, ou à quiconque responsable des « Portes de Nacre du Paradis », qu'il pouvait aller se faire foutrer, le sale connard. Après coup, elle avait eu des remords sur la route en rentrant. Et si elle avait réellement eu affaire à Dieu, finalement ?

— Tout ça, c'est votre faute, après tout. Vous lui parlez sans arrêt, à ce foutu bonhomme, avait-elle lancé, hystérique, à sir Arnold. Et si c'était vraiment... Mais pourquoi m'avoir choisie moi ? Pourquoi m'avoir choisie parmi tous ces misérables pécheurs ?

L'histoire avait été très pénible. Sir Arnold s'était estimé bien heureux de savoir parfaitement à qui Vy avait parlé — Glenda aimait bien utiliser les petits accessoires qu'on trouvait dans cette boutique — et il avait menacé ce salopard de le mettre hors business et hors circuit pour de bon s'il s'avisait encore une fois de se faire passer pour

Dieu. Mais cela n'avait pas été d'un grand secours pour lady Vy qui n'avait plus été la même après l'incident. Elle l'avait menacé de divorcer s'il osait dire encore une seule fois « Dieu est amour » devant elle. Sir Arnold en avait rejeté la faute sur cet abruti d'Indien. Lady Vy, elle, s'en était voulu d'avoir épousé un flic. Le médecin consulté avait dit que tout ça, c'était des histoires d'hormones très classiques chez une femme de son âge. Le psychiatre, lui, avait carrément parlé de frustration et de manque de satisfactions sexuelles. Ce dernier diagnostic avait été tout à fait du goût du commissaire qui, espérant surprendre quelque croustillant aveu d'adultère, avait fait mettre le cabinet du psy sur table d'écoutes. Sa femme était déprimée et quant aux satisfactions sexuelles, inutile de le nier, elle en manquait. Sir Arnold s'était souvent demandé quels auraient été les résultats si on l'avait soumise aux tests de féminité des lanceuses de poids aux jeux Olympiques. Il avait beaucoup moins apprécié la suite de la consultation, quand le médecin avait suggéré à Vy d'exiger l'accomplissement du devoir conjugal deux fois par semaine. Et il avait franchement détesté le rire vulgaire de lady Vy quand elle avait expliqué qu'avec un homme qui arrivait péniblement à produire une érection annuelle, franchement deux érections par semaine, il valait mieux ne pas rêver, docteur. Sir Arnold admettait que tout l'attrait sexuel de cette maudite bonne femme avait toujours résidé dans ses relations sociales beaucoup plus que dans ses charmes physiques. Et, bien avant que le Seigneur lui eût révélé son erreur, il s'était découvert plus d'attirance pour les silhouettes graciles et enfantines comme celle de Glenda que pour les torses musclés et les gabarits mastocs comme ceux de lady Vy. Il n'empêche que, piqué au vif par son rire sarcastique et stimulé par des doses massives de vitamine E, il avait fait son possible, sacrebleu, pour lui en fournir, des satisfactions conjugales. Grâce au ciel, les antidépresseurs ajoutés à sa consommation nocturne de gin mettaient Vy dans un état quasi comateux où elle se retrouvait trop shootée pour avoir envie de baiser ou même pour se rendre compte si elle avait été baisée ou non. Cependant, sir Arnold ne tenait pas à la perdre complètement. Lady Vy possédait encore une certaine influence grâce à son père, sir Edward Gilmott-Gwyre, et elle lui apportait la crédibilité sociale qui autrement lui aurait manqué. Mais à présent, si l'on en jugeait par ces hideux ronflements, voilà qu'elle n'allait pas bien du tout.

Abandonnant le mur de la salle de bains, il partit en titubant le long du couloir et ouvrit la porte de la chambre. Une autre pensée alarmante lui traversa alors l'esprit. Ce bruit n'était pas dans son registre habituel. De plus, Vy avait dû prévoir, naturellement, qu'il passerait la nuit en ville comme il le faisait toujours après une soirée arrosée. Donc c'était sans aucun doute cette sale gouine de tante Léa qui dormait dans son lit. Si c'était le cas, elle allait avoir une surprise. Il n'aimait pas vraiment sa femme, d'accord, mais plutôt crever que de laisser une lesbienne le remplacer dans la couche conjugale ! Le commissaire s'approcha du lit avec précaution, la main tendue en direction des ronflements. Ses doigts rencontrèrent une chevelure. Dans le noir, sir Arnold resta cloué sur place. Ce n'étaient ni les cheveux de lady Vy — il n'y avait qu'elle pour se faire ce genre de frisettes — ni ceux de Léa qui se coiffait pratiquement en brosse. Ces trucs-là étaient longs et graisseux. Pas de doute : c'était une chevelure d'homme, de même que — il en était sûr maintenant — c'étaient des ronflements masculins. Impossible de s'y tromper. Impossible de se tromper non plus sur autre chose : cette puanteur de chien.

Maintenant il savait pourquoi le pauvre Genscher clopinait et suffoquait. Il savait aussi qu'il avait affaire à un individu exceptionnellement dangereux. Toute sa vie il avait prévu que ça finirait par arriver si Vy s'obstinait à laisser cette foutue porte ouverte. Dans son état de fatigue et d'ivresse, ses pensées se télescopaient. L'éventualité d'une attaque de l'IRA lui traversa soudain l'esprit. Il devait de toute urgence récupérer son revolver dans la table de nuit. Récupérer son revolver et trouver le bouton de l'alarme. Avec d'infinies précautions il chercha la table de nuit puis il commença à ouvrir le tiroir. Cette vacherie ne voulait pas s'ouvrir. Il tira un peu plus fort et réussit à l'entrebâiller avec un grincement d'enfer. Quelqu'un s'agita sur le lit. Sir Arnold n'hésita plus... Saisissant la lampe de chevet en chêne massif, il en assena la base sur les ronflements. Il y eut un bruit mat, horrible, l'ampoule se brisa, la prise fut arrachée du mur et les ronflements s'arrêtèrent net. Dans l'obscurité, sir Arnold se dirigea vers l'interrupteur principal près de la porte, marcha sur un morceau de verre, se coupa le pied et jura.

Quand il trouva enfin la lumière, il mesura l'ampleur du désastre. C'était pire que ce qu'il avait imaginé. Pour commencer, lady Vy était réveillée — un coup de pied convulsif de Timothy Bright lui avait fait reprendre conscience — mais, sans ses verres de contact, elle avait beaucoup de peine à identifier les protagonistes de la scène... Couché dans le lit à côté d'elle, il y avait celui qu'elle supposait être sir Arnold et qui saignait abondamment d'une blessure à la tête tandis qu'un individu, nu et armé d'un gourdin, se tenait près de la porte en proférant d'horribles jurons. Le seul message que lui transmirent ses neurones anesthésiés par les antidépresseurs et paralysés par le gin, c'est qu'elle allait être violée et assassinée. Avec une agilité assez remarquable pour une femme dans son état, elle récupéra le revolver qu'elle gardait à portée de main dans le tiroir de sa table de nuit à elle. C'était son ultime défense et elle entendait bien lutter jusqu'au bout. Le premier coup de feu fit voler en éclats le miroir de l'armoire victorienne à droite du meurtrier. Lady Vy prit le temps de viser plus soigneusement la deuxième fois et, ce faisant, entendit son agresseur crier d'une voix vaguement familière « Sacré nom de Dieu, posez ce putain de revolver ».

Le deuxième coup manqua sa cible par la gauche et, après avoir traversé de part en part le cumulus du chauffe-eau, la balle alla ricocher dans la salle de bains attenante. Un troisième coup de feu ne fut pas nécessaire : sir Arnold avait préféré décamper en claquant la porte. Lady Vy étendit la main vers le bouton de l'alarme prévue pour avertir tous les postes de police des alentours, dans un rayon de 80 kilomètres, que la résidence secondaire du commissaire divisionnaire venait d'être victime d'une effraction.

La demi-heure qui suivit donna à sir Arnold un avant-goût de l'enfer. Quand la sirène du toit se mit à hurler, tandis que les projecteurs halogènes illuminaient les alentours du bâtiment et que simultanément une douzaine de postes de police se préparaient à appliquer le plan d'urgence « Alerte rouge », sir Arnold comprit que sa carrière vacillait au bord du gouffre. Il se rua dans l'escalier mal éclairé pour atteindre au plus vite le téléphone de son bureau. Il y était presque quand quelqu'un ralluma le vestibule. Il se trouva alors nez à nez avec la vieille domestique écossaise en peignoir.

— Ach, sir Arnold, vous comprenez c'qu'y se passe ? demanda-t-elle.

Sir Arnold l'écarta sans ménagement avec le pied de lampe ensanglanté. Stupide vieille bique, comment voulait-elle qu'il y comprenne quelque chose ! Arrivé dans son bureau, il laissa tomber la lampe sur son précieux tapis persan et empoigna le téléphone. Le numéro, vite, ce putain de numéro de code pour annuler l'alerte ! Finalement, en désespoir de cause, il composa le 999. Une voix lui demanda quel service d'urgence il demandait. Bonne question. A son avis il les voulait tous, sauf peut-être les pompiers. A sa connaissance, la maison n'avait pas encore pris feu.

— La police ! aboya-t-il.

Les numéros de la police étant saturés, on le brancha sur un message enregistré qu'il connaissait bien pour l'avoir dicté lui-même à sa secrétaire.

« Pendant que vous patientez, lui distilla une voix féminine lénifiante, la police de Twixt et Tween est heureuse de vous rappeler la gamme des services qu'elle offre au public. Des agents se tiennent à votre disposition pour organiser des cours de prévention routière dans les écoles publiques ou privées à tous les niveaux, primaire, secondaire, supérieur et technique ; nous organisons également des cours réguliers de judo et de karaté pour le troisième âge ainsi que pour les dames. Ces cours ont lieu… »

— Ta gueule, connasse ! hurla sir Arnold en raccrochant brutalement.

Une autre éventualité, plus pénible, venait de s'imposer à son esprit. Vy et un jeune homme dans le même lit… Sa femme avait un gigolo ! Il devait absolument trouver le moyen d'empêcher des dizaines de policiers de faire une descente dans cette maison où il venait, sans aucun doute, d'assassiner l'amant de sa femme. Mais tout d'abord il devait arrêter cette sirène du diable. Blême de terreur, il se précipita vers la cuisine où se trouvait le tableau de fusibles. Il eut beau tâtonner dans tout l'office : plus de fusibles, disparus ! Encore un coup de lady Vy et de ses foutus électriciens ! On se demande bien à quoi rimait une alarme si on ne pouvait même pas l'annuler, cette connerie. Et le reste de la maisonnée qui ne faisait rien pour l'aider ! En retournant à son bureau, bien décidé à faire sauter cette saloperie de sirène à coups de pétoire si nécessaire, il se trouva nez à nez avec tante Léa.

— Est-il arrivé quelque malheur ? demanda-t-elle tout

en examinant l'anatomie de sir Arnold avec un intérêt mitigé, voire un dégoût manifeste. J'ai cru entendre des coups de feu. Et puis ces projecteurs incroyables se sont allumés et cette sirène infernale s'est mise à hurler. Vous ne pouvez pas arrêter ça ?

— Non, je ne peux pas, dit le commissaire. Et il n'est rien arrivé du tout.

— Eh bien, moi, je vais m'en occuper, fit tante Léa.

Derrière elle, le téléphone du bureau s'était mis à sonner. Ils se bousculèrent tous les deux à la porte et, après une brève lutte, Arnold se dégagea et se précipita dans le bureau. Dans la cuisine tante Léa trouva le tableau de fusibles et la sirène se tut dans un dernier miaulement. Rejointe par la domestique, elle traversa le vestibule et resta à l'entrée du bureau. Sir Arnold avait décroché le téléphone.

— Allô, ici Harry Hodge, le commissaire divisionnaire adjoint, dit une voix étrangement maîtresse de soi.

— Je sais, je sais très bien qui vous êtes, hurla sir Arnold.

— Bien, très bien, poursuivit la voix avec ce même calme exaspérant. Est-ce que tout va bien ? Je répète : est-ce que tout va bien ? Prenez votre temps avant de répondre.

Sir Arnold n'en fit rien. Est-ce qu'il croyait que ça l'amusait de rester debout dans le bureau, les roupettes à l'air, sur un tapis plein de sang, sous l'œil exorbité d'une bonne femme vêtue d'un kimono ahurissant ?

— Mais naturellement que je vais bien, bordel ! On a appuyé accidentellement sur le bouton, c'est tout.

— Très bien, très bien, reprit l'adjoint toujours aussi calme. Je comprends tout à fait. Mais est-ce que tout va bien ? Je répète : est-ce que tout...

— Écoutez, Hodge, vous comprenez, oui ou merde ? Je suis là, à poil, et vous...

Là, sir Arnold se retourna vers tante Léa.

— Foutez le camp, nom de Dieu.

— Essayez de rester calme, continua le pauvre Hodge du même ton impassible. Nous avons la situation en main. Maintenant, pour vous, est-ce que tout va bien ? Je répète...

— Hodge, demandez-moi encore une seule fois si tout va bien et je jure, sacrebleu, de vous casser la gueule. Je n'arrête pas de vous répéter que tout va bien. Vous êtes devenu sourd ?

Il entendit à l'autre bout son adjoint lui reposer à peu près la même question. Sir Arnold se rappela la consigne.

— Hodge, reprit-il d'une voix devenue soudain aussi bizarrement calme que celle de son adjoint. Hodge, tout va bien. Je répète, tout va bien. Je répète, tout va bien.

— Bon, alors tout va bien, fit Hodge comme à regret. Alors c'était une fausse alerte. Je dois peut-être annuler les gars de la BIR ?

— De la quoi ?

Ces dernières minutes avaient considérablement ralenti les réflexes du commissaire.

— La Brigade d'intervention rapide, dit Hodge d'une voix où l'on sentait à nouveau poindre une certaine inquiétude.

— Cette bande de cons ? hurla le commissaire. Bien sûr qu'il faut les annuler. Pourquoi pensez-vous que je vous ai appelé ?

— M'appeler, patron ? M'appeler ? Je suis désolé d'avoir l'air de mettre en doute vos affirmations dans un tel moment, mais je tiens à préciser que c'est moi qui vous ai appelé. Vous êtes sûr, vraiment sûr que tout va bien ?

Le commissaire rassembla ce qui lui restait de calme.

— Hodge, je vous prie de me croire si je vous dis que tout va bien. Trois fois. Pigé ? Je vais tout à fait bien et je retourne me mettre au lit.

— Si vous le dites, patron. Tout de même, c'est un peu dommage de ne pas profiter de l'occasion pour faire un exercice, histoire de s'entraîner.

— Non, je répète : non. Absolument négatif. Terminé, bordel, terminé !

Sir Arnold raccrocha et se prépara à affronter d'autres problèmes plus immédiats.

7

Tout d'abord, sir Arnold devait retourner dans sa chambre et avoir une bonne explication avec Vy. Après tout, c'était elle la responsable de cette histoire. N'importe quel honnête homme trouvant sa femme en compagnie d'un sale petit gigolo dans le lit conjugal aurait eu la même réaction impétueuse. D'un certain point de vue, Vy aurait même dû considérer cela comme un hommage, car sir Arnold avait fait preuve de la dose de jalousie qu'un gentleman doit montrer en pareille circonstance. C'est elle qui s'était vraiment conduite de manière tout à fait irrationnelle avec ce revolver ! Elle aurait pu le tuer et ça l'aurait avancée à quoi ? En tout cas, il n'avait pas l'intention de s'aventurer dans la chambre avant qu'elle lui ait promis de ne plus rien tenter de dangereux. Il s'arrêta devant la porte.

— Ma chérie, susurra-t-il, c'est moi. Tu sais bien, moi, ton gros nounours. Tu te rappelles : la petite bébête qui monte et...

Dans la chambre, lady Vy avait finalement recouvré ses esprits ainsi que ses verres de contact.

— Pour l'amour du ciel, arrêtez ! Vraiment, ce n'est pas le moment. Pas quand...

Sir Arnold se précipita dans la chambre. Revolver ou pas, il fallait l'empêcher d'en dire davantage.

— Taisez-vous ! couina-t-il dans un chuchotement avorté.

Puis il reprit, moins pour lady Vy que pour les deux femmes restées en bas :

— Voyons, ma chérie, vous ne devez pas vous sentir coupable. L'erreur est humaine…

— Me sentir coupable ? Je me réveille et je vous trouve en train de battre un type à mort à coups de lampe de chevet et…

— Non, ma chérie, ce n'est pas tout à fait exact, dit-il dans un chuchotement toujours aussi peu discret.

Puis, *mezza voce* :

— Les murs ont des oreilles, bon sang de bois.

Lady Vy le fixa, ahurie.

— Les murs ont des oreilles ? Vous vous promenez dans la maison complètement à poil et vous prenez cette drôle de voix pour me dire que les murs ont des oreilles. Vous êtes tombé sur la tête ou quoi ?

Sir Arnold fit des gestes désespérés en direction de la porte et reprit sur un ton qui se voulait détaché :

— Allons, nous ne voulons pas ennuyer les gens avec nos petites histoires.

— Parlez pour vous, dit lady Vy. Mais en ce qui me concerne…

Sir Arnold s'approcha du lit et arracha le drap qui recouvrait le corps nu de Timothy Bright.

— Maintenant, fermez-la et écoutez-moi, grinça-t-il. J'arrive à la maison et je vous trouve dans les draps avec un sale micheton que vous venez de vous envoyer, et dans mon propre plumard, qui plus est. Dire que ce salaud a le culot de rester là à dormir et à ronfler…

Sir Arnold s'arrêta. Il étudia plus attentivement Timothy, ses genoux écorchés, l'état de ses mains, de ses bras, sans parler de son torse sérieusement amoché et de sa figure… Un vrai massacre ! Il révisa l'opinion qu'il avait de lady Vy. Si c'était là le genre d'amour passionné auquel sa femme aspirait, il se sentait drôlement soulagé de n'avoir jamais réussi à l'exciter à ce point-là. Il en vint même à penser qu'elle avait dû abuser des films de Dracula. Ou d'histoires de cannibales. Seule l'absence de traces de sang sur sa couche de crème de nuit le persuada du contraire. Il préférait ne pas trop regarder le crâne de l'énergumène. Sa blessure au cuir chevelu continuait à saigner sur l'oreiller. En tout cas, lady Vy avait maintenant toute son attention.

— Qu'est-ce que vous entendez par « micheton » et « s'envoyer en l'air », vile créature ? fit-elle tomber avec une hauteur quasi olympienne. Imaginez-vous pour un instant que je songerais à m'abaisser à coucher avec… un béjaune, pratiquement un enfant ?

Sir Arnold jeta un coup d'œil au type qui était sur le lit. Il avait de la peine à concevoir que sa femme puisse traiter d'enfant un gaillard approchant de la trentaine. Et encore moins de béjaune, bien qu'il ne fût pas très sûr du sens de ce mot. Rien de bien catholique, certainement. Il essaya d'en revenir au problème.

— Que voulez-vous que j'imagine ? A quoi penseriez-vous si, rentrant à l'improviste au milieu de la nuit, vous me trouviez au lit avec une jeune fille entièrement nue ?

— J'éliminerais certainement l'hypothèse d'une honnête partie de jambes en l'air, lui lança lady Vy. Je suppose qu'une fellation arriverait peut-être à vous faire un vague effet, mais ne comptez pas sur moi. J'ai passé l'âge de ce genre de choses.

Sir Arnold sentit venir la diversion mais ne se laissa pas dérouter.

— Très bien, qui est-ce ? Dites-moi seulement une chose : qui est-ce ?

— Qui est-ce.

— Ah, très drôle ! Mais n'essayez pas de plaisanter. Je crois avoir le droit de savoir.

— C'est à moi que vous le demandez ? Mais je n'en sais rien.

— Vous n'en savez rien ? Bon sang, vous devez bien savoir, non ? fit sir Arnold, les yeux écarquillés. Enfin, vous n'allez pas me dire que vous mettez un merdeux dans votre lit sans savoir qui c'est !

— Puisque vous insistez, je croyais que c'était vous, dit lady Vy, ayant retrouvé sa hauteur.

Le commissaire divisionnaire la fixa, bouche bée.

— Moi ? Il n'y a pas une minute vous disiez que j'étais incapable de bander sans qu'on me fasse une pipe et maintenant c'est moi le superman qui vient de vous tringler à mort !

Un bref instant lady Vy sembla songer à utiliser le revolver.

— Je me tue à vous le dire, hurla-t-elle, ce type ne m'a rien fait et je ne savais même pas qu'il était là.

— Des clous. Un bonhomme ne se met pas dans votre lit sans que ça se remarque.

— D'accord. Disons que j'ai vaguement eu conscience d'une présence dans le lit. Mais comme il puait le chien et l'alcool, j'ai pensé, tout naturellement, que c'était vous. Comment diable imaginer que ça puisse être quelqu'un d'autre ?

Sir Arnold essaya de reprendre un peu de dignité.

— Je ne pue ni le chien ni l'alcool quand je me mets au lit.

— On aurait pu s'y tromper. La preuve, c'est ce qui m'est arrivé.

Elle se pencha vers le bord du lit pour attraper sa bouteille de gin. Sir Arnold la lui arracha des mains et en but une rasade.

— Et ensuite, continua lady Vy après avoir récupéré sa bouteille, ensuite, vous êtes arrivé et vous l'avez assassiné.

— Qui parle d'assassinat ? dit-il. C'est un homicide, et bon Dieu, c'est sacrément différent. Dans les cas d'homicide, les juges sont généralement...

Lady Vy eut un sourire féroce.

— Arnie chéri, dit-elle avec une méchanceté qui avait fermenté de longues années, si vous utilisiez un peu cette chose minuscule qui vous sert de cervelle, vous auriez déjà compris que vous êtes un homme fichu, lessivé, *out*, bon pour la casse et la ferraille. Votre carrière est finie. Envolés vos futurs postes d'administrateur et les bonnes petites planques lucratives pour avoir su fermer les yeux quand il le fallait. Envolés ces petits jobs douillets que vous réservaient vos petits copains comme ce Len Bload, en échange de tous vos bons services quand vous dirigiez cette agence de gardiennage de biens privés que vous osez appeler un commissariat. Fini tout ça, adieu ! Vous vous retrouverez *in excrementibus* jusqu'à la ligne de flottaison, comme aimait à dire père. Et peu importe ce qu'essaiera de plaider un vieux juge gâteux, choisi par votre copain le procureur général, pour vous éviter la prison, votre vie est foutue, bébé.

Ce discours parvenait à sir Arnold dans un état de conscience subliminale. Pas besoin de lui faire un dessin. Il y a une catégorie de crimes que même un commissaire divisionnaire peut difficilement espérer commettre en toute impunité. Battre à mort un individu dans son lit avec un instrument contondant en faisait partie. Pour ne rien arranger, il ne pouvait plus compter sur l'influence de l'ex-Premier ministre pour le sortir de là. Elle n'était plus au pouvoir.

Il prit le poignet de Timothy et tâta son pouls. Tout compte fait, il battait encore remarquablement fort. Sir

Arnold se précipita vers le placard pour chercher une lampe de poche.

— Vous pouvez m'expliquer ce que vous faites ? demanda lady Vy en le voyant braquer la lampe sur les yeux du jeune homme.

— Drogué, laissa-t-il tomber après avoir scruté les pupilles de Timothy. Drogué à mort.

— Peut-être, fit lady Vy avec des trémolos dans la voix, mais regardez dans quel état vous avez mis son pauvre crâne.

Sir Arnold préféra s'en abstenir.

— Si on lui faisait une analyse d'urine, ajouta-t-il, ça ferait un trou dans l'éprouvette.

— Vous êtes sûr ? Toute cette histoire me paraît terriblement invraisemblable.

— Invraisemblable ? brailla sir Arnold après avoir rangé la torche. Invraisemblable ! Pas plus invraisemblable que de rentrer à la maison et de trouver... Et puis zut. Regardez ses genoux, ses mains. Qu'est-ce que vous en dites ?

— Je le trouve... euh... plutôt bien fait... et même très bien proportionné quand on le regarde de plus près.

— On n'en a rien à foutre de ses bonnes proportions, aboya le commissaire. Toute sa peau est arrachée. Ce type-là a été traîné sur le sol. Et où sont ses vêtements ?

Il jeta un coup d'œil dans la chambre puis, ayant passé une robe de chambre, il alla voir au rez-de-chaussée. Pas de vêtements.

En revenant dans sa chambre, le commissaire s'était fait une idée sur les événements.

— Il faut se rendre à l'évidence : c'est un coup monté. Voilà tout. On m'a piégé. Ces salauds de journalistes vont débarquer d'un moment à l'autre et...

— Ah ! mon Dieu, dire que nous avons invité des gens pour l'apéritif à midi ! coupa lady Vy qui retrouvait tout à coup ses priorités sociales. Avec votre ami le député. Croyez-vous que…

Le commissaire sentit s'ouvrir un nouvel abîme sous ses pas.

— Il faut agir très vite, Vy. Pas question que ce type soit encore là quand ils arriveront. On va le descendre à la chaudière.

Ce fut au tour de lady Vy d'avoir des visions de cauchemar.

— Mais notre chauffage marche au mazout. Vous n'arriverez jamais à vous en débarrasser dans la chaudière. Comment pouvez-vous imaginer une chose pareille ?

— Je ne pensais pas à ça, sacré nom de Dieu. Je ne vais pas l'incinérer. Je veux seulement le mettre au frais en attendant que ça chauffe un peu moins, c'est tout.

Laissant lady Vy savourer ses subtilités stylistiques, sir Arnold repartit au rez-de-chaussée. Il en revint avec une large bande adhésive et deux grands sacs-poubelle. Puis il alla dans la salle de bains dont il rapporta un rouleau de sparadrap.

— Qu'est-ce que vous allez faire ? glapit Lady Vy, les yeux écarquillés. Expliquez-moi ce que vous allez faire ! Je veux savoir…

— Bouclez-la et rendez-vous donc utile, lui jeta sir Arnold d'un ton sec. Nous allons ficeler ce salaud jusqu'à ce qu'il ne sache plus ce qui lui est arrivé.

— Mon cher Arnold, vous ne pensez pas une minute que je vais vous aider dans cette ignoble entreprise.

Sir Arnold lâcha les jambes de Timothy qu'il essayait d'enfiler dans un des sacs-poubelle, et se redressa.

— Écoutez-moi bien, dit-il d'un ton plein d'une intensité menaçante. Que je ne vous entende plus une seule fois me balancer votre « cher Arnold » d'aristocrate de mes deux. Si je me retrouve le cul dans le ruisseau à la suite de cette histoire, n'espérez pas vous en tirer sans vous mouiller les fesses, parce que vous y serez, vous aussi. Cette fois-ci, vous allez bien être obligée de vous y mettre.

— Non, mais vraiment, on dirait bien que c'est à cause de moi qu'il est arrivé ici, riposta lady Vy en essayant de reprendre un peu de sa hauteur.

— Ce n'est pas une hypothèse à écarter. Tenez, je vais même vous donner les détails : vous et votre tante Léa, vous êtes en plein trip sadomaso. Vous ramassez le type quelque part — à mon avis il a bien une gueule à venir de Harrogate. Vous le bourrez de crack ou bien la douce Léa lui file une injection d'ecstasy avec cette seringue hypodermique que j'ai vue traîner dans ses affaires et vous le conduisez ici, histoire de vous amuser un peu. Vous voyez le scénario ?

Lady Vy commençait à voir.

— Vous n'oseriez jamais. Vous n'oseriez jamais raconter une chose pareille… Si seulement père…

— Mettez-moi au défi, Vy. Mettez-moi un peu au défi ! Et votre foutu père va vraiment apprécier de retrouver sa gueule dans le *Sun* avec, en légende de la photo, LA FILLE D'UN DUC SE DÉBAUCHE POUR L'AMOUR D'UNE LESBIENNE, suivi d'un tas de détails croustillants sur toute l'histoire et sur vos relations avec cette vieille gouine accro à l'héroïne et…

— Léa ne se drogue pas. Elle est aromathérapiste et spécialiste en relaxation.

— C'est exactement ce qu'ils aiment, au *Sun* et à *News of the World*. Tout à fait leur style ! L'arôme que cette pauvre Léa va répandre, si vous refusez de m'aider, vous fera prendre cette odeur de merde de chien pour du Chanel n° 5. Maintenant vous allez tenir ce sac-poubelle ouvert pendant que je lui glisse les jambes dedans, sacré nom de Dieu.

Il fallut cependant se rendre à l'évidence : Timothy Bright était d'un gabarit bien supérieur à la capacité d'un sac-poubelle. Finalement, ils durent utiliser les draps du lit qu'ils enroulèrent autour de son corps. Sir Arnold prit le ruban adhésif et œuvra avec une telle minutie que ce qu'ils finirent par traîner dans la cave ressemblait tout à fait à une momie, avec seulement deux trous pour le nez. Au prix de mille difficultés, ils réussirent à caser Timothy dans un des recoins les plus sombres du sous-sol, à côté des voûtes de la cave à vin.

— Maintenant, on ne devrait plus l'entendre pendant un bon moment, dit sir Arnold dont les espoirs furent immédiatement déçus par les grognements de Timothy qui se tortillait sur le sol.

Le commissaire hésita une seconde puis il tendit la lampe de poche à Vy et remonta l'escalier.

— Surveillez-le bien, recommanda-t-il avant de partir à la cuisine.

Il en revint avec une seringue à arroser la viande, un verre gradué et une bouteille de whisky.

— Juste ciel, qu'allez-vous donc faire ?

— Fermez-la et tenez bien la lampe. Je n'ai pas envie de me tromper dans les proportions.

— Qu'est-ce que vous voulez faire avec cette pipette ?

— Certainement pas arroser le gigot, fit sir Arnold avec un ricanement. Je m'en vais arroser ce petit salaud d'un cocktail qui va le calmer pour de bon. Deux mesures de scotch, trois Valium et quelques-unes de vos pilules roses. Agitez et servez. Monsieur ne saura plus ni où il est ni ce qui s'est passé.

Considérant l'espèce de baluchon allongé sur le sol, lady Vy se dit que le whisky était peut-être superflu. Les sédatifs, certainement.

— Donnez-lui ces pilules et il n'aura plus jamais l'occasion de se rappeler quoi que ce soit, dit-elle. Et je ne pense pas qu'il soit très sage de lui faire ingurgiter ce whisky avec cette seringue. Il est à peu près sûr de mourir étouffé.

— Il ne va pas « l'ingurgiter ». Ce sera plutôt un genre de goutte-à-goutte, OK ?

Lady Vy le regarda, les yeux ronds.

— Vous êtes fou. Complètement ravagé. Vous comptez lui faire absorber un demi-litre de whisky avec du Valium... Doux Jésus !

— Non, je ne suis pas fou, dit sir Arnold avec détermination. Et en ce moment je n'ai pas besoin de sermons. Maintenant vous allez tenir ça.

Il lui tendit la pipette en plastique.

— Je ne tiendrai rien du tout, déclara lady Vy avec la même détermination. Vous pouvez faire ce que vous voulez mais je n'ai pas l'intention de devenir complice de vos crimes.

— Oh, mais que si, dit sir Arnold avec une expression vraiment effrayante sur le visage.

Lady Vy prit la pipette.

Cinq minutes plus tard Timothy Bright avait avalé sa première dose de whisky au Valium. Les antidépresseurs roses n'avaient finalement pas été ajoutés au breuvage fatal.

— Ça devrait le faire dormir pendant un moment, commenta sir Arnold en remontant l'escalier. Il restera K-O jusqu'à ce que j'aie trouvé une solution.

Il ferma la porte de la cave à clé.

Il passa le reste de la nuit sur le canapé du bureau, à essayer de dormir. Entre de brefs moments de sommeil agité et d'horribles périodes d'insomnie, il se mit à chercher quel était le salaud qui pouvait lui en vouloir à ce point. Quel criminel, particulièrement rancunier, pouvait avoir monté cet abominable guet-apens ? Inutile de chercher ; il y en avait trop ! Et comment se faisait-il que la horde journalistique n'ait pas déjà rappliqué ? Sans doute parce qu'il avait annulé l'appel à la Brigade d'intervention rapide. L'arrivée de celle-ci aurait déclenché l'invasion des journalistes qui avaient besoin des gars de la brigade pour trouver la route. L'endroit était variment paumé, grâce au ciel. Mais tout de même, il y avait quelque chose qui clochait. Il téléphonerait demain matin pour savoir si quelqu'un avait eu vent de l'affaire. Et puis non. Il ne téléphonerait pas. Le silence, total et absolu. C'était la meilleure tactique. Avec le silence et l'aide de Dieu, il finirait bien par sortir de ce cauchemar. Du moins, si ce petit salaud ne claquait pas entre-temps.

En haut, dans les draps tout propres de la grande chambre, lady Vy se traitait d'imbécile. L'eau du chauffe-eau perforé s'était infiltrée sous la porte et imbibait maintenant la moquette. Elle aurait bien dû écouter son père quand elle était jeune. Il avait toujours dit qu'il fallait être un sadique doublé d'un crétin pour réussir dans la police. Eh bien, ces événements lui donnaient mille fois raison.

8

A Pud End, Henry Gould s'éveilla avec la très désagréable impression d'avoir commis un acte abominable. Il lui fallut un moment pour rassembler ses souvenirs et, du coup, il se sentit vraiment très inquiet.

— Bonté divine, grommela-t-il en sautant à bas du lit. Comment peut-on faire des farces aussi débiles !

En descendant, il trouva son oncle buvant son café, attablé près de la radio, dans la vieille cuisine de la ferme. Il avait l'air excessivement jovial pour un homme qui venait, selon toute probabilité, de perdre un neveu. Pour Henry cette probabilité était même certitude. Avec la lucidité qu'apporte le petit jour, la mort de son cousin lui apparaissait évidente. Aucun être humain bourré de *bufo sonoro* jusqu'aux derniers synapses ne pouvait parcourir des kilomètres sur cette moto hyper-puissante et espérer rester en vie. C'était un tord-méninges de première classe, cet extrait de crapaud.

— Pas la peine de faire cette tête d'enterrement, dit Victor. J'écoute la radio locale depuis six heures du matin et ils n'ont signalé aucun accident de moto, ce qu'ils font toujours pour stimuler les autres motards. Timothy est probablement en train de cuver au pied d'une haie. Il y a un bon Dieu pour les ivrognes.

— J'espère que vous avez raison. Qu'est-ce qu'il peut bien y avoir dans cette drogue, Dieu seul le sait ! A en juger par les premiers effets, on s'étonne qu'il ait pu enfourcher sa moto. Alors la conduire…

Quand plus tard, ce matin-là, Victor monta aérer la chambre d'ami, il s'aperçut que Timothy avait laissé un gros paquet brun et un grand attaché-case. Il alla ranger les deux objets dans le placard sous l'escalier, en se disant que son neveu viendrait bien les réclamer un jour. La perspective de le voir revenir n'avait rien de réjouissant mais enfin, pour l'instant du moins, on était tranquille.

Timothy Bright aurait certainement partagé la consternation de son cousin s'il avait été en condition de le faire. En l'occurrence, il continuait à dormir, inconscient de la situation et victime du regain d'intensité des restes de crapaud qui, stimulés par le Valium et le whisky, jouaient de nouveaux tours à ses neurones. Ce nirvana béat lui épargnait la conscience d'être ficelé entre des draps et une taie d'oreiller ensanglantés et qu'il gisait, abandonné dans un coin sombre de la cave de la Vieille Écluse, assez semblable à l'un des sacs de charbon qu'on y stockait autrefois.

Au-dessus de sa tête, la petite réception de sir Arnold avait commencé. Les invités déambulaient dans le jardin, un verre de vin à la main, un blanc plutôt aigrelet qu'Ernest Lamming avait vendu à sir Arnold comme étant « un petit vouvray de première classe ». « Petit » était en effet le mot juste, et le commissaire commençait à regretter d'en avoir acheté de telles quantités. Pour sa part, il ne se sentait pas du tout l'envie de boire quoi que ce soit. Sa nuit se résumait à trois heures de sommeil agité, et il s'était réveillé non seulement avec le sentiment d'avoir beaucoup trop bu mais aussi avec la nette impression d'avoir eu des hallucinations. D'ailleurs, c'était probable, car assassiner à coups de lampe de chevet le gigolo de sa femme relevait du délire le plus absolu. De fait, tout ce qui s'était passé cette nuit-là ressemblait tellement à un cauchemar qu'une journée de réflexion et de calme lui aurait été bien nécessaire pour y voir clair. Au lieu de quoi, il était obligé d'affecter une jovialité qu'il était bien loin d'éprouver. En tout cas, pas question de boire une goutte de ce vouvray à l'acide chlorhydrique. Il s'en tiendrait à la vodka-tonic qui soulagerait sans doute son mal de tête.

L'homogénéité sociale de ses invités était en soi un témoignage des profonds bouleversements de l'Angleterre des années quatre-vingt. Autrefois, il aurait semblé suspect qu'un commissaire divisionnaire ait autant d'amis dans le monde de l'immobilier et de la finance et si peu dans le monde des notables de la *gentry*, comme on disait alors. C'était particulièrement vrai à Twixt et Tween. A une époque, le comté avait été célèbre pour les industries et les chantiers navals de Tween ainsi que pour les chasses à la grouse et les immenses domaines des hobereaux de Twixt. A la réception des Gonders, on ne trouvait aucun de ces maîtres de forge et les seules industries représentées étaient des sociétés de services. Aucun propriétaire terrien digne de ce nom n'aurait accepté de se mêler aux invités de la Vieille Écluse. Ni aucun syndicaliste. Sir Arnold Gonders avait bien retenu le catéchisme politique du thatchérisme : seul compte l'argent, et de préférence l'argent frais, récemment acquis par des gens qui s'en vantent et qui se fichent du reste. En revanche, il y avait tout le gratin local de la télévision et du show-biz, car, comme l'avait pompeusement déclaré un jour sir Arnold : « La communication, c'est tout l'art d'un bon commissaire divisionnaire. Il faut savoir mettre le peuple de son côté. » C'était un commentaire assez révélateur sur l'irrémédiable fracture de la société.

En tout cas, dans l'arrondissement de Twixt et Tween, si l'on avait encore des doutes pour savoir de quel côté il fallait situer sir Arnold Gonders, un simple coup d'œil à la liste des invités aurait suffi.

Il y avait là Len Bload, du cabinet Bload et Babshott, chargé de relations publiques et consultant en services financiers du conseil régional. Il était accompagné de sa femme, Mercia, autrefois mannequin et ex-masseuse, désormais promue à un poste de direction chez B & B. Len Bload n'appelait jamais sir Arnold autrement que « mon gars » et le considérait visiblement comme un membre de son équipe.

— Gratte-moi le dos et je gratterai le tien, c'est comme ça que je vois les choses, mon gars. Sinon, qui le fera, tu veux me dire ? répétait-il à satiété, au point d'en donner la nausée à lady Vy.

Lady Vy ne supportait pas non plus les femmes qui parlaient aussi explicitement de masturbation que le faisait Mercia. Et puis il y avait les Sent. Si Vy n'aimait pas les Bload, elle avait véritablement horreur des Sent. Harry Sent était « dans les affaires ».

— Ne me demandez pas en quoi. Tout ce que vous voulez. N'importe quoi et vous l'avez. Vous connaissez ma devise ? « Avec Harry Sent on est satisfait à cent pour Sent. » Cent pour Sent. Vous pigez ? Un logo du tonnerre que Lennie m'a fait gratos. Et vous voulez savoir pourquoi ?

Lady Vy n'en avait pas la moindre envie mais, enfin, comme il faut bien que noblesse oblige, elle acquiesça.

— Parce qu'une fois où je baisais Cocotte et que je devais penser à Mercia pour arriver à lever le gourdin, pas vrai, cocotte ? (sourire amer de Mrs Sent qui approuva de la tête). Pas vrai que je baise mieux avec cette photo de Mercia en bikini sur l'oreiller ?...

Quelque chose comme un rictus de souffrance crispa brièvement le visage d'Olga Sent. Lady Vy aurait presque pu s'attendrir sur la malheureuse — être appelée publiquement cocotte par un homme de la vulgarité de Harry Sent briserait n'importe quelle femme — si elle n'avait pas surpris un jour ces paroles d'Olga Sent :

— Cette peau de vache de lady Vy. Quelle vieille snob, et complètement fauchée avec ça. Elle peut bien crever !

Lady Vy avait rapporté cette remarque à sir Arnold et sa plainte lui avait valu un « Il faut rester en bons termes avec les gens du coin, vous savez », que lady Vy avait trouvé un peu fort de café vu que le vieux Sent prétendait s'être échappé de Pologne pour venir combattre avec les Forces polonaises libres. Quant à Olga, quelqu'un avait fort justement fait remarquer qu'elle avait l'allure d'une surveillante de camp de concentration digne d'être pendue pour crimes contre l'humanité.

Dans le comté, il y avait aussi bon nombre de gens qui, ayant été invités une fois aux réceptions de sir Arnold, s'étaient trouvé de bons prétextes pour ne jamais y revenir. Sir Percival Knottland, le lord lieutenant, représentant de la Couronne, figurait parmi ces absents. Il ne s'était pas encore remis d'avoir rencontré, lors d'une soirée chez les Gonders, un homme qui lui avait conseillé d'investir dans une certaine chaîne de pizzerias « parce qu'elles ne sont pas seulement fourrées à la mozzarella et aux anchois, si vous voyez ce que je veux dire ». Le lord lieutenant voyait assez bien, en effet, et s'en était plaint au commissaire divisionnaire. Mais sir Arnold l'avait assuré que c'était un type très bien.

— D'ailleurs, entre nous et pour ne rien vous cacher, c'est un de nos meilleurs indics. On ne pourrait pas s'en passer. Faut le caresser dans le sens du poil.

— Mais il m'a conseillé d'investir dans les Pizzerias Pietissima, avait repris le lord lieutenant. Une histoire juteuse, d'après lui. Il m'a demandé si je comprenais et ça m'a paru vraiment louche. Vous ne pensez pas qu'une enquête sur ces pizzerias s'imposerait ?

Le commissaire l'avait pris par le bras et lui avait soufflé confidentiellement :

— Entre nous, je l'ai fait. Vous pouvez y aller. C'est un investissement en béton, à mon avis. J'y ai mis dix mille livres moi-même. Devrait doubler votre capital en six mois.

— Et vous écartez tout à fait l'hypothèse que ces pizzerias soient des plaques tournantes d'un trafic de drogue ? avait demandé le lord lieutenant

— Doux Jésus, j'espère bien que non. Mais d'un autre côté, je ne peux rien garantir. Tout le monde s'y met de nos jours. J'en parlerai aux gars des stups de notre service mais, à votre place, je ne me ferais pas de bile pour ce genre de détail.

L'affaire avait tant bouleversé le lord lieutenant qu'il avait adressé une lettre au Premier ministre. La réponse avait été extrêmement brutale : on lui demandait de s'en tenir à son rôle de représentant de la Couronne, autrement dit une fonction très protocolaire et tout à fait superflue, pour laisser le maintien de l'ordre aux vrais professionnels comme sir Arnold Gonders qui faisait un travail remarquable pour la communauté, etc. Le lord lieutenant avait suivi le conseil et s'était, depuis lors, tenu bien à l'écart du commissaire.

Tout comme le juge Julius Foment. Sa foi en la justice britannique avait été ébranlée quand il avait découvert que, sur la foi de preuves fabriquées par les inspecteurs de police de Twixt et Tween, il avait envoyé en prison, pour de longues années, de parfaits innocents accusés de crimes qu'ils n'avaient pas pu commettre, ce que la police savait fort bien. Fils de réfugiés victimes des persécutions nazies, le juge avait été horrifié de découvrir les nouveaux procédés de la police britannique. Il avait même envisagé de revendre sa propre maison, située à l'autre extrémité du lac de retenue, quand il avait appris que les Gonders avaient acheté la Vieille Écluse. Finalement il ne l'avait pas fait, mais il n'avait jamais répondu à leurs invitations.

Et bien d'autres aussi restaient à l'écart de cette clique. C'étaient les vrais habitants du pays, des agriculteurs ou de simples villageois qui ne représentaient aucun intérêt pour les Gonders et consorts mais qui incarnaient une tradition plus ancienne et bien enracinée. Parmi les plus hostiles à cette lie de l'humanité qu'on trouvait sur la pelouse des Gonders ce dimanche-là, on pouvait ranger les Midden de Middenhall, Marjorie Midden et son frère Christophe, qui exploitaient une ferme près de Stagstead, à une cinquantaine de kilomètres de là.

Dès le début, sir Arnold s'était trouvé confronté à miss Midden. Elle vivait dans une vieille ferme, derrière la grande bâtisse victorienne connue sous le nom de Middenhall qu'occupaient ses locataires. Miss Midden avait fait opposition à son projet de clôture du pré communal, Folly Moss, arguant du fait que depuis plus de mille ans les villageois de Great Pockrington l'avaient utilisé comme terrain de pâture. Sir Arnold avait fait remarquer qu'à l'heure actuelle il ne restait plus qu'une seule famille dans le village dont le père, Jimmy Hall, travaillait à la briquetterie de Torthal, et que plus personne n'avait envie de faire paître quoi que ce soit sur Folly Moss. Miss Midden avait répondu qu'il y avait eu, à une certaine époque, deux cents familles à Pockrington et que, le monde étant ce qu'il était, personne ne pouvait prévoir s'il n'y en aurait pas un jour autant.

— Il se peut que Jimmy Hall ne représente rien aux yeux du commissaire, avait-elle déclaré dans une réunion publique, mais, pour nous, il incarne ce droit fondamental de l'homme à disposer de la terre du peuple. Ce sont des droits pour lesquels il faut se battre et je ne permettrai pas qu'on les bafoue, moi vivante !

Sir Arnold avait essayé d'expliquer qu'il voulait simplement mettre du fil de fer barbelé pour empêcher les moutons de venir sur les terres communales où Jimmy Hall pouvait bien faire ce qu'il voulait. Peine perdue. Miss Midden avait rétorqué que les barbelés n'étaient que trop souvent un symbole de la privation des libertés et qu'ils imposaient des limites intolérables à la libre circulation des personnes. Les terrains communaux étaient restés sans clôture.

Il y avait eu d'autres motifs de friction. Une des voitures de la police avait pris en chasse un automobiliste, visiblement ivre, sur la route de Middenhall. Le conducteur, homme d'un certain âge qui s'était effondré sur la pelouse du domaine, avait été prestement plaqué au sol et dûment menotté. Partout ailleurs, sur le territoire de Twixt et Tween, ce genre d'action policière n'aurait suscité aucun commentaire, sauf, peut-être, dans certaines banlieues de Tween où elle aurait fourni à quelques gamins l'occasion d'en découdre avec les flics, un scénario courant. Ce fut donc un choc désagréable pour le commissaire de découvrir qu'une personne appartenant à la classe moyenne, une personne respectable et supposée respectueuse de la loi, pouvait utiliser la justice pour tourner en dérision deux de ses inspecteurs en plein tribunal, alors qu'il aurait été si simple de s'entendre en privé et de classer toute l'affaire.

Miss Midden ne l'entendait pas ainsi et elle avait mené au-delà du raisonnable une vendetta personnelle contre les deux inspecteurs. En fait, ils s'étaient contentés de conduire le prétendu conducteur au poste de Stagstead où le prévenu avait refusé de souffler dans le ballon (tout en agressant les deux inspecteurs dans l'exercice de leur fonction), ce qui avait obligé le médecin de service à lui faire une prise de sang qui avait révélé un taux d'alcool largement au-dessus de la limite autorisée. Par conséquent, le prévenu, Armitage Midden, un vieux chasseur récemment rentré du Kenya, d'où son surnom de « Buffalo » Midden, avait été inculpé de conduite dangereuse, défaut de signalisation arrière, coups et blessures à agents de la force publique et conduite en état d'ivresse. Il avait été libéré sous caution le lendemain après avoir passé une nuit d'un inconfort salutaire derrière les barreaux de la geôle communale, et c'est miss Midden elle-même qui l'avait ramené en voiture à Middenhall. Elle avait été parfaitement désagréable avec les inspecteurs du poste de police.

Hélas, pendant l'audience du tribunal, la police avait appris que, premièrement, le prévenu n'avait pas de permis de conduire ; deuxièmement, son aversion pour la voiture était telle qu'il avait préféré voyager à pied du Cap au Caire et, pour finir, troisièmement, que son extraordinaire réputation de fine gâchette venait de ce qu'il n'avait jamais touché une goutte d'alcool de sa vie. Bref, l'affaire s'était terminée de la manière la plus embarrassante possible pour le commissaire divisionnaire, les deux inspecteurs de police et le médecin légiste, ce qui n'avait pas amélioré la réputation du commissariat de Twixt et Tween. Miss Midden s'était adressée à son cousin Lennox et avait insisté pour qu'il recrute un avocat de Londres particulièrement retors et bien connu pour son ironie féroce. Elle avait aussi exigé qu'il prenne tout son temps pour présenter l'action de la police sous son jour le plus noir. Le contre-interrogatoire des témoins par l'avocat de la défense avait été une épreuve très pénible pour le commissaire qui avait étourdiment accepté de témoigner en faveur de ses inspecteurs et du commissariat de Twixt et Tween. Dans cette affaire, sir Arnold se disait qu'on l'avait délibérément attiré dans un piège où son témoignage au tribunal l'avait fait passer pour un parfait imbécile, voire pire encore. Il s'était porté garant de l'intégrité absolue du médecin légiste avant que le juge n'interrompe l'audience. Et, pour tout achever, il y avait eu la lecture du palmarès militaire de Buffalo Midden : médaille du Distinguished Silver Order avec citation et Croix militaire pour bravoure exceptionnelle en Birmanie. Dans la galerie du public, miss Midden avait savouré son triomphe. Le commissaire avait pris soin de ne pas la regarder, mais il avait pu imaginer ses sentiments, exactement opposés aux siens.

Pour l'heure en tout cas, ce n'était pas l'arrogance de miss Midden qui préoccupait sir Arnold. Pendant la réception, ses seules pensées allaient vers ce type ligoté dans la cave. Ernest Lamming l'avait particulièrement agacé et inquiété quand il avait insisté pour descendre vérifier si les vins de sir Arnold, une splendide sélection d'après lui, étaient bien conservés dans les conditions idéales.

— Parce que moi, c'est pas de la piquette que je vends. Rien que du garanti d'origine supérieure, comme ces excellents bergerac 56 et ce fitou 47, des bouteilles qui vaudront chérot si on sait les stocker comme il faut. J'ai envie d'aller voir si tu les as bien couchées. Si tu les as laissées debout, le bouchon sèchera et tout ton investissement finira aux chiottes.

— En fait j'ai tout transporté en ville, dans notre maison de Sweep's Place, coupa sir Arnold. Je ne tenais pas à laisser un vin de valeur dans une propriété inoccupée toute la semaine.

— Mais, en ville, tu n'as pas de cave, dit Lamming. Ici, c'est parfait. Cette cave a été construite spécialement pour abriter le champagne et toutes ces bonnes bouteilles que s'envoyaient les millionnaires de la Compagnie des eaux quand ils se payaient une partie fine, à la fin du siècle dernier.

Sir Arnold fut sauvé par l'intervention de Ralph Pulborough, un des nouveaux millionnaires de la Compagnie des eaux, dont le salaire venait d'être augmenté de 98 % tandis que les contribuables voyaient doubler leur facture d'eau.

— Écoute-moi un peu, Ernest, faut pas raconter n'importe quoi. J'aimerais que tu arrêtes de faire ces remarques désobligeantes sur le prix de l'eau. Et j'en ai assez d'entendre tes allusions aux millionnaires de la Compagnie des eaux. Parce que millionnaire, je l'étais bien avant de travailler pour la Compagnie des eaux, et tu le sais parfaitement. Si on veut ce qu'il y a de meilleur, ça se paie. C'est la loi du marché. Pareil pour le pinard que tu vends.

— Je ne vends pas du « pinard », fit rageusement Lamming. Tu ne trouveras pas de meilleures bouteilles de Blue Nun que chez moi de ce côté-ci de la ligne Oder-Neisse. Quant à ton eau, laisse-moi rire. J'ai vu un cadavre de mouton qui flottait près du barrage en arrivant ici. Et l'eau du robinet, parlons-en. On a dû installer un double diaphragme à osmose inversée pour que Ruby puisse se laver à l'eau propre.

— Oh, fichtre, persifla Pulborough, un double diaphragme ! Il lui faut au moins ça, à cette chère Ruby ! J'espère qu'elle n'a pas trop souffert au début. Il faudra que je lui pose la question.

Sir Arnold en profita pour s'éloigner et se mit à la recherche de Sammy Bathon, journaliste de télévision et homme d'affaires qui avait tout récemment créé une chaîne d'agences de paris hippiques en détournant des fonds gouvernementaux d'aide à l'industrie. Sammy

Bathon était du genre à laisser traîner ses oreilles un peu partout, et si le bruit avait couru d'une magouille foireuse dans la presse la nuit dernière, il était homme à en être informé.

Il trouva Sammy en train de discuter des avantages de la cryogénie avec le révérend Herbert Bentwhistle.

— D'accord, d'accord, mon père, loin de moi l'idée de critiquer les Saintes Écritures. Mais montrez-moi où il est écrit qu'il faut s'en remettre au hasard. Vous me garantissez que, même sans azote liquide, j'aurai la vie éternelle à condition d'être bien sage. J'aime mieux ma méthode. J'ai certainement plus de chances avec l'azote liquide.

Et Sammy fit un clin d'œil de connivence à sir Arnold. Mais rien dans cet œil égrillard ne suggérait quelque révélation secrète sur un complot quelconque.

Ce fut plutôt une remarque qu'il surprit en s'approchant du cercle entourant Egeworth, le député de Twixt ouest, qui retint son attention.

— Quelle parfaite emmerdeuse, cette miss Midden, disait le député. Elle passe la moitié de son temps à freiner des projets qui profiteraient à toute la communauté. Sacrebleu, est-ce que quelqu'un lui clouera le bec un jour ?

— Vous voulez dire qu'elle est allée fourrer son nez dans le projet immobilier d'Ablethorpe ? dit une voix. Pour épargner quelques arbres, on va encore perdre une subvention d'aide à la construction. Dites-moi où est la logique ?

— C'est le problème avec ces soi-disant vieilles familles. Il n'y a que le passé qui les intéresse. Aucune vision d'avenir.

Sir Arnold alla s'enfermer dans son bureau. Il était épuisé et il devait réfléchir à son propre futur. La vodka ne l'avait aidé que passagèrement. Qu'est-ce qu'ils avaient tous à traînasser ? Pourquoi ne partaient-ils pas, qu'il puisse enfin fermer les yeux et aller administrer à l'autre petit sagouin sa dose de whisky amélioré. Il s'assit et se mit à penser à miss Midden. A miss Midden et au major MacPhee. Comment trouver le moyen de savoir si c'était un de leurs week-ends d'observation des oiseaux ou de visites de jardins ? La propriété Midden était l'endroit idéal pour aller larguer l'autre zozo de la cave. Et même l'endroit parfait, avec tous ces hurluberlus qui vivaient à Middenhall. Bien sûr, il ne s'agissait pas d'aller au manoir lui-même. Mais, en revanche, la ferme où vivaient la vieille chouette et le major était tout juste assez isolée. Ce serait vraiment jubilatoire de la faire trinquer dans cette histoire de gigolo. Une idée charmante ! D'abord, il fallait qu'il téléphone.

Il composa le numéro de miss Midden. Pas de réponse. Il faudrait qu'il appelle Middenhall pour s'assurer qu'elle était bien partie. En passant près de la cuisine, il entendit tante Léa en conversation avec la gouvernante, Mrs Thouless.

— Je ne comprends pas ce qui a pris à Arnold de dire qu'il avait transporté le vin à Sweep's Place. C'est totalement faux. Quant à son fitou 47, j'imagine la bibine que ça doit être !

Fort heureusement, la gouvernante était sourde. Elle marmonnait toute seule et parlait de verre brisé et de sang dans la chambre et d'inondation sur la moquette... Sir Arnold se rua au premier étage pour vérifier qu'aucune trace de sang ne restait sur le mur. Il n'y avait rien et les traces sur le tapis étaient les siennes. Il fut heureux de trouver lady Vy étendue, inconsciente, sur le lit. Elle avait passé son temps à boire du gin et de la limonade en prétendant que c'était du champagne.

Mais son truc n'avait pas marché. C'est le gin qui l'avait emporté.

9

Quand le dernier invité fut enfin parti, sir Arnold se retrouva dans un état d'épuisement quasi total. Seule la terreur l'aidait à tenir debout. La terreur et le café noir. Pourtant, au milieu de l'après-midi, une nouvelle hypothèse était venue le stimuler. Celui qui avait introduit cette misérable crapule dans sa maison et dans son lit avait nécessairement un complice dans la place. Tous les faits, tels qu'il les analysait, convergeaient vers cette même évidence irréfutable. Pour le moment, sir Arnold n'était plus en condition de réfuter quoi que ce soit. Il ne pouvait que s'en tenir aux faits, à savoir qu'un quidam (qui ne perdait rien pour attendre), un enfoiré quelconque avait déverrouillé les grilles du portail pour laisser entrer d'autres enfoirés avec ce jeune crétin qui gisait maintenant dans la cave. Puis la bande était repartie en refermant le portail à clé. Il n'y avait pas d'autre explication. Les hauts murs et les volets métalliques rendaient impossible tout accès côté lac. Quand il s'agissait d'autoprotection, le commissaire divisionnaire ne laissait rien au hasard.

Voilà pour le point numéro un. Il était d'ailleurs confirmé par le point numéro deux : l'état pitoyable du rottweiler. Sir Arnold se sentait mal, en fait affreusement mal, mais le chien, lui, faisait peine à voir. Il est vrai que ses pattes allaient mieux et qu'il pouvait marcher, enfin « clopiner » serait plus exact, mais à tout autre égard il avait l'allure d'un animal qui se serait attaqué par erreur à un bulldozer très mal luné. Ses mâchoires étaient particulièrement amochées et quand, par deux ou trois fois, la pauvre bête essaya d'émettre un aboiement, ou enfin un genre de protestation sonore, elle ne réussit qu'à produire un vague bâillement. Aucun son ne sortait plus de cette gueule massive, sauf un sifflement qui rythmait les clopinements de l'animal. Dans des circonstances plus favorables, sir Arnold aurait demandé à sa femme de faire venir le vétérinaire. Mais favorables, les circonstances ne l'étaient guère. Pas question de laisser un foutu vétérinaire fourrer son nez dans cette histoire. Et surtout pas question de laisser lady Vy ou cette horrible Léa quitter la maison. Genscher n'avait qu'à souffrir en silence. Il n'empêche que ce chien était la preuve évidente que c'était bien Léa qui avait dû aider le salaud à glisser ce sagouin dans son lit. Le chien la connaissait et, bizarrement, il en était même arrivé à l'aimer, cette grosse vache, au lieu de lui sauter dessus et de la tailler en pièces quand elle avait mis les pieds ici pour la première fois. Au contraire, l'animal lui avait fait confiance. Qu'il ne compte pas sur sir Arnold pour le plaindre, ce clébard. C'était bien fait pour lui s'il se retrouvait dans cet état. Cette sacrée bonne femme avait certainement dû l'attaquer à coups de barre à mine.

En suivant le même raisonnement, il se demanda ce que Léa avait bien pu faire avaler à lady Vy. Sans doute une ration d'antidépresseurs s'approchant de la dose mortelle, comme deux fois sa dose quotidienne ajoutée à sa bouteille de gin habituelle. Eh bien, à malin, malin et demi. Personne n'allait l'empêcher de mener à bien ses plans, et il arriverait à se débarrasser de cette foutue momie qu'on le veuille ou non.

D'abord il lui fallait résoudre quelques détails pratiques : faire sortir le type de la cave et trouver un endroit où le déposer. Une fois l'opération terminée, toute tentative de chantage avorterait et trahirait le coupable. Cette Léa de malheur serait réduite à l'impuissance. Elle aurait raté son coup et il s'en réjouissait d'avance.

Sir Arnold se mit à réfléchir. Premièrement, il devait trouver un endroit pas trop éloigné pour qu'il puisse faire l'aller et retour rapidement, l'heure idéale se situant entre deux et trois heures du matin. A cette heure-là, ce serait au tour de tante Léa de dormir à poings fermés ; avec, disons, 80 milligrammes de Valium dans son tonic. Ça devrait faire l'affaire. Ou plutôt dans son gin. Mais non, l'idée du tonic était meilleure : elle en boirait davantage. Il passa au salon, prit une bouteille et prépara le mélange. Finalement ce serait tout aussi bien si lady Vy en avalait, elle aussi, une bonne rasade. Après tout, il n'avait pas la moindre envie de la voir fourrer son nez dans ses affaires ou dans ses plans. D'ailleurs il connaissait bien sa femme. Elle avait une capacité infinie à oublier tout ce qui était désagréable et à se concentrer seulement sur ce qui lui apportait du plaisir. A condition de mettre la bonne dose de gin, elle était prête à fermer les yeux sur n'importe quel forfait. Il n'avait donc pas à s'inquiéter de lady Vy.

Ses pensées finirent par le ramener à Middenhall. Si seulement il pouvait être certain de l'absence de miss Midden ! S'il n'y avait personne à la ferme des Midden, ce serait l'endroit idéal pour se débarrasser de cet autre crétin : suffisamment près pour être accessible et suffisamment éloigné pour qu'on ne fasse pas le lien avec la Vieille Écluse. Mieux encore : la ferme était proche de ce château où nichaient toute une bande de toqués de la famille Midden. Le plus simple aurait été de larguer le bonhomme dans les jardins de Middenhall mais il risquait d'y mourir de froid pendant la nuit. Non, il fallait le mettre à l'intérieur, dans une maison par exemple, où l'on ne manquerait pas de le découvrir rapidement. D'ailleurs la ferme était assez près de Middenhall pour attirer les soupçons sur ses occupants excentriques. Quand miss Midden rentrerait, elle aurait un joli petit paquet-surprise dans son lit et ses réactions risquaient d'être très intéressantes !

Malgré son extrême fatigue, le commissaire réussit presque à ébaucher un sourire. Il appela la ferme au téléphone. Pas de réponse. Il composa le numéro du château et demanda à parler au major.

— Désolée, il est absent pour le week-end, dit une voix féminine.

Sir Arnold s'enhardit à demander miss Midden.

— Elle n'est pas là non plus. Ils ne seront pas de retour avant lundi ou mardi.

— Ça ne fait rien, ce n'est pas urgent, dit le commissaire qui raccrocha avant qu'on ait eu le temps de lui demander son nom.

Maintenant il ne restait plus qu'à rapprocher la Land Rover de la vieille étable pour qu'il puisse la faire démarrer sans réveiller toute la maisonnée. Ayant accompli toutes les tâches qu'il s'était fixées, sir Arnold se prépara à prendre un peu de repos.

Mais il n'eut pas besoin d'attendre deux heures du matin. A dix heures, tante Léa déclara qu'elle était morte de fatigue et prête à aller au lit, suivie de lady Vy, le teint anormalement violacé. Sir Arnold se dit qu'il avait peut-être un peu forcé sur le Valium dans le tonic. Enfin, maintenant il était trop tard. Il descendit dans la cave pour administrer un dernier gavage au whisky à son hôte indésirable avant d'en entreprendre l'évacuation.

C'est à ce moment-là qu'il se trouva confronté à un paramètre qu'il n'avait pas pris en compte : hisser un poids mort jusqu'au rez-de-chaussée. Lui faire descendre l'escalier avait été relativement facile. D'abord lady Vy l'aidait et puis c'était en descente. Remonter le bonhomme se révéla une autre paire de manches. Sir Arnold réussit à hisser Timothy Bright jusqu'à la moitié de l'escalier, mais par deux fois il dut laisser tomber le chargement pour éviter la crise cardiaque. Il lui fallait changer de tactique. S'il lâchait le type encore une fois, il était à peu près sûr de le tuer. S'il continuait à essayer de le traîner jusqu'en haut, c'est lui qui y passerait.

Après avoir attendu que son pouls reprenne un rythme normal, Sir Arnold se releva et alla examiner le soupirail. Il y avait une sorte de rampe dont on se servait autrefois pour faire rouler les tonneaux de bière dans la cave. C'était exactement ce qu'il lui fallait pour faire passer le corps. Sir Arnold défit les chaînes et les verrous puis il monta, sortit dans la cour et ouvrit la porte du soupirail. Genscher, à côté de lui, avait toujours la même respiration sifflante et flairait quelque chose. La pauvre bête n'allait vraiment pas bien du tout, mais sir Arnold n'avait pas le temps de s'occuper des problèmes du rottweiler. Il avait d'autres priorités pour l'instant.

Il alla dans le garage chercher une corde qu'il fit passer par le soupirail. Puis il redescendit dans la cave, tira le corps le plus près possible de la rampe d'accès au soupirail et noua la corde autour de la taille du bonhomme. Tout allait bien.

Il s'apprêtait à remonter les marches quand, à son grand effroi, il entendit des bruits de pas au-dessus de sa tête. Il éteignit la lampe puis se tint immobile, suant de panique dans le noir. Que se passait-il donc ? Ce n'était tout de même pas cette fichue Léa qui rôdait encore dans la maison ? Impossible ! Il l'avait vue lui-même en train de se taper trois gin-tonic améliorés au Valium. Elle avait une constitution de cheval pour rester éveillée après avoir ingurgité ce cocktail ! A moins que la garce ne se soit aperçue que la bouteille de tonic avait été trafiquée et qu'elle n'ait pris autre chose pour en neutraliser les effets. L'ennemi était plus fort qu'il ne l'avait supposé. En plus, la porte de la cave était ouverte. Cette salope allait le repérer.

Dans la cuisine, tante Léa s'était mise à la recherche de bicarbonate de soude ou de n'importe quel remède qui pourrait soulager son tournis. Il y avait vraiment longtemps qu'elle ne s'était pas sentie aussi ivre et, chose étrange, elle n'avait pourtant bu que trois gin-tonic et encore, largement noyés dans le tonic. Si ça continuait, il lui faudrait se mettre au régime sec. Elle avait peut-être quelque chose de grave au foie. Elle cogna la table de la cuisine, s'agrippa au dossier d'une chaise avant de s'y affaler, extrêmement perplexe. Ce qui l'intriguait encore plus, c'était cette irrésistible envie de chanter qui venait de la prendre. Il y a bien longtemps que ça ne lui était pas arrivé et, en général, elle réservait ses vocalises à l'intimité de ses quatre murs, et plus précisément à sa salle de bains. C'était très bien d'être une maîtresse femme, et même plutôt masculine à maints égards, mais Léa reconnaissait être desservie par une voix de soprano assez lamentable. Pourtant, maintenant, elle n'arrivait pas à se retenir de chanter : *« Si tu étais la seule femme au monde et moi le seul homme, ce serait le paradis... »*

Quand la mélodie parvint jusqu'à sir Arnold, figé dans les profondeurs de la cave, une horrible pensée lui traversa l'esprit : cette immonde Léa était en train de lui faire des avances qu'il rejetait d'emblée. Elle savait qu'il était dans la cave mais si elle imaginait une minute qu'ils allaient jouer ensemble au papa et à la maman, avec elle dans le rôle du papa, elle pouvait toujours se brosser ! Pourtant, étant le seul homme de la maison, ce chant ne pouvait s'adresser qu'à lui. Mrs Thouless était sourde comme un pot et lady Vy, sans aucun doute, partie dans un semi-coma. Comme pour confirmer son analyse de la situation — il se trouvait victime des avances d'une lesbienne éhontée que sa nature passive aurait accueillies comme une expérience intéressante si le gabarit de la dame avait été différent —, tante Léa s'était levée de sa chaise pour aller jusqu'à l'entrée de la cave susurrer :

— Il y a quelqu'un en bas ? Quelqu'un qui viendrait jouer à chatte perchée avec tante Léa ?

Le commissaire se recroquevilla dans un coin. Dans la vie, il avait de nombreux fantasmes mais certainement pas celui-là.

— Tous à bord de la *Tante Léa*. Les femmes et les jeunes filles d'abord. Avis de tempête !

Et sur ces paroles menaçantes, elle referma la porte de la cave qu'elle verrouilla.

Dans la pénombre, sir Arnold suivit le bruit des pas qui s'éloignaient et maudit le jour où sa femme avait permis à cette satanée bonne femme d'entrer dans son existence. Ou bien elle se fichait de sa gueule ou bien elle était complètement pétée. Dans les deux cas, il devait, premièrement, se sortir de cette foutue cave, deuxièmement, traîner le type jusqu'en haut. La seule issue, maintenant, c'était la rampe par laquelle on faisait rouler les tonneaux de bière. A la lumière de la lune qui trouait épisodiquement les épais nuages, il essaya de monter en saisissant les côtés de la rampe avec les mains et en assurant la prise de ses pieds. Mais à mi-hauteur il glissa et se retrouva collé à la planche comme un crapaud en pleine copulation. Avec d'infinies précautions pour éviter les échardes, il se laissa glisser jusqu'en bas et reconsidéra la situation. Ce qu'il lui fallait, c'étaient des semelles antidérapantes ou bien, à défaut, quelque chose qu'il attacherait à la planche et qui l'empêcherait de glisser. Il pensa un instant se servir du corps du type comme échelle provisoire, et il avait même commencé à caler Timothy contre la planche, quand il se dit que ce n'était pas très malin, à moins que…

Sir Arnold abandonna le projet et partit avec sa lampe de poche à la recherche d'un genre de marchepied. Dans un des casiers de la cave à vin, il trouva ce qui ferait l'affaire : une valise déglinguée qui contenait de vieux numéros de *La Vie parisienne*, abandonnés par un employé de la Compagnie des eaux qui aimait occuper son temps libre à admirer des photos de Françaises légèrement vêtues, datant des années trente. Sir Arnold les avait conservées pour sa propre distraction, mais aujourd'hui il leur avait trouvé un autre usage.

Cinq minutes plus tard, Sir Arnold se retrouvait dans l'air froid de la nuit, tenant fermement une extrémité de la corde attachée au corps qui gisait encore dans la cave. Il marqua un temps d'arrêt pour réfléchir. Curieux comme des tâches toutes simples en théorie peuvent devenir de vrais problèmes quand il s'agit de passer à l'action ! Avant tout, il fallait s'assurer qu'il ne risquait pas de laisser retomber la corde s'il lâchait prise. Il traversa la cour pavée pour aller l'attacher solidement au pied d'un établi dans son atelier. En se relevant, il commença à mesurer toute la difficulté de remonter le corps. Quel dommage d'avoir laissé la bouteille de whisky dans la cave. Un petit gorgeon avant l'épreuve n'aurait pas été du luxe. Il fit le tour de la maison et constata avec soulagement que tante Léa n'avait pas verrouillé les portes-fenêtres. Il alla dans son bureau se verser une généreuse rasade de Chivas Regal. Voilà qui allait mieux.

De retour dans la cour, il saisit la corde et se mit à tirer. Lentement, le corps remonta le long de la planche, mais, au moment où sir Arnold pensait toucher au but, son pied glissa sur le pavé. Avec un méchant bruit sourd, Timothy retomba sur le sol de la cave. Le commissaire était en train de reprendre son souffle lorsqu'il entendit Genscher gémir près de lui. Sir Arnold jeta un regard à la bête et eut une inspiration. Il avait trouvé la méthode idéale pour remonter l'autre sagouin de la cave. Il alla dans l'atelier et en rapporta plusieurs rouleaux de chatterton.

— Genscher, mon vieux, viens par ici, viens te rendre utile, murmura-t-il d'une voix suave. Viens prouver que tu es mon ami fidèle.

Cinq minutes plus tard, c'était prouvé. Avec vingt mètres de chatterton solidement enroulé autour du museau et derrière la tête, l'animal était incapable de se plaindre et sa respiration s'était transformée en un sifflement douloureux et poussif.

— Maintenant, allons-y ! dit sir Arnold en attachant la corde au collier du chien.

Puis il se recula, inspira profondément et, laissant remonter en lui toute la hargne accumulée depuis le moment où les journalistes étaient venus interrompre les festivités de la brigade criminelle, il décocha à Genscher un formidable coup de pied dans les testicules, la seule partie de son anatomie restée indemne jusque-là. Le molosse partit d'un bond désespéré, se demandant bien ce qui justifiait cette attaque ignoble venant d'un maître qui l'avait habitué, jusqu'alors, à plus de fair-play. Béatement inconscient de ce qui lui arrivait, Timothy monta en flèche la rampe puis, projeté hors de la cave par le soupirail, il atterrit sur les pavés de la cour où il continua sa course à la remorque d'un chien éperdu qui essayait de fuir la douleur de son propre arrière-train. Timothy traversa la cour et fut emporté jusque dans l'atelier où il alla rebondir sur le pied de l'établi avant de se retrouver coincé sous une des roues de la Mercedes de lady Vy.

Dehors, sir Arnold avait entrepris de dénouer la corde. Le Chivas commençait à faire son effet et sir Arnold sentait bien que son ami fidèle ne lui accordait plus aucune confiance.

— Viens par ici, Genscher, mon bon vieux toutou, susurra-t-il de sa voix enrouée.

Mais sans résultat. Le rottweiler n'était peut-être ni très malin ni très en forme mais suffisamment cependant pour se tenir désormais à l'écart d'un maître qui entoure vos mâchoires d'un demi-kilomètre de chatterton avant de vous mettre un bon coup de pied dans les couilles. Fuyant le commissaire qui le poursuivait en titubant, Genscher vit son salut dans la seule issue qui s'offrait, et plongea dans le soupirail. Derrière lui la corde se tendit et pendant un instant il sembla que le corps emmailloté dans les draps allait suivre. Mais Timothy était bien coincé sous la Mercedes et la corde s'était entortillée autour d'un pilier dans le garage. Pendant que le rottweiler commençait doucement à s'étrangler, suspendu au bout de la corde, sir Arnold réagit. Il ne fallait à aucun prix que ce type lui échappât. En fouillant dans les outils de son atelier il finit par trouver un burin. A genoux il s'attaqua à la corde. Ses gestes étaient plutôt imprécis et il ratait souvent la cible, mais finalement la corde lâcha et un bruit sourd dans la cave indiqua que le rottweiler venait de terminer sa course par un vol plané de deux mètres. Sir Arnold se remit debout et entreprit de dégager le corps niché sous la Mercedes.

Il alla chercher une brouette et, ayant calé Timothy en travers, il poussa lentement ce chargement jusqu'à la Land Rover garée près de l'étable. Par deux fois Timothy tomba, et par deux fois il fut remis dans la brouette avant d'être hissé à l'arrière de la voiture. Sir Arnold regarda sa montre. Il était presque une heure du matin. Ou bien deux heures ? Aucune importance. Il se fichait royalement de l'heure pourvu que cette garce de miss Midden fût bel et bien partie très loin de sa ferme. Le commissaire était ivre, mentalement épuisé, et seul son instinct de conservation le faisait avancer. Il n'allait pas perdre du temps à sortir le corps de ses draps. Il s'en occuperait plus tard quand il aurait débarqué le gars chez les Midden.

Sir Arnold se mit au volant et lâcha le frein à main. La Land Rover commença à dévaler la pente en roue libre et s'éloigna de la Vieille Écluse et du lac. Quand il fut assez loin, le commissaire embraya et démarra.

Après trente longues minutes de trajet, il s'engagea tous feux éteints dans l'allée qui montait à la ferme des Midden et sortit ouvrir la barrière. Il hésita quelques instants : il était encore temps de larguer son chargement ailleurs. Quand il aurait franchi la barrière, il serait trop tard pour faire demi-tour. Le château de Middenhall n'était pas loin de là, l'entrée de la propriété se trouvait à moins de cinq cents mètres. Sir Arnold voyait les hêtres qui longeaient le mur du domaine. Finalement non, même à cette heure de la nuit il risquait de tomber sur un des zèbres qui habitaient Middenhall. La ferme était une meilleure solution. Il ouvrit le portail et traversa l'arrière-cour de la ferme, puis passa sous le porche menant à l'avant de la maison. Arrivé là, il resta au volant un moment, en laissant tourner le moteur, mais aucune lumière ne s'éclaira dans la ferme. En face de lui, un autre portail s'ouvrait sur la vieille chaussée qu'empruntaient autrefois les troupeaux vers le sud. C'était un mauvais chemin de terre qui traversait la lande, mais ça pouvait être un bon itinéraire de diversion quand tout serait fini. Le commissaire coupa le moteur et sortit de la voiture en tendant l'oreille. Mis à part un léger bourdonnement du côté droit qu'il attribua au whisky, la nuit était parfaitement silencieuse.

Il passa à l'arrière de la Land Rover et enfila une paire de gants en caoutchouc. Puis, en s'efforçant de se déplacer avec le plus de discrétion possible, il alla jusqu'à la porte d'entrée et braqua sa lampe de poche sur la serrure. A son grand soulagement, il ne s'agissait pas d'un système très sophistiqué. La forcer serait un jeu d'enfant.

Ce ne fut même pas nécessaire : la porte n'était pas fermée à clé. Bien typique des bonnes femmes, pensa le commissaire, avant de s'apercevoir que, si la porte était ouverte, une chaîne de sécurité en condamnait l'ouverture. Il se dit alors que miss Midden était peut-être à l'intérieur. Elle avait pu changer d'avis et décider de ne pas partir ce week-end. Il aurait dû y penser plus tôt. Sir Arnold rebroussa chemin, passa sous le porche dans l'arrière-cour. C'est là que miss Midden garait normalement sa voiture. Il jeta un coup d'œil à l'intérieur de la vieille grange de l'autre côté de la cour et, la trouvant vide, respira mieux. Après ça, il essaya d'ouvrir la porte arrière. Mais il y avait une serrure à triple points qui le fit renoncer. Il s'attaqua aux fenêtres qu'il essaya d'ouvrir l'une après l'autre. C'étaient de vieilles fenêtres à guillotine et la targette de l'une d'elles était cassée. Sir Arnold souleva le panneau vitré et se glissa à l'intérieur. Sa lampe de poche lui apprit qu'il était dans la salle à manger. Il y avait une grande table en acajou avec un bouquet de fleurs fanées au milieu, un grand buffet ancien surmonté d'un miroir. A sa gauche, une porte. Il s'y dirigea et se retrouva dans une chambre meublée d'un lit, d'un bureau, d'un fauteuil et d'une étagère. Il y avait aussi une paire de chaussures d'homme, des pantoufles et une robe de chambre. Sans aucun doute c'était la chambre du major MacPhee. Cela tombait bien. Ayant repris confiance, il ouvrit la fenêtre. Dix minutes plus tard, Timothy Bright avait été extrait de ses draps et le commissaire l'avait fait passer, avec certaines difficultés, par la fenêtre ouverte, dans la chambre du major.

C'est à ce moment précis qu'il vit des phares de voiture balayer le sommet de la colline. Pas question de traîner pour voir qui pouvait bien venir de Stagstead à une heure pareille. Avec une agilité surprenante pour un homme ivre et épuisé, il fit rouler le corps de Timothy sous le lit du major. Puis il enjamba l'appui de fenêtre qu'il referma. Il regagna précipitamment la Land Rover, ouvrit la barrière de la vieille route du Sud. Au moment où il la refermait, il se rappela qu'il avait laissé la fenêtre de la salle à manger ouverte. Il hésita mais la lumière des phares était bien trop proche maintenant. Quand le pinceau lumineux éclaira la ferme, sir Arnold roulait lentement sur la route de la lande, tous feux éteints, avec pour seul repère une vieille haie d'aubépines tordue par les vents. C'est seulement quand il eut atteint Parson's Road, hors de vue de la ferme Midden, qu'il mit ses phares et reprit une vitesse normale jusqu'à la Vieille Écluse. Derrière lui, le rideau de la fenêtre ouverte flottait doucement dans le vent de la nuit.

10

Dans la vieille Humber d'avant-guerre héritée de son père, miss Midden rentrait à la ferme, de fort méchante humeur. Elle s'était réjouie de passer un week-end sur les bords du golfe de Solway à visiter des jardins et à faire des promenades. Mais, comme d'habitude, tous ses projets avaient été gâchés par le major MacPhee. Elle avait été folle de le laisser partir tout seul à Glasgow. La ville avait toujours une influence des plus néfastes sur cet imbécile et n'arrangeait ni son état mental ni, par conséquent, son état physique. Cette fois-ci, la ville et le bonhomme s'étaient surpassés.

— Vous n'êtes qu'un sale vieux débris répugnant, lui avait-elle dit en allant le récupérer au service des urgences de l'hôpital, et je me demande bien comment je peux vous supporter.

— Je suis navré, ma chère, mais vous me connaissez.

— Hélas oui. Mais plus pour très longtemps si vous continuez comme ça, avait-elle répliqué. C'est votre dernière chance. Je ne sais pas ce qui vous a pris.

En l'occurrence, il s'agissait plutôt de ce qu'il avait pris, c'est-à-dire une quantité considérable de whisky écossais. Comme d'habitude lorsqu'il allait à Glasgow, le major avait visité un nombre incalculable de pubs de bas étage puis, fort de cette bravoure imbécile que donne l'ivresse, il avait choisi le bar le plus chaud de la ville, un bar bourré de jeunes Irlandais, pour donner à très haute voix sa solution aux problèmes de l'Irlande du Nord. D'après lui, il suffisait d'envoyer des troupes de choc ou, mieux encore, un bataillon de volontaires protestants, comme les Black & Tans. La réaction des Irlandais à cette suggestion outrageante ne s'était pas fait attendre. Dans la bagarre qui avait suivi, le major MacPhee avait été projeté dans la rue à travers une vitre de verre dépoli portant l'inscription *« Vins et spiritueux »*. Puis il avait été réexpédié dare-dare à l'intérieur du pub par un passant très costaud qui n'avait guère apprécié que sa petite amie se fasse accoster brutalement sur le trottoir par un avorton à la moustache rousse. Après quoi, le major avait eu tout le temps de découvrir le sens de l'expression « violente échauffourée » au milieu de trente-cinq Irlandais ivres qui continuaient à se bagarrer pour des motifs obscurs et contradictoires, autour de lui, sur lui et sous lui. C'est grâce à l'intervention de la police, qui l'avait pris pour un innocent témoin de l'incident, qu'il avait pu être sauvé *in extremis* et transporté aux urgences de l'hôpital. Quand miss Midden l'avait finalement rejoint, il avait subi plusieurs points de suture au-dessus de son œil poché, et tout espoir de terminer le week-end à l'hôtel de Balcarry Bay avait dû être abandonné. Aucun hôtel respectable n'aurait accepté un homme dans l'état du major. Son pantalon était déchiré, sa chemise n'avait plus de col et il avait perdu une chaussure.

L'interne des urgences, une femme, n'avait fait preuve d'aucune compassion. Le travail du week-end exigeait de longues heures de service et elle voyait arriver sans indulgence des gens comme le major MacPhee.

— Vous avez de la chance d'être encore vivant, lui avait-elle dit. La prochaine fois qu'on vous ramènera dans cet état, j'exigerai qu'on vous conduise en psychiatrie. Il y a trop d'ivrognes tarés de votre espèce dans les rues de cette ville.

Miss Midden l'avait approuvée.

— Ce type est vraiment méprisable, avait-elle dit, sans se rendre compte que le médecin la prenait pour l'épouse du major.

— Alors, qu'est-ce que vous attendez pour divorcer ? avait demandé le médecin.

Puis, sans laisser à miss Midden le temps d'exprimer un démenti outragé, elle avait quitté la pièce pour aller recoudre le crâne d'un jeune homme attaqué à coups de bouteille.

Tandis qu'ils s'éloignaient de la ville en voiture, miss Midden avait donné libre cours à sa fureur.

— Vous êtes vraiment un être infernal. Un vrai cinglé qui a gâché mon week-end en se conduisant comme... comme... euh... comme ce que vous êtes en réalité.

— Je suis navré. Sincèrement navré, avait pleurniché le major. Je ne sais pas pourquoi mais dès que je me retrouve dans un bar ou mieux encore dans un pub, j'ai ces pulsions terribles qui me prennent.

— Nous avons tous des pulsions terribles, dit miss Midden. Je peux vous assurer qu'en ce moment j'ai une pulsion terrible que je réprime seulement parce que je suis certaine que vous en éprouveriez du plaisir, pervers comme vous l'êtes. De toute évidence, vous aimez flirter avec la mort.

— Ce n'est pas ça du tout, fit le major à travers ses lèvres enflées. C'est une envie qui me prend d'un seul coup. A un moment, je me trouve là, tranquillement accoudé au comptoir, un petit verre de triple whisky à la main, en train de discuter avec un type sympa, et puis tout d'un coup j'ai ce besoin irrésistible de me diriger vers la plus grosse brute de l'assemblée et de lui dire de fermer sa grande gueule. Ou de lui dire quelque chose qui l'obligera à réfléchir. C'est fascinant à voir, une grosse brute tout en muscles qui passe à l'action. Il y a d'abord cette expression d'incrédulité absolue sur son visage, puis son regard s'éclaire, il serre les poings, rejette les épaules en arrière et il ajuste son direct. J'ai dû encaisser plus de directs dans ma vie que la moitié des boxeurs professionnels de la Terre dans toute leur carrière.

— Et voyez où ça vous mène. C'est un miracle que ça ne vous ait pas encore esquinté le cerveau. Si toutefois vous en avez un.

Pendant quelque temps ils roulèrent en silence. Miss Midden méditait sur les bizarreries de l'existence qui lui avaient fait hériter de Middenhall et de sa curieuse brochette de pensionnaires. Le major ruminait ses griefs personnels.

— Vous auriez pu me laisser à l'hôpital. Je m'y plaisais bien.

— Pour vous récupérer ensuite avec une sale maladie ? Certainement pas ! Cet endroit m'a semblé très insalubre.

— C'est seulement aux urgences. Le service des urgences est toujours comme ça. Les samedis soir, ils sont débordés.

Bientôt, après avoir passé la frontière de l'Écosse, le major MacPhee s'endormit et miss Midden poursuivit sa route, absorbée par ses réflexions. Elle menait vraiment une curieuse existence. D'abord, elle continuait à supporter ce misérable major malgré ses foucades épisodiques. Il savait se rendre utile et faisait sa part de tâches ménagères. Il était bon cuisinier, même s'il n'était pas le cordon bleu qu'il croyait être. Miss Midden ne désirait pas lui ôter ses illusions. Le pauvre bougre avait déjà si peu confiance en lui. Et ses virées de pochard masochiste à Glasgow n'étaient, d'après elle, que sa manière de camoufler sa profonde lâcheté. C'était vraiment une créature méprisable. Mais, et pour miss Midden ce « mais » avait son importance, il cirait ses chaussures tous les jours et il prenait soin de son apparence jusqu'à porter un gilet et arborer une montre de gousset. Que ce soit une montre d'argent alors que la chaîne était en or semblait à miss Midden d'un pathétique attendrissant. Oui, il était très soucieux de ses apparences, prenait grand soin de sa moustache et se teignait les cheveux en cachette. Même ses costumes étaient d'une coupe aussi bonne que le permettaient ses finances et, pour faire croire qu'ils avaient été faits sur mesure, il avait appris à les retoucher lui-même.

De l'avis de miss Midden, cette vanité avait de bons côtés. Pour continuer à rentrer dans ses costumes, le major, soucieux de garder sa ligne, mangeait très peu. Malgré cela, il avait pris une petite bedaine et dernièrement il s'était mis à porter un blazer croisé bleu marine sur lequel il avait cousu des boutons à brandebourg d'un régiment des Highlands, récupérés chez un brocanteur de Stagstead. C'était un régiment qui avait disparu depuis longtemps, bien avant même que le major fût en âge de porter les armes. Miss Midden le savait et elle avait été tentée de lui demander pourquoi il ne portait pas un kilt, pendant qu'il y était. Mais elle n'avait pas eu ce courage. Il n'était pas nécessaire de froisser sa dignité, il en avait déjà si peu. Et puis il avait des jambes si maigrelettes... Non, il valait mieux ne rien dire. Mais, tout de même, il y avait des occasions, et celle-là en était une, où elle aurait bien aimé se débarrasser de lui. Elle aussi avait sa propre respectabilité à protéger, et les fantasmes douteux du petit homme, les magazines cochons qu'il gardait dans une valise fermée à clé, tout cela exhalait comme un fumet malsain qui contaminait l'atmosphère et remplissait miss Midden de dégoût.

D'un autre côté, malgré tous ses travers, le major présentait l'avantage de ne pas être un Midden et, contrairement à tous ceux qui se prétendaient parents ou membres de la famille, le fait qu'il accepte de vivre à la ferme, sans se croire en position d'exiger certains privilèges, était un sacré bonus aux yeux de miss Midden. Comme elle l'avait fait remarquer à Phoebe Turnbird, qui vivait, pas très loin, au manoir de Carryclogs :

— Bien sûr, ce pauvre type est vraiment stupide. Quant à son titre de major, j'imagine que s'il a vraiment fait partie de l'armée, ce devait être comme caporal chargé de la plonge en cuisine. Mais je peux au moins le mettre à la porte si j'en ai envie, ce qui n'est pas le cas des Midden du château. J'en ai hérité pour de bon. Il m'arrive de rêver que tout a brûlé et que je suis libre de partir. Puis je me réveille et tout est encore là, aussi affreux que jamais.

— C'est une bâtisse charmante... dans son genre, avait dit Phoebe.

Mais miss Midden n'était pas dupe et savait reconnaître la sincérité d'un compliment. Carryclogs était une belle maison et Middenhall ne l'était pas.

— Si vous pensez que c'est charmant... bon, n'en parlons plus.

Et miss Midden était repartie à grands pas dans la lande, en fouettant ses bottes de la cravache qu'elle portait toujours avec elle.

Maintenant, roulant de nuit sur ces petites routes étroites qu'elle connaissait si bien et que les circonstances présentes lui faisaient détester, miss Midden maudissait le major et maudissait ses fonctions de maîtresse de Middenhall. Mais, par-dessus tout, c'est le château qu'elle maudissait. Il avait été construit au début du siècle par son arrière-grand-père, « Black » Midden, désireux d'étaler aux yeux du monde une réussite et une fortune, édifiées aux dépens d'une main-d'œuvre indigène peu exigeante et grâce à des pratiques économiques éhontées qui, même selon les critères peu regardants de Johannesburg, avaient été jugées trop tortueuses et trop suspectes pour être acceptées par la bonne société. Cette bâtisse (ou plutôt ce gros tas de pierres) prouvait surtout son absence totale de goût ou, pour être plus juste, que Black Midden avait un goût que seul l'adjectif « exécrable » pouvait qualifier. Décrire Middenhall relevait de l'impossible. Le château mêlait les pires excès de tous les styles architecturaux possibles, greffés sur une structure massive, à la fois monumentale et apparemment indestructible. De ce point de vue, Middenhall reflétait parfaitement la personnalité du vieil homme.

— Je veux en faire un monument à la gloire de mon succès, avait-il déclaré au premier architecte qu'il avait employé, et ce n'est pas en étant gentil et gnangnan que je suis là où j'en suis. J'y suis arrivé à la dure, je suis un dur et je veux laisser une maison qui dure.

L'architecte, non dénué de discernement, avait bien sa petite idée sur la façon dont son client était « arrivé » et il supposait, fort justement, que le terme « à la dure » s'appliquait surtout à la vie des employés de Black Midden. Il avait donc soumis un projet en conséquence, quelque chose qui avait tout le charme et la grâce d'un blockhaus, comme ceux que Black Midden avait bâtis pour les Anglais pendant la guerre des Boers. Le vieil homme avait rejeté cette ébauche :

— Je veux une maison, pas une prison, bordel ! Je veux des tours et des tourelles, des fenêtres à vitraux et à meneaux et une immense véranda où je pourrais m'asseoir pour fumer ma pipe. Et où sont les toilettes ?

— Eh bien, il y en a là et aussi là...

— J'en veux pour chaque chambre. Je n'ai pas envie de retrouver des gens en peignoir errant à la recherche des petits coins. Je me fiche de ce que font les autres. Je veux quelque chose de mieux. Et de différent.

L'architecte, qui avait déjà compris, retourna à sa planche à dessins et rajouta tours, tourelles, fenêtres à vitraux et à meneaux ainsi qu'une immense véranda. Et il flanqua chaque chambre de sa propre salle de bains. Mais ce projet n'eut toujours pas l'heur de plaire à Black Midden.

— Où sont les colonnes devant la façade, comme ils ont en Grèce ? Et les gargouilles ?

— Des colonnes grecques et des gargouilles ? Vous tenez vraiment à ce que je rajoute des colonnes et des gargouilles ? dit l'architecte, la gorge nouée.

On l'avait prévenu que son client serait difficile mais là, la mesure était comble.

— C'est ce que je viens de vous dire et c'est assez clair, non ?

— Mais les deux ne vont pas du tout ensemble. Enfin voyons... protesta l'architecte, qui était un admirateur fervent de l'Art nouveau.

— Pour qui vous me prenez ? Je le sais parfaitement. Les colonnes c'est pour soutenir l'avant de la maison, et les gargouilles c'est pour évacuer l'eau des gouttières.

— Ce sera comme vous le désirez, dit l'architecte qui avait besoin d'argent mais qui commençait à redouter la contre-publicité de cet édifice atroce pour sa carrière. On aura peut-être un léger problème avec la véranda. Parce que, si vous voulez des colonnes et une véranda...

— Exactement, insista Black Midden, les problèmes c'est vos oignons. Et n'allez pas me flanquer les colonnes en face de la véranda. Je veux pouvoir profiter de la vue, assis dans mon fauteuil, sans être gêné par une rangée de colonnes doriques à la con. Mettez-les derrière.

L'architecte était reparti. Il s'était appliqué, pendant une quinzaine de jours, à trouver une solution pour satisfaire les exigences de ce client épouvantable tout en luttant contre les prémices d'une dépression nerveuse. Il finit enfin par accoucher d'un projet approuvé par le vieil homme. Middenhall avait ses gargouilles et ses vitraux. Les chambres avaient chacune une salle de bains, les colonnes avaient été casées derrière la véranda et on y trouvait toutes les tours, tourelles, loggias et balconnets possibles et imaginables. Rien n'était en harmonie et tout était excessivement robuste, donc hors de proportion. Black Midden était ravi. On ne peut pas en dire autant du reste de la famille Midden. C'étaient des gens sans prétention sociale, des exploitants agricoles, ou des commerçants dont certains, peu nombreux, avaient accédé aux professions libérales et étaient devenus médecins ou notaires. Ils tenaient à leur image de gens solides et respectables, durs à la tâche, qui allaient à l'église tous les dimanches. Black Midden vint détruire cette réputation confortable. Ses excentricités ne se limitèrent pas à cette monstruosité architecturale. Une série de maîtresses aux appas généreux et d'une carnation qu'on pouvait difficilement qualifier de blanche furent importées à Middenhall. Et comme elles arrivaient toutes en calèches découvertes et qu'elles adoraient batifoler sur les pelouses en exhibant leurs charmes opulents, on ne risquait pas d'ignorer leur présence. Nul ne risquait d'oublier non plus cet épisode mémorable, quand elles s'étaient baignées toutes nues dans la pièce d'eau, au cours de la garden-party que l'évêque de Twixt avait malencontreusement accepté d'honorer de sa présence.

— Je crois que ce vieux con n'est pas près de m'oublier, avait dit Black Midden, pour tout commentaire.

Puis, pour être certain de marquer son passage ici-bas, il avait fait border l'allée qui menait à Middenhall d'une série de sculptures en marbre, chacune illustrant un épisode mythologique avec un réalisme proche de l'indécence, et une grande authenticité, sauf dans les proportions. Au sommet de l'allée, une Léda de six mètres de haut semblait tirer beaucoup de plaisir aux marques d'affection que lui prodiguait un cygne gigantesque, tandis que, plus bas, quelques dames Sabines prenaient leur pied sans vergogne avec de jeunes soldats romains bien membrés.

Tout cela avait fait le bonheur de Black Midden. Mais pas de tout le monde. Ayant organisé une grande fête pour marquer l'achèvement des statues, il fut consterné d'apprendre que le personnel travaillant aux jardins s'était mis en grève et que la cuisinière et les femmes de chambre avaient toutes quitté les lieux sans préavis. Pendant un an, Black Midden avait combattu la résistance locale à l'érection de ces statues d'un goût discutable en engageant des domestiques de l'extérieur du comté, à un coût prohibitif. Finalement, victime de l'ostracisme de sa famille et de toute la communauté du comté, il s'était exilé à Lausanne où il était mort en 1931, victime d'un empoisonnement causé par l'extrait de glande de singe qui devait restaurer sa virilité. Entre-temps, les statues avaient été démolies par les artificiers des carrières de Long Stretchon, opération qui avait également emporté un certain nombre de fenêtres du château. On racontait que c'était dû, en partie, à son neveu Herbert Midden qui avait essayé de soudoyer l'équipe pour qu'elle fasse péter la baraque tout entière. La vengeance de Black Midden n'avait été dévoilée qu'à la lecture du testament, rédigé par les meilleurs notaires de Londres. Il laissait le château, le domaine, les terres et tous ses biens au plus jeune Midden majeur de chaque génération, à charge pour lui de garder Middenhall en parfait état et d'y réserver une chambre pour tout Midden désirant y vivre.

A l'époque, les conditions du testament n'avaient pas

semblé trop contraignantes. Aucun Midden sain d'esprit ne pouvait souhaiter vivre dans cette horrible demeure et les avoirs des Midden produisaient des revenus considérables. Mais quand miss Midden hérita de la propriété, la situation avait bien changé.

11

Au début le changement fut si peu perceptible que les Midden, et en particulier Lawrence Midden, le directeur de la banque de Tween, affirmèrent qu'avec la mort de cet oncle peu recommandable les choses avaient enfin repris leur cours normal.

— Bien sûr, il nous reste ce palazzo, ce bunker indestructible, reconnaissait Lawrence en saisissant l'occasion d'exhaler d'un seul coup sa rancœur contre trois choses qu'il détestait : les étrangers, l'art et la fantaisie. Mais on m'a dit que le conseil de tutelle s'occupait de l'entretien et qu'il y avait largement les fonds nécessaires.

— Oui, mais ce trust est au Liechtenstein, avait rétorqué amèrement Herbert Midden. Et qui sont les gestionnaires du compte ? Qu'est-ce qu'on sait d'eux ? Rien. Rien, sauf leur adresse, et ça ne m'étonnerait pas qu'il s'agisse d'une entourloupe comme une boîte postale ou une poste restante.

Ce qui était le cas. La fortune de Black Midden avait été si discrètement investie en une multiplicité de comptes secrets et numérotés aux quatre coins du globe que même si les héritiers l'avaient voulu, et en admettant qu'ils réussissent un jour à franchir la barrière du secret bancaire au Liechtenstein, ils n'auraient jamais pu en connaître le montant exact. Mais les intérêts tombaient régulièrement chaque trimestre, et pendant quelques années il fut possible d'entretenir les jardins et l'étang artificiel avec sa petite île et de garder le domaine en l'état d'origine. Quant à Middenhall lui-même, point n'était besoin de l'entretenir : sa robustesse disgracieuse l'en dispensait. Tout ce que ce bunker demandait c'était un brin de ménage, et une poignée de domestiques y suffisait.

Cependant le changement, bien que très progressif, finit par se faire sentir, comme le fit remarquer, avec une délectation morbide, Frédéric Midden, le médecin légiste.

— Le processus d'extinction passe par plusieurs étapes qui entraînent des modifications biologiques fascinantes. D'abord on a un corps sain, dont l'état physiologique est qualifié de « normal ». Puis la maladie se déclare, qui peut prendre plusieurs formes. Ensuite on passe à l'agonie du patient, qui peut être très longue. Une partie du corps reste indemne tandis que certains organes vitaux dégénèrent jusqu'à atteindre, parfois, un état de putréfaction ante-mortem comme dans les cas de gangrène gazeuse. Et, généralement peu de temps après, suite à ce processus du plus grand intérêt, le patient est qualifié de « mort ». En fait, paradoxalement, il est souvent plein de vie, beaucoup plus vivant parfois que dans son existence antérieure : des mouches, des asticots...

— Pour l'amour de Dieu, bouclez-la, rugit Herbert, vous avez vu dans quel état vous avez mis tante Mildred ?

Frédéric jeta un regard morne sur sa tante et dut admettre qu'elle avait l'air toute patraque.

— Pourquoi ne mange-t-elle plus sa soupe ? Pourtant elle est très bonne. Et par respect pour sa sensibilité, je me suis abstenu de décrire...

— Ne le faites surtout pas. Fermez-la, ordonna Herbert.

Mais Frédéric tenait à conclure.

— Tout ce que je voulais dire c'est que les changements peuvent prendre des formes très inattendues.

La suite devait le confirmer. Aucun Midden n'avait prévu la guerre de 1939 avec tous les bouleversements qu'elle allait entraîner. Le château des Midden fut réquisitionné par le ministère de la Défense pendant toute la durée des hostilités. Herbert Midden fut tué dans un raid aérien sur la ville de Tween. C'est Bernard Midden, le père de miss Midden, qui lui succéda comme héritier du domaine. Il n'avait que dix-huit ans quand il fut fait prisonnier par les Japonais à Singapour et resta prisonnier de guerre jusqu'à la victoire de 1945, aussi c'est au vieux Lawrence, alors octogénaire, que revint la charge du domaine. Il lui incomba le soin de veiller à ce que le château subisse les pires outrages possibles des diverses unités qui y établirent leurs quartiers. En fait tous les Midden firent de secrètes prières pour que les Allemands contribuent à l'amélioration du patrimoine architectural anglais en laissant tomber une très, très grosse bombe sur Middenhall. Mais ce vœu ne fut pas exaucé et, à la fin de la guerre, le château était encore intact. Dans le parc, des abris en tôle ondulée avaient proliféré, et on avait installé un champ de tir dans l'enceinte du potager protégé par des murs. Le domaine lui-même avait été entouré de fils de fer barbelé, et la loge du concierge, au bout de l'allée, avait été transformée en poste de garde. Ce qui se passait exactement à l'intérieur du camp, nul n'en savait rien. On racontait que les espions et les saboteurs venaient s'y entraîner avant leur parachutage sur l'Europe occupée ; que la préparation du Débarquement s'était faite, en grande partie, dans la salle de billard, et que, quelque part dans la propriété, on avait creusé un abri souterrain pour héberger les combattants résistants au cas où l'Allemagne serait victorieuse et occuperait l'Angleterre. Deux faits étaient avérés : les Canadiens avaient utilisé le château comme hôpital et, à la fin de la guerre, on y avait détenu des généraux et officiers supérieurs allemands à fins d'interrogatoire en espérant que, déboussolés et affolés par l'extravagance architecturale de Middenhall, ils finiraient par craquer.

La guerre eut d'autres conséquences. La fortune cachée de Black Midden fut, au dire des administrateurs du Liechtenstein, gravement touchée par la chute de Hongkong. Pis encore, ses investissements dans certaines industries allemandes se volatilisèrent, au sens propre, sous les milliers de raids des bombardiers Lancaster. Pour couronner cette suite de catastrophes financières, une bonne quantité de lingots d'or que le vieux Black avait mis en sécurité dans les coffres d'une banque de Madrid disparurent en même temps que les directeurs de la banque. Toutes ces nouvelles, s'ajoutant à la conviction que tous ces administrateurs mentaient, ne firent que renforcer Lawrence Midden dans sa haine des étrangers, et tout particulièrement des banquiers étrangers.

— Ces choses-là ne se passeraient pas en Angleterre, avait-il murmuré sur son lit de mort, deux semaines plus tard.

Mais les changements se poursuivaient. Avec la décolonisation, la fortune de Black Midden diminua et, en conséquence, les rentes trimestrielles. Dans le même temps, toute une faune de gens venus des quatre coins d'Asie et d'Afrique se découvrit des racines Midden et vint revendiquer son droit au logement et à la pension complète sous le toit de Middenhall. Ils arrivèrent, remplis de leurs préjugés d'ex-coloniaux et arborant une arrogance tyrannique proportionnelle à leur déconfiture financière.

La maison devint un creuset de rancœurs et de querelles véhémentes. Les soirs d'été, la véranda retentissait de « Hé, le boy, encore un autre gin-orange » tonitruants ou de « On était sacrément mieux servis par les Caffes de Kampala ». Or, le « boy » en question se trouvant être une jeune fille de Twixt venue aider sa mère, cuisinière au château, cela ne faisait rien pour améliorer la qualité des repas et expliquait sans doute la présence de limaces dans le coq au vin, certains soirs particulièrement houleux. Le père de miss Midden, homme pacifique nommé après la guerre dans une administration de Stagstead et qui souffrait de diverses maladies gastriques contractées aux chemins de fer de Birmanie, trouvait la situation intolérable. Il devait constamment intervenir pour calmer la cuisinière et le personnel de service ou se mettre en quête de nouveaux domestiques. Il restait éveillé des nuits entières, à se demander s'il ne ferait pas mieux de planter là toute cette tribu infernale et d'aller s'installer dans un petit coin peinard, comme Belfast. Seul son sens du devoir l'avait retenu. Et aussi la certitude que ces foutus coloniaux, comme il les appelait, n'allaient pas tarder à trépasser prématurément, soit de mort naturelle, soit plus vraisemblablement d'un empoisonnement collectif dû à la réaction légitime d'une cuisinière poussée à bout. Pour plus de prudence il s'était réfugié dans la vieille ferme du domaine où il essayait chaque soir d'oublier un peu Middenhall, assis près du vieux poêle en fonte de la cuisine en lisant quelques pages de son auteur favori, le vieux Pepys. Mais Middenhall avait eu raison de lui et, brisé et malade, il avait dû se retirer dans un appartement de Scarborough, face à la mer. Miss Midden était restée pour prendre en charge ce « trou de l'enfer », comme il appelait le château.

Elle l'avait fait assez volontiers. Elle était d'une autre trempe que son paisible père et elle avait été indignée de la façon dont il avait été traité par ces gens, ceux-là même qu'on lui avait demandé de défendre pendant la guerre, tous ces Midden qui avaient rappliqué en hâte du fin fond de l'Asie et de l'Inde, du Kenya et de la Rhodésie dès que leur petit confort avait été menacé et qui ne s'étaient jamais battus, tous ces foutus coloniaux. Eh bien, miss Midden allait se charger de leur apprendre les bonnes manières. Ou alors elle les ferait déguerpir. Il y avait d'autres Midden, plus méritants, qui attendaient leur place.

Quelques mois plus tard, devenue, comme ils l'appelaient avec une ironie appuyée, « la Patronne de Middenhall », miss Midden les avait domptés. Ou avait brisé leur caractère. Encore qu'il ne restât pas grand-chose à briser chez ces misérables épaves imbibées de gin, ces hommes qui avaient régné sur des populations qu'ils traitaient de sauvages, sans avoir jamais rien fait pour les éduquer ou améliorer leurs conditions de vie. Elle s'y était pris très simplement, avec un zeste de malice et beaucoup de calcul, en choisissant comme cible Edgar Cunningham Midden, E.C., comme il aimait à se faire appeler. Résident de Middenhall, après une vie passée à édifier avec énergie et brutalité un vaste empire commercial dans quelque obscure province d'Afrique portugaise orientale, il avait un jour menacé de bastonnade un étudiant noir de l'université de Hull. Ce malheureux garçon avait commis la double erreur de travailler à Middenhall pendant ses congés et de renverser une assiette de soupe sur les genoux de E.C. Miss Midden n'avait pas perdu son temps à essayer d'argumenter avec cette vieille brute. Elle avait tout simplement cassé le robinet du chauffage central de sa chambre pendant une grande vague de froid et refusé de lui prêter un chauffage électrique. Puis, pour parachever l'inconfort, elle avait utilisé sa parfaite connaissance du système de plomberie de Middenhall pour couper l'arrivée d'eau chaude de sa salle de bains. Quand E.C. s'était plaint, il s'était entendu répondre qu'il n'était plus en Afrique. Et quand il avait exigé une autre chambre (« Que les domestiques déménagent mes affaires et qu'ça saute ! »)

avant de descendre d'un pas martial prendre, en retard, son petit déjeuner, miss Midden avait obtempéré.

Ce matin-là, Edgar Cunningham, rentrant de sa petite promenade hygiénique matinale, avait découvert qu'on lui avait attribué une toute petite chambre au-dessus de la cuisine, autrefois occupée par l'homme chargé d'alimenter la chaudière du chauffage central pendant la nuit. Il n'y avait pas de salle de bains et la fenêtre s'ouvrait sur la vue peu exaltante de l'arrière-cour et des poubelles. E.C. avait explosé à cette perspective et aussi à celle d'avoir à parcourir des kilomètres de couloir pour ses ablutions. Il avait exigé qu'on lui rende son ancienne chambre. Miss Midden lui avait répondu qu'elle venait d'être attribuée à Mrs Devizes qui était déjà en train de s'y installer.

— Elle n'aimait pas sa chambre, alors je lui ai donné la vôtre, dit miss Midden. Mais si vous voulez, vous pouvez toujours lui demander d'échanger.

C'était bien la dernière chose que souhaitait E.C. qui détestait Mrs Devizes, une Midden par alliance, qu'il appelait ouvertement « cette bâtarde ». Il avait suggéré de prendre l'ancienne chambre de celle-ci, mais il s'entendit répliquer qu'on était en train de la repeindre. Une semaine plus tard, après des nuits d'insomnie provoquées par le bruit venant de la cuisine, au-dessous de lui, où le major MacPhee s'était parfaitement acquitté de sa tâche nocturne qui consistait à laisser tomber de grandes casseroles de fonte tous les quarts d'heures, le vieux tyran quittait Middenhall dans un taxi brinquebalant. Miss Midden, plantée les bras croisés dans la grande véranda, assista à son départ. Puis elle se retourna pour demander aux autres résidents si quelqu'un avait envie de partir, car, si c'était le cas, elle ne retenait personne.

— Je ne tolérerai pas qu'on traite mon personnel avec grossièreté, avait-elle déclaré en fouettant ses bottes de sa cravache.

Et son message avait été reçu cinq sur cinq. Les pensionnaires Midden se comportèrent désormais avec la plus grande courtoisie envers la cuisinière et les femmes de ménage, réservant leurs chamailleries à leur propre groupe. Il y eut bien quelques autres éliminations mais, à la fin, miss Midden obtint le résultat qu'elle recherchait.

Aujourd'hui, cependant, au volant de sa voiture en direction de la ferme, elle se sentait d'une humeur massacrante. Tous ses plans pour le week-end avaient été sabotés, et c'était sa propre sentimentalité lamentable qui en était responsable, voilà tout. Elle avait pris pitié de ce pauvre major dès la minute où elle l'avait vu à la gare routière de Tween. Il y avait débarqué en réponse à l'annonce qu'elle avait fait passer dans *Milady's Boudoir* pour engager un homme à tout faire. Elle le revoyait encore, planté là avec ses petites chaussures bien cirées, sa cravate aux armes de son régiment, un imperméable minable sur le bras, n'ayant visiblement rien de l'allure d'un homme à tout faire ni vraiment l'allure d'un homme non plus. La première impulsion de miss Midden avait été de lui dire qu'il ne faisait pas l'affaire mais, au lieu de cela, elle avait empoigné une de ses valises fatiguées, l'avait hissée dans le coffre de la Humber et avait dit au major de monter. C'était une réaction qu'elle n'avait jamais pu s'expliquer. Le major avait été rejeté si souvent et il s'attendait si visiblement à un autre refus que son anticipation était presque palpable. En d'autres circonstances, miss Midden aurait écouté son bon sens. Mais le terminus des bus de Tween était un endroit bien trop déprimant pour écouter son bon sens. Par ailleurs, elle aimait réserver des surprises aux gens et, à l'évidence, le major avait besoin que la vie lui offrît quelques surprises agréables. En plus il donnait l'impression d'aimer être mené à la dure, et ce besoin-là, miss Midden l'avait également perçu.

— Il faudra bien faire avec, s'était dit miss Midden sur la route du retour, cet après-midi de leur rencontre.

Mais elle aurait été incapable de préciser ce qu'on pouvait espérer qu'un homme comme le major « fasse ». Rater tout ce qu'il entreprenait, sans doute. Ou gâcher son week-end, cinq ans plus tard.

— Un de ces quatre matins..., fit-elle à haute voix en entrant dans la cour arrière de la vieille ferme.

C'était une expression d'espoir et presque de détermination. Un de ces quatre matins, à la prochaine occasion, elle allait se libérer de cet étau familial et de toutes ces responsabilités ménagères. Elle allait s'arrêter de gérer la vie des autres et trouver enfin... Non, pas le bonheur. Elle n'était pas assez folle pour poursuivre cette chimère ni pour supposer un seul instant que se marier et fonder un foyer puissent être la solution. Elle connaissait trop bien la vie de famille, une vie qui expliquait bon nombre de meurtres. En outre, miss Midden ne se faisait aucune illusion sur ses charmes. Belle, elle ne l'était pas. Elle était beaucoup trop massive et musclée pour être même qualifiée de plaisante. Sauf pour un certain type d'hommes. D'ailleurs, il lui arrivait de se demander avec horreur si elle ne jouait pas quelque rôle répugnant dans les fantasmes sexuels du major dont les miasmes polluaient parfois l'atmosphère. Non ! Son espoir et son ambition, c'était de pouvoir retrouver un jour le goût de l'aventure qu'elle avait connu quand elle jouait, toute gamine, parmi les fleurs sauvages et les engins rouillés de la carrière abandonnée de la lande de Folly Down. Elle y avait vécu des moments de bonheur et d'extase et pour elle l'endroit avait toujours gardé le même charme magique. Mais maintenant, en descendant de la vieille Humber, ses sentiments étaient bien loin d'être extatiques.

— Si vous avez un tant soit peu de jugeote, vous éviterez de vous fourrer dans mes pattes demain matin, avait-elle lancé au major qui, les pieds nus, gravissait en clopinant les quelques marches de la cuisine.

Cinq minutes plus tard, elle était en haut, endormie.

12

Assis au bord du lit, le major MacPhee se lamentait sur son sort. Il avait la migraine, les points de suture de son arcade sourcilière lui faisaient mal, ses lèvres aussi, et une de ses dents branlait. Il avait les mains entourées de pansements et, pis encore, il avait perdu une paire de chaussures de grand prix dans la bagarre. En fait, il n'en avait perdu qu'une, mais une paire c'est deux chaussures, donc ça revenait au même. Il était plus fier de ses chaussures qu'il n'était fier de sa propre personne, du moins quand il n'était pas ivre. Elles constituaient ce qu'il avait trouvé de mieux pour masquer sa misère. Particulièrement ses chaussures richelieu, achetées chez Trickers, une boutique chic de Jermyn Street. Il avait passé de longues soirées à les faire briller, assis au bord du lit, avant l'extinction des feux, comme il disait. Maintenant il les avait perdues et, pour comble de malheur, miss Midden était en colère contre lui. Bien sûr, ce n'était pas la première fois, mais aujourd'hui il sentait que sa colère était d'une qualité différente, moins grossièrement injurieuse, mais empreinte d'une sorte de haine glacée.

Le major s'y connaissait bien en colère. Toute sa vie il

avait mis les gens en colère, des colères froides et méprisantes ou des colères sermonneuses, sans jamais pourtant susciter de haine. Il n'y avait rien à haïr chez lui. C'était un petit homme stupide et faible, à qui il avait toujours manqué le courage d'agir et qui s'était contenté de laisser faire les autres, c'est tout.

— Espèce de petite mauviette, lui criait sans cesse son père, tu ne peux pas te secouer un peu ?

Sa mère ne le traitait pas beaucoup mieux. Elle était certes plus gentille mais elle ne cessait de le réprimander et de lui répéter de se laver les mains et la figure, ce que, le plus souvent, elle faisait à sa place. Il avait grandi en subissant les choses ou en laissant à d'autres le soin de les accomplir pour lui. Il avait essayé à maintes reprises de se secouer de cet état de dépendance, mais chaque fois la peur et la passivité l'avaient fait renoncer. Et avec chaque défaite, il s'était détesté davantage. Finalement il avait décidé de prendre la mer. Mais, là encore, il choisit une demi-mesure et se fit embaucher comme aide-cuistot sur un pétrolier qui cabotait entre Rotterdam et les petits ports de la côte anglaise. Le boulot n'avait pas duré longtemps, juste assez pour lui apprendre comment trouver du travail sur les bateaux, et il avait été engagé comme garçon de cabine sur un paquebot. Cet épisode lui avait permis d'observer le comportement et les manières des vieux passagers fortunés. Au cours du troisième voyage, un officier de l'armée à la retraite, dont il nettoyait la cabine, s'était pris d'affection pour lui. Ce major avait économisé pour se payer une croisière dans l'espoir de trouver une vieille veuve riche, pas trop décatie, à épouser. Au lieu de quoi, il avait trouvé le jeune Willy MacPhee à qui il avait fait subir, disons, certaines choses. Pour Willy, ce n'était pas la première fois. C'était déjà arrivé en mer ou dans les ports et il en avait pris l'habitude, l'habitude d'être battu et forcé à s'agenouiller. Mais avec le major ce n'était pas pareil. Cet homme avait de la classe, même s'il était pauvre, et il savait s'habiller. MacPhee s'en était rendu compte aux étiquettes cousues dans ses vestons et à la qualité du tissu. Mais surtout, grâce à ses chaussures. Elles venaient de chez Trickers et le cuir étincelait à force d'avoir été ciré. Il en possédait cinq paires, dont trois de couleur marron, toutes des richelieux, et la seule privauté qu'il refusait au garçon de cabine MacPhee, c'était de cirer ses chaussures.

— C'est la dernière chose que je fais avant l'extinction des feux. C'est ce qu'on m'a appris quand je me suis engagé et depuis je l'ai toujours fait, une sorte d'habitude. Alors que je ne te surprenne pas à mettre la main dessus. Compris, mon garçon ?

— Oui, major. Compris, major, dit MacPhee en essayant d'adopter une attitude militaire.

En fait, il mit la main dessus et, quand le major mourut d'une crise cardiaque à la Barbade, victime des étreintes expertes et vigoureuses d'une très riche dame de Sunningdale, il en hérita. Ou plutôt les vola. Ainsi que plusieurs costumes qu'il cacha dans son casier. C'est à ce moment-là que MacPhee décida de changer de carrière : il s'engagerait dans l'armée, il aurait des costumes faits sur mesure et ne porterait que des richelieux de chez Trickers. A l'escale de Southampton, MacPhee se rendit à terre pour la dernière fois et chercha un bureau de recrutement militaire. Le seul qu'il trouva fut celui de la Marine royale. Le sergent l'avait vite dissuadé.

— Si tu y tiens vraiment, tu peux passer la visite médicale, mon p'tit gars, mais si j'étais toi, je perdrais pas mon temps. T'as pas la carrure. Pas pour la Marine, en tout cas. Essaie l'armée de terre, lui avait-il dit, gentiment méprisant.

Ce fut la première d'une longue série de rebuffades. Il finit par trouver un emploi de valet de chambre dans la famille d'un militaire d'Aldershot où il passa trois ans à étudier le langage et le comportement des officiers. Il s'imprégna du jargon et des anecdotes qu'il finit par pouvoir répéter comme si elles étaient siennes. L'envie de devenir officier, ne fût-ce que dans sa tête à lui, l'obsédait. Docile en apparence, il s'exerçait intérieurement à adopter la morgue et les grands airs des militaires. Les soirs de congé, il faisait la tournée des pubs où il observait les mœurs militaires en fréquentant les sous-officiers et les simples soldats dont le mépris pour les officiers était très instructif. Il apprit, tout particulièrement, à éviter les subalternes qui risquaient de démasquer ses affabulations et de poser des questions embarrassantes. Avec les officiers, rien à craindre. Ils prenaient tout argent comptant et il suffisait de dire timidement qu'on était capitaine ou second lieutenant dans les services de restauration pour qu'ils ne posent pas d'autres questions. Dire qu'on était dans l'intendance marchait aussi très bien. Mais le danger était de prétendre appartenir aux régiments prestigieux où les officiers étaient respectés. MacPhee était assez malin pour savoir qu'il ne devait pas viser trop haut — le grade de major lui suffisait tout à fait — et qu'il devait vivre parmi des gens d'un certain âge, de braves gens trop bien élevés pour se montrer curieux.

Tout cela, il eut le temps de l'observer chez son colonel où parfois quelques vieux officiers de l'armée des Indes se laissaient aller à appeler Mrs Longstead *Memsahib* et où les jeunes officiers n'étaient pas encouragés à trop la ramener. Pendant ce temps-là, le vrai Willy MacPhee bouillonnait d'ambition et en oubliait presque de partir en bordée, dans tous les sens du terme, pour Londres ou Portsmouth. Mais cela appartenait à un passé révolu. Depuis, il avait pas mal bourlingué d'une ville de garnison à l'autre, acquérant la patine de l'homme qu'il aurait voulu être. En dernier lieu, il était tombé sur miss Midden qui l'avait accepté. La fonction lui convenait parfaitement. Middenhall était à l'écart de toute grande ville et les Midden d'outre-mer étaient trop vieux ou trop égocentriques, ou bien, comme lui-même, trop dépendants de miss Midden pour s'intéresser, même de loin, au passé du « major ». Et, jusqu'à ce fameux week-end, miss Midden l'avait accepté sans lui faire comprendre trop ostensiblement qu'elle n'était pas dupe de son imposture.

Mais ce soir-là, c'était autre chose et il avait peur. Il se déshabilla avec beaucoup de peine, mit son pyjama et se glissa dans son lit étroit tout en se demandant comment rentrer dans les bonnes grâces de miss Midden. Il se demanda aussi, sans trop s'appesantir, d'où pouvait bien venir cette odeur de crotte de chien. Puis il sombra dans le sommeil. A une vingtaine de centimètres au-dessous de lui, le responsable de cette odeur continuait à dormir. Le mélange Valium-whisky, combiné aux restes de crapaud, maintenait Timothy dans son état d'inconscience. Vers l'aube, cependant, il bougea un peu et ronfla brièvement. Le major, réveillé par ce bruit, en conclut qu'il allait vraiment très mal. Ce n'était pas seulement les blessures physiques qui l'inquiétaient. Voilà qu'il avait des hallucinations auditives ! Il se rassura en se disant que c'était un tour de son imagination ou bien qu'il avait été réveillé par un de ses propres ronflements. Il se retourna avec précaution et se rendormit.

A sept heures, il se réveilla, taquiné par un besoin pressant de sa vessie. Il se leva et claudiqua jusqu'à sa petite salle de bains. Quand il revint et s'assit lourdement sur le lit, il se dit que son matelas avait quelque chose de bizarre. Certes, il n'était pas épais mais il n'y avait jamais eu cette grosse bosse dure au milieu. Puis il se demanda si miss Midden n'avait pas eu raison d'affirmer que son cerveau avait été atteint : il entendait des gémissements et il sentait la grosse bosse — l'épaule de Timothy — bouger sous lui.

Le major resta figé, le cœur battant la chamade, à l'écoute d'un nouveau bruit. Mais tout était calme dans la pièce. A moins que… A moins que… Oui, il y avait bien un bruit de respiration. Quelqu'un respirait, sous le lit. Voilà d'où venaient les ronflements et les gémissements ! Paralysé de terreur, il essaya de rassembler ses esprits. Mais il lui était impossible de raisonner sainement avec cette panique d'enfant qui l'avait envahi. Pendant dix minutes il resta immobile à épier cette horrible respiration en tentant de trouver assez de courage pour se lever, éclairer et regarder sous le lit. C'était au-dessus de ses forces, mais à la fin il y parvint tout de même. Très, très doucement il écarta les rideaux — pas question d'éclairer — puis il se pencha et scruta la pénombre sous le lit.

Une seconde plus tard il s'était relevé et se précipitait en trébuchant vers la porte. Le visage qu'il venait d'entrevoir confirmait ses pires craintes. C'était un visage blafard et couvert de sang. Il y avait le cadavre d'un homme assassiné sous son lit. Enfin, peut-être pas tout à fait un cadavre, mais ça ne saurait tarder ! Et l'homme était complètement à poil. Le major se précipita dans la salle à manger, s'apprêtant à passer dans le hall pour appeler miss Midden, quand il s'arrêta tout net en imaginant sa réaction. Elle lui avait dit d'éviter de la rencontrer ce matin et elle ne badinait pas, loin de là. L'embêtant, c'est qu'il y avait un homme agonisant sous son lit, un homme nu qu'on avait assassiné. Le major en perdait la tête. Tout son vernis de bravoure l'abandonnait et il se retrouvait aussi désarmé qu'un bébé, comme il l'avait été toute sa vie. Cette fois-ci, on l'avait eu et bien eu. Les traits de son visage contusionné et recousu s'affaissèrent et il devint blafard, lui aussi. Il était à bout de ressources. Il s'appuya contre le mur et se mit à trembler, incapable de se contrôler. Vingt minutes passèrent avant qu'il ne récupère assez d'énergie pour arriver à s'asseoir, mais toujours sans pouvoir mettre de l'ordre dans ses pensées. Tous ses complexes de culpabilité qu'il n'avait jamais pu refouler complètement resurgissaient et envahissaient tout son être en intensifiant sa terreur. A la fin, il parvint à se relever et à se diriger jusqu'au buffet pour prendre la carafe de whisky. Il avait besoin d'un verre. Un besoin vital. Le major MacPhee s'assit à la table et se mit à boire.

Il était à la même place quand miss Midden descendit à neuf heures. La carafe était vide, le major avait été malade et gisait dans ses propres vomissures.

— Regardez-moi cette espèce d'ordure, ce petit charlatan répugnant, hurla-t-elle à l'adresse du major inconscient. Vraiment la mesure est comble ! Et cette fois-ci, c'est la porte. Du balai ! Vous ne passerez pas une seule nuit de plus sous mon toit. Ah ça non, pas question !

Puis elle tourna les talons et disparut dans la cuisine, hors d'elle, pour se préparer une tasse de thé bien fort.

Ses paroles n'avaient pas été entendues de MacPhee qui était complètement parti, bien loin de ce monde trop horrible. En revanche, Timothy, allongé sous le lit, avait bien entendu ces menaces qui l'avaient fait frémir. Il était transi, sa bouche était pâteuse et son haleine fétide, sa tête lui faisait mal et des visions de cochon écorché vif passaient et repassaient dans son esprit. Devant lui une paire de pantoufles le fixaient, menaçantes, et il lui fallut un moment avant de réaliser qu'il n'y avait ni pieds ni jambes à l'intérieur. Mais malgré tout, elles avaient un air peu rassurant. D'ailleurs ce n'étaient pas les siennes : il ne portait pas ce genre de pantoufles bon marché ; ses pantoufles à lui étaient en cuir doublé de laine. Détournant lentement son regard, il vit les pieds d'une chaise en bois, le bas d'une porte, une plinthe, le quart inférieur d'une armoire à glace ; un papier peint à fleurs et un rayon de soleil éclatant qui descendait le long du mur jusqu'au plancher. Tout cela n'évoquait rien pour lui. Il n'avait jamais vu ces choses auparavant et, sous cet angle, elles lui semblaient encore plus étranges et absurdes. Elles ne lui disaient rien, ne signifiaient rien et ne faisaient qu'ajouter à sa propre terreur. Cependant, les paroles que miss Midden avait proférées au major MacPhee, allongé dans la salle à manger, étaient parfaitement sensées. Il comprenait très bien « espèce d'ordure, petit charlatan répugnant. Vraiment la mesure est comble ! Et cette fois-ci, c'est la porte. Du balai ! Vous ne passerez pas une seule nuit de plus sous mon toit. Ah, ça non, pas question ! ». Timothy Bright voyait très bien ce que cela signifiait. Allongé sous le lit, il essaya de faire le point, ce qui lui prit un certain temps, une bonne heure pendant laquelle il entendit des bruits de pas et de portes qui résonnèrent en écho dans sa tête. Puis, finalement, après quelques paroles de menaces grommelées dans la pièce d'à côté (miss Midden était revenue voir le major allongé et elle avait été tentée de le réveiller à grands coups de pied), quelqu'un avait claqué la porte d'entrée et Timothy avait entendu des pas qui s'éloignaient en faisant crisser le gravier.

Miss Midden, malade de dégoût et complètement révulsée à l'idée d'avoir pu prendre sous son aile une créature aussi abjecte que le major, avait quitté la maison et s'était engagée dans la lande par la petite porte du mur entourant le jardin. Elle se dirigeait à grandes enjambées vers le manoir de Carryclogs. Les moutons se levaient et s'écartaient sur son passage sans que miss Midden n'y prêtât attention. Elle était plongée dans son propre univers de rage et de frustration, regrettant presque que le major soit encore vivant. Elle l'avait vu respirer. Elle ne parvenait absolument pas à comprendre ce qui lui avait pris, à cet ignoble avorton. Il lui était arrivé de mal se conduire au cours d'une de ces « bringues à Glasgow, mais ici, dans sa maison à elle, il avait toujours fait preuve d'une grande sobriété et de manières policées quasi obséquieuses. Et maintenant, voilà où l'on en était ! La seule explication, c'est qu'il était fou, fou à lier, et qu'on ne pouvait rien faire pour lui. Mais ça n'était pas une excuse suffisante. Miss Midden avait assez de ses problèmes avec la bande de Middenhall sans y ajouter l'alcoolisme névrotique du major. Dès qu'il serait en mesure de marcher, elle le mettrait dehors, lui et tout son fourbi, sous la menace d'un fusil si nécessaire. En tout cas, elle le ferait déguerpir avant la nuit.

Aux abords de Carryclogs, miss Midden changea de route et s'éloigna. Elle n'avait aucune envie, en la circonstance, de se confier à Phoebe Turnbird. Ses émotions personnelles étaient déjà assez lourdes à porter sans que vienne s'y ajouter le poids de la sympathie goguenarde de Phoebe. A midi, miss Midden s'assit sur de gros blocs rocheux dominant le lac pour manger les sandwichs qu'elle avait emportés. Puis elle s'étendit dans l'herbe et contempla le ciel d'un bleu parfait. Lui, au moins, était propre et pur. Bientôt, elle s'endormit, épuisée par sa nuit blanche et brisée par ses émotions.

13

La journée de sir Arnold n'avait pas été agréable. Et sa nuit, pas davantage. Il était près de quatre heures du matin lorsqu'il avait enfin garé la Land Rover à côté de l'étable. En regagnant la maison, il s'aperçut avec inquiétude qu'il y avait de la lumière dans la chambre de tante Léa.

— Cette maudite bonne femme, murmura-t-il avec aigreur. Même une mégadose de Valium dans son gin n'arrive pas à la faire dormir. Je me demande bien ce qu'il lui faut !

Il évita la porte d'entrée pour pénétrer plus discrètement par la fenêtre de son bureau et monta sur la pointe des pieds à l'étage. Un moment plus tard, il dormait à poings fermés. Il avait fait ce qu'il pouvait et pour le reste il devait s'en remettre au destin. Inch Allah !

Dans une large mesure ce destin dépendait de Genscher. Le rottweiler avait passé une nuit affreuse dans la cave, à tenter de se délivrer de sa muselière de chatterton. Déterminé à empêcher son chien d'exercer ses droits légitimes à l'expression vocale et à réprimer toute réaction plus violente encore quand on lui bottait le scrotum, sir Arnold, qui n'était pas un héros, avait employé les grands moyens.

Du coup, la pauvre bête ne pouvait pratiquement plus respirer et avait passé des heures à essayer d'arracher cette maudite bande avec ses griffes avant de décider d'adopter une autre tactique s'il ne voulait pas y laisser son museau. Incapable de gémir ou de faire quoi que ce soit de constructif — les tentatives pour fuir sa gueule en reculant n'avaient donné aucun résultat positif et n'avaient réussi qu'à meurtrir davantage son arrière-train contre les murs —, Genscher s'était mis à bondir dans l'escalier pour appeler du secours en cognant à grands coups de tête la porte de la cave. A sept heures, la maison tout entière résonnait des assauts d'un rottweiler fou furieux, lançant toutes les deux secondes sa masse de soixante-dix kilos contre la porte. Même Mrs Thouless, qui jouissait habituellement d'un sommeil de plomb et à qui la surdité épargnait les querelles du ménage, parvint à la conclusion alarmante qu'il y avait un raid aérien dans les environs. Elle avait grandi pendant la guerre à Little Kineburn au pied du grand barrage de retenue que, logiquement, les Allemands devaient bombarder, ce qui entraînerait la disparition du petit village. Mrs Thouless était restée particulièrement nerveuse en ce qui concerne les raids aériens. Le bruit l'avait poussée à quitter son lit et à descendre en robe de chambre dans la cuisine pour se réfugier dans la cave. Entre-temps, les efforts de Genscher pour attirer l'attention avaient commencé à faiblir, mais la porte continuait à vibrer sous ses assauts répétés. Mrs Thouless regarda la porte. Elle n'était pas certaine de bien faire mais avec d'infinies précautions elle tourna la clé et tira la targette.

Une seconde plus tard, tous ses doutes avaient disparu : elle ne risquait ni d'être noyée ni de mourir bombardée dans son lit. Elle venait d'être renversée par un autre cataclysme, un bolide en forme de rottweiler, une bête affolée par vingt mètres de bande plastique nouée en un grotesque nœud noir autour de la tête. Pour Mrs Thouless, qui n'était déjà pas une fanatique de la gent canine en temps ordinaire et qui redoutait tout particulièrement les bergers allemands, cette apparition fut un choc terrible. Oubliant toute son habituelle déférence servile, elle se mit à hurler, ce qui porta à son comble l'affolement du pauvre Genscher. Cette maison avait cessé d'être un refuge et il lui fallait absolument s'en échapper. Sans hésiter, il se rua sur la porte de service, entraînant au passage tous les clubs de golf de sir Arnold qui se répandirent bruyamment sur le carrelage. Un autre fracas vint s'y ajouter et se mêler aux glapissements gaéliques de Mrs Thouless : Genscher, dont la tête fléchissait sous le poids du chatterton, venait de confondre le vaisselier gallois avec une porte de secours et se précipitait sur cette issue qu'il espérait moins résistante. Sous une cascade d'assiettes et de soucoupes, le rottweiler, à bout d'oxygène et respirant laborieusement à travers ses narines ensanglantées, dérapa sur le corps de Mrs Thouless avant de culbuter dans les profondeurs obscures de la cave.

A l'étage, le vacarme de la cuisine avait fini par tirer sir Arnold de son sommeil réparateur et mérité. Il se redressa sur le lit et vit lady Vy en robe de chambre, son Webley et Scott calibre 38 à la main, qui marchait, d'un pas décidé et menaçant, vers la porte, son bandeau de nuit remonté sur le front.

— Qu'est-ce que c'est que ce bordel ? demanda-t-il, la voix rauque.

— Encore une de vos histoires idiotes, sans aucun doute, répondit-elle en ouvrant la porte d'un coup de pied.

En bas, les cris de Mrs Thouless avaient redoublé d'intensité et le fracas de la vaisselle sur le carrelage suggérait une mise à sac de toute la cuisine. Ce fut ce fracas, bien plus que les appels au secours de la gouvernante, qui mit en rage lady Vy.

— Oh ! Seigneur, mon service en porcelaine ! hurla-t-elle en dévalant l'escalier.

Derrière elle, hideuse dans sa chemise de nuit diaphane sur laquelle elle avait enfilé une jupe de cuir noir, tante Léa déboula de sa chambre en titubant, convaincue que ce monstre de sir Arnold était en train de brutaliser sa Vy bien-aimée.

— Laissez-la, hurla-t-elle en essayant de rajuster sur ses reins la jupe qu'elle avait passée à la hâte. Ne la touchez pas, espèce de créature abjecte. Vous n'avez pas fait assez de mal comme ça, ignoble brute ?

Sir Arnold, accroupi derrière le lit à la recherche de ses pantoufles, n'eut guère le temps de répondre et se trouva submergé par une tornade de cuir noir. Pendant une minute il y eut comme une brève partie de catch puis, tante Léa l'ayant emporté, sir Arnold fut plaqué sur le lit. Comprenant alors son erreur, Léa observa une pause. Comment pourrait-elle exploiter cette victoire ? La mine de sir Arnold, dont un œil louchait méchamment par-dessus la jupe noire tandis que l'autre observait, sans doute avec une lubricité gourmande, les trésors que ses plis recelaient, ne l'incitait pas à lâcher prise. Pour donner plus de poids à son avantage, déjà fort pesant, il y avait cette certitude que jamais elle ne serait aussi bien placée pour inverser les rôles et lui rendre la monnaie de sa pièce. Avec une horrible délectation, elle lorgna sa tête chauve puis, prestement, elle la fit disparaître sous sa jupe.

C'était une petite gâterie qui tombait mal. Sir Arnold, dans l'état de faiblesse où il était après ce week-end de cauchemar, possédait encore assez d'énergie pour résister à cette invitation grotesque de faire minette à la maîtresse de sa femme, que l'attitude de Léa semblait suggérer. Mais une autre possibilité, beaucoup moins drôle, était que tante Léa essayait de l'étouffer à mort. Dans les plis de cuir noir, il était difficile de se rendre compte, mais l'alternative n'offrait aucun choix à sir Arnold. Avec toute l'énergie désespérée d'un homme menacé par le giron d'une grosse femme baraquée, sir Arnold prit une profonde inspiration et tenta de se dégager. Ce fut difficile mais pendant une seconde il réussit à entrevoir la lueur du jour. Sa tête émergea brièvement de la jupe noire avant d'être replongée dans les ténèbres par la poigne de Léa, bien décidée à ne pas laisser s'échapper une chance de connaître, enfin, les plaisirs du mâle, fût-il terrifié et au bord de l'hystérie. La mêlée continua quelques minutes pendant lesquelles, à chaque nouvel assaut paniqué de sir Arnold, tante Léa éprouvait les délices de la domination tandis qu'il en éprouvait toute l'horreur.

Quand enfin il s'écroula, à bout de résistance et admettant sa défaite, Léa commit l'erreur de lever sa jupe et d'adresser un sourire à la face moite et violacée du commissaire. Par-delà ces parties génitales offertes, sir Arnold entrevit ce sourire qui le narguait. Rassemblant alors tout ce qui lui restait d'un ego aussi diminué que le reste de sa personne, il leva la tête et planta ses dents dans l'entrejambe de Léa. Les dents étaient fausses et ce n'était pas tout à fait l'entrejambe, mais sir Arnold n'en avait cure. Avec un effroyable hurlement, tante Léa se souleva du lit, comme portée par un Air Bag de douleur, puis retomba s'écraser sur le commissaire. Cette fois, plus d'hésitation : elle lui réglerait son compte, à cette ordure.

Ce fut à ce moment précis que lady Vy revint, le revolver encore fumant à la main. Elle venait informer son mari que ce foutu type de la cave avait réussi à s'échapper après avoir entortillé des mètres de chatterton autour du museau du toutou familial. Elle n'était pas d'humeur à affronter le spectacle étrange de sir Arnold se livrant à des ébats amoureux compliqués avec sa chère Léa. En outre, à en juger par l'expression de son visage, Léa semblait prendre, sous la délicieuse torture de la passion, un plaisir tout à fait évident. Elle tirait la langue et grognait de satisfaction. Cette vision et ces râles étaient plus que lady Vy n'en pouvait supporter. Elle venait déjà de vivre une autre épreuve.

Elle avait trouvé Mrs Thouless étendue de tout son long près de la porte de la cave, les vêtements étrangement en désordre, et marmonnant quelque chose au sujet d'une grosse bête. Avec un courage qui venait de la conviction acquise depuis des années qu'elle était supérieure à une domestique et qu'elle devait le prouver en temps de crise (surtout avec un revolver chargé à la main), lady Vy avait enjambé le corps de Mrs Thouless et avait tiré sans hésiter dans la direction de la cave. Cette fois-ci, tous les doutes de Genscher étaient tombés. Il comprenait maintenant pourquoi on l'avait aussi atrocement muselé. Bien que peu familier de la tragédie historique du tsar et de sa famille, il avait senti d'instinct que la cave était le lieu d'exécution idéal où, après avoir essayé de le pendre au bout d'une corde, son maître et maintenant sa maîtresse s'étaient mis en tête de le fusiller. La balle ricocha sur les murs et Genscher, avec de faibles gémissements, alla se réfugier dans un des compartiments de la cave à vin. Lady Vy mit la lumière et descendit lentement les marches, le pistolet en avant.

— Sortez d'ici, que je vous règle votre compte, cria-t-elle, je sais que vous êtes là. Sortez ou je tire !

Mais le rottweiler n'était pas stupide à ce point-là. Il se recroquevilla au fond d'un casier à bouteilles et attendit la mort. A sa grande surprise, ce destin fatal lui fut épargné, car lady Vy avait quitté la cave et remontait l'escalier.

Maintenant, entrant dans la chambre et sidérée de ce qu'elle y découvrait, lady Vy en avait presque oublié toutes ces péripéties.

— Léa, ma chérie, comment as-tu pu faire ça ? fit-elle, larmoyante, en s'éventant avec le canon du revolver.

Tante Léa tourna vers elle ses yeux hagards.

— Je n'ai pas encore terminé, précisa-t-elle dans un souci d'exactitude. Et quand j'aurai terminé...

— Non, je t'en prie, tu ne peux pas faire ça. Je ne te permettrai pas de t'avilir ainsi. En tout cas, pas avec lui ! s'écria lady Vy.

— Qu'est-ce que tu veux dire, « pas avec lui » ? S'il y en a bien un qui devrait...

— Non, je t'en prie, n'en dis pas davantage, Léa, je ne le supporterai pas !

Sir Arnold, qui avait profité de la conversation pour reprendre son souffle, réussit à couiner un faible « au secours ». Tante Léa l'écrasa de tout son poids.

— Finissons-en, espèce de monstre ! cria-t-elle en ramenant sa jupe sur le visage violacé du commissaire.

Lady Vy s'effondra à côté du lit en sanglotant.

— Oh Léa, non, pas lui. Laisse-moi prendre sa place, ma chérie !

La requête laissa tante Léa perplexe. Elle savait que Vy était d'une nature soumise, mais de là à exiger d'être mise à mort par son amante... C'était indiscutablement pervers et cela manquait totalement de goût.

Ce qui n'était pas l'avis du commissaire. Menacé d'asphyxie dans les plis de la jupe de cuir, il aurait bien volontiers échangé sa place avec sa femme ou avec quiconque assez tordu pour souhaiter mourir de cette horrible façon. Et quant au manque de goût, il n'était absolument pas d'accord, bien au contraire, mais ce n'était pas le moment d'épiloguer. Plongé dans l'enfer noir de ce harnachement qui était pour tante Léa une manière de suivre la mode — la basse couture peut-être ? —, il pensa avec effroi à ce qu'on allait mettre dans sa notice nécrologique imminente. Elle avait toutes les chances de ressembler aux articles de ces magazines qu'il aimait emprunter, malgré les reproches de Dieu, à la brigade de répression de la pornographie. Il se demandait bien comment les rédacteurs du

Sun et de *News of the World* allaient s'y prendre pour satisfaire à la fois la Commission de censure de la presse et les appétits salaces de leurs lecteurs. Mais sa réputation post-mortem n'était pas, pour l'instant, son souci principal. Il était en train de mourir d'une mort horrible non pas aux mains mais au giron d'une femme qu'il avait toutes les raisons de haïr. Avant de s'évanouir, il entendit vaguement la voix de lady Vy.

— Mais tu m'avais toujours juré que tu détestais les hommes, hurlait-elle, hystérique de jalousie. Tu m'avais promis que jamais, jamais de ta vie, tu ne toucherais un homme et maintenant regarde ce que tu fais.

— Je fais ce que je peux, cria Léa, tout en se débattant avec sa jupe. Mais il n'est pas tout à fait mort.

— Pas tout à fait mort ? répéta lady Vy d'une voix si incrédule que même le commissaire se demanda s'il avait bien entendu.

Qu'est-ce qu'elle croyait, cette connasse ? Qu'il s'amusait comme un fou, peut-être ?

Finalement lady Vy commença à comprendre que la situation n'avait rien à voir avec ce qu'elle avait imaginé.

— Oh mais non ! Non, tu ne dois pas faire ça, Léa chérie, brailla-t-elle. Est-ce que tu as pensé à ce qui va nous arriver ?

— Je me fiche de ce qui va nous arriver à nous. Pour l'instant, ce qui m'intéresse c'est ce qui lui arrive à lui. Et tu devrais voir ce que ce monstre m'a fait à moi.

Lady Vy, bouleversée, ne put résister à une telle invitation.

— Oh oui, montre-moi ! Montre-moi, ma chérie, dit-elle en se précipitant sur ce lit qu'Arnold s'était résigné à considérer comme son lit mortuaire.

Fouillant à tâtons dans les plis de l'étrange jupe, Vy arriva à dégager la tête du commissaire, devenue presque aussi noire que le vêtement lui-même. Sir Arnold aspira l'air frais à grandes goulées et fixa de ses yeux exorbités et injectés de sang la figure de son imbécile de femme. Pour la première fois depuis vingt-deux ans il lui trouva un certain attrait. Et ce que faisait son épouse plus encore : elle était en train de dépouiller tante Léa de sa jupe. Un moment il se demanda si elle allait s'y mettre, elle aussi. Mais les priorités avaient changé et on s'intéressait désormais moins à sa mise à mort qu'au besoin de s'assurer si Léa ne risquait pas de mourir saignée à blanc par la morsure de son agresseur. Elle s'allongea sur le lit pour permettre à lady Vy et au commissaire d'inspecter sa blessure puis il y eut un bruit à l'entrée de la chambre.

— Je suis venue vous donner ma démission, claironna Mrs Thouless. J'peux pas rester dans une maison où y s'passe des choses aussi bizarres. Je veux dire, que Madame m'excuse de l'interrompre, mais y a cette chose qu'est ressortie de la cave et c'est pas un spectacle décent pour une honnête femme si tôt le matin.

Avec l'aisance que donnent des années passées à régler les divers problèmes d'une domesticité difficile, lady Vy s'élança du lit et s'approcha de la pauvre gouvernante.

— Qui donc vous a permis d'entrer ici sans frapper ? demanda-t-elle d'un ton olympien.

Pour sir Arnold, observant la scène avec tout l'optimisme d'un homme récemment arraché à la mort et qui n'avait cure de sa réputation, l'intervention de Mrs Thouless était tout simplement une bénédiction. Mais si lady Vy continuait sur ce registre royal et sang-bleu, Mrs Thouless risquait bien de quitter la maison sur-le-champ, ce qui serait une vraie catastrophe.

— Chère Mrs Thouless, implora-t-il, je vous supplie de ne pas nous quitter.

Du seuil de la chambre, la gouvernante commença à se rendre compte qu'il y avait quelque chose d'assez ambigu dans les pratiques conjugales de ses maîtres. Elle fixa de son regard de myope la tête de sir Arnold, puis tante Léa et enfin lady Vy.

— Oh là là ! M'me, dit-elle, ayant perdu toute trace d'accent écossais. Oh là là ! Je ne sais pas ce que…

— Je vous en prie, ma bonne Thouless, ressaisissez-vous, coupa lady Vy. Je sais que cette matinée a été pénible et que le week-end vous a fatiguée, mais ce n'est pas une raison pour en faire un drame. Descendez donc nous préparer une bonne tasse de thé.

— Oui, M'me. Comme M'me voudra.

Et Mrs Thouless, bouche bée, se dirigea vers le palier, totalement abasourdie.

Lady Vy, revenant à des préoccupations plus immédiates, ramassa le revolver.

— Je dois dire, conclut-elle en reprenant son aplomb et ses grands airs, que c'est vraiment la fin de tout quand les domestiques se mettent à entrer dans la chambre de leurs maîtres sans frapper. Pauvre pays ! Je me demande bien où il va !

Sur le lit, tante Léa ne put que se joindre à cet appel de l'aristocratie.

— Ma chère, j'ai exactement les mêmes problèmes à Washam. De nos jours, on ne trouve plus de bons domestiques et en plus ils exigent des salaires exorbitants et deux nuits de liberté par semaine.

Puis, d'un dernier mouvement obscène de sa jupe, elle indiqua au commissaire qu'il pouvait disposer.

Sir Arnold s'empressa de déguerpir et se précipita dans la salle de bains pour quelques ablutions à l'eau froide. Le cumulus n'était toujours pas réparé. En se regardant dans la glace, sir Arnold se demanda quel message Dieu avait bien voulu lui transmettre en le soumettant à une si cruelle épreuve. Puis les paroles de Mrs Thouless lui revinrent en mémoire. Elle avait dit quelque chose d'important… que « cette chose était ressortie de la cave… ». Mais quelle chose ? et pourquoi avait-elle dit que ce n'était pas un spectacle décent pour une honnête femme ? Pour la première fois de la matinée, le commissaire essaya d'envisager les événements dans une perspective qui dépassait les cinq dernières minutes. Donc quelqu'un était descendu à la cave et avait trouvé le petit salopard envolé. Mais bien sûr ! Voilà qui expliquait tout et, en particulier, l'agression meurtrière de cette tante Léa de mes fesses. Elle avait découvert la disparition de son complice et du coup elle était remontée pour le tuer, lui, en représailles. Ou enfin une histoire de ce genre. Le manque de sommeil et les péripéties de ce week-end épouvantable commençaient à entamer sérieusement sa capacité de raisonnement. Tout ce qu'il savait, c'est qu'il était dans une maison isolée avec trois femmes, une qu'il détestait, une autre qu'il méprisait et la troisième qui faisait du thé dans la cuisine. Sur ces trois femmes, seule Mrs Thouless présentait un certain charme, bien que strictement d'ordre ménager et pratique. Il allait quitter la salle de bains et se réfugier dans le calme relatif de la cuisine quand il repensa au coup de feu. Vy avait emporté ce revolver avec elle. Contre quoi avait-elle bien pu tirer, bon Dieu ? Les idées complètement embrouillées, sir Arnold sortit de la salle de bains. Il trouva sa femme en train de tamponner le pubis de tante Léa à l'eau de Cologne tout en discutant de l'opportunité d'un vaccin contre le tétanos.

— Ou contre la rage, jeta-t-elle avec un regard haineux à son mari.

Sir Arnold abandonna l'idée de l'interroger. Il valait mieux se rendre dans la cuisine pour essayer de comprendre ce qui s'était passé. Il y retrouva Mrs Thouless, tout à fait remise et complètement rétablie dans ses fonctions domestiques, en train de démailloter le nez du rottweiler en pleine dépression nerveuse. Sir Arnold but sa tasse de thé à petites gorgées, maudissant son chien, sa femme, cette cinglée à tendance meurtrière qu'elle avait pour maîtresse et, par-dessus tout, le fils de pute qui avait déposé cette petite gouape droguée dans son lit.

14

Au bout d'un moment, sir Arnold commença à réfléchir à la manière de se venger. Il pouvait remonter à l'étage pour avoir une explication avec cette sale gouine et lui faire cracher ce qu'elle avait derrière la tête en introduisant cette petite gouape à la Vieille Écluse, ce qui n'avait aucun sens. En plus, elle venait d'essayer de le tuer et il s'en était fallu de peu qu'elle réussisse. Elle y serait même arrivée sans l'intervention providentielle de lady Vy qui, pour une fois, était tombée au bon moment. Cette foutue Léa devait être folle. Folle, givrée, zinzin, déjantée, enfin une vraie psychopathe homicide, ou plutôt *homo*cide. Et puis elle devait avoir un complice, c'était clair. Toute seule, elle n'aurait jamais été capable de quitter la Vieille Écluse, d'aller en voiture chercher l'autre connard, de le droguer, de le ramener et de le hisser au premier étage. Tout à fait impossible. Elle avait passé sa soirée à picoler avec Vy. Il avait interrogé Vy et il était sûr qu'elle ne lui avait pas menti. Sa femme avait été aussi ahurie que lui de découvrir la petite gouape dans leur lit. Donc il y avait quelqu'un d'autre dans l'histoire. Le commissaire divisionnaire, à la limite de la paranoïa, devint fou de rage. Et de peur. Quelque part une conspiration couvait contre lui. Couvait ? Le mot était bien trop faible. Et puis couver, ça évoquait des œufs, des petits poussins et des choses naturelles. Or, il n'y avait absolument rien de naturel dans le fait de droguer un pauvre type à lui en faire péter les boyaux de la tête, et de le glisser ensuite, à poil, dans le lit conjugal d'un respectable commissaire divisionnaire. C'était un acte foutrement antinaturel, un acte diabolique, de la méchanceté préméditée à l'état pur. Mais cette couvée-là n'était pas prête à éclore. Ce plan sordide avait été concocté, cogité et planifié pour démolir sa réputation. Si cette petite histoire s'était sue, il aurait été cuit. Si ça se savait maintenant, il était cuit. Et, en y réfléchissant bien, il s'était fourré lui-même dans un sacré pétrin puisqu'il avait assommé ce petit connard et qu'il l'avait gardé vingt-quatre heures ligoté dans la cave. D'ailleurs il l'avait peut-être tué. En tout cas, il devait être mort et, en ce moment précis, sous le petit lit étroit de la ferme Midden, la rigidité cadavérique avait dû commencer à faire son œuvre.

Une sueur froide envahit le visage du commissaire divisionnaire qui passa dans son bureau pour tenter de réfléchir. Assis à sa table de travail, décomposé, il se creusa la cervelle pour trouver un motif. Le plus évident, naturellement, c'était le chantage. Mais quelle raison, grand Dieu, cette Léa de malheur pouvait-elle bien avoir de le faire chanter ? Elle ne manquait pas d'argent. Cette sacrée bonne femme avait une fortune personnelle suffisante, enfin, d'après ce que lui avait raconté lady Vy. D'accord, Vy avait la cervelle d'une pintade trisomique, mais elle avait aussi un excellent nez pour flairer le fric. Une des vertus génétiques de l'aristocratie, assurément. Non, le mobile de tante Léa devait être tout autre. Par pure haine pour lui ? Il faut reconnaître qu'elle en avait de la haine, et à revendre même. Mais ça ne dérangeait pas le commissaire. Avec tous les gens qui le haïssaient, il était blindé. En fait, cette haine lui plaisait presque. Il en tirait comme un sentiment de puissance et d'autorité. Dans son esprit, elle allait de pair avec le respect et la crainte. Et quand on est craint et respecté, on a l'impression de valoir quelque chose. Pour lui, être haï était la garantie qu'il était quelqu'un.

D'un autre côté, il n'arrivait toujours pas à comprendre tout le reste. Il devait bien y avoir d'autres raisons plus sordides. Personne ne se donnerait tant de mal simplement pour ruiner sa réputation. Tante Léa n'était certainement qu'une simple complice, un sous-fifre dont on avait eu besoin pour ouvrir le portail et empêcher Genscher d'aboyer. Elle avait été elle-même, selon toute vraisemblance, victime d'un chantage, ou, en tout cas, contrainte à agir comme complice dans la place. D'ailleurs, on n'avait pas dû avoir beaucoup de mal à la persuader. Oui, finalement, c'était assez logique. Il y avait quelqu'un dans les environs — là, le commissaire soupçonnait tous les scélérats du district de Twixt et Tween — qui s'était mis dans la tête de le démolir. Ou bien, explication plus rationnelle, quelqu'un essayait de le faire chanter en le menaçant de raconter toute l'histoire. Ça se tenait mieux. Eh bien on allait voir à qui on avait affaire. A moins, bien sûr, que l'autre gugusse là-bas dans la ferme des Midden n'ait passé l'arme à gauche, auquel cas les carottes étaient cuites. Son visage blême fut envahi à nouveau d'une sueur froide. Le commissaire divisionnaire cessa de réfléchir. Il était trop fatigué. Après s'être assuré que Vy et Léa étaient descendues à la cuisine prendre leur petit déjeuner, il monta se recoucher. Il avait besoin de dormir.

Mais pas pour très longtemps. Une demi-heure plus tard sa femme entra en trombe dans la chambre et le réveilla. Elle était de fort méchante humeur.

— Vous me dégoûtez, lui dit-elle. Vous ne pouvez donc laisser personne tranquille ?

— Tranquille ? Mais je lui ai rien fait, moi, à cette pétasse. C'est elle qui m'a sauté dessus.

— Et vous imaginez que je vais vous croire ? Léa a une aversion totale pour les hommes. Elle les trouve répugnants.

— Le sentiment est réciproque et je me fous de ce qu'elle trouve répugnant, mais elle n'a pas le droit d'essayer d'assassiner les gens.

— Vous avez certainement dû la provoquer d'une façon ou d'une autre. C'est une personne tout à fait charmante et très paisible.

Sir Arnold la fixa de ses yeux injectés de sang, incrédule.

— Paisible, aboya-t-il, paisible, cette bonne femme ? Faudrait sérieusement revoir votre idée de ce qu'est la paix. J'étais là, en train de chercher mes pantoufles, parfaitement, c'est tout ce que je faisais, et sans crier gare voilà cette furie qui me saute sur le râble.

— Je n'en crois pas un mot mais je ne suis pas venue ici pour me disputer. Léa et moi partons pour Tween. Vous pouvez venir avec nous, si vous voulez.

— Plutôt crever, se retint de dire sir Arnold.

— Et pendant que j'y suis, j'imagine que vous savez que ce jeune homme s'est échappé de la cave après avoir muselé Genscher avec des kilomètres de chatterton, reprit lady Vy.

— Vraiment, fit sir Arnold en commençant à chercher comment tirer parti de cette nouvelle vision des événements. Le gars s'est évadé après avoir enroulé du chatterton autour de la gueule de Genscher ? Curieux, non ?

— Il a dû s'échapper par le soupirail, dit lady Vy. Vous ne l'aviez certainement pas bien attaché. Enfin, grâce au ciel, le Valium et le whisky ne l'ont pas tué.

— Vous m'en direz tant, dit sir Arnold. Mais vous ne pensez pas plutôt que les gens qui l'avaient déposé ici ont réalisé leur erreur et l'ont transporté là où ils devaient le livrer ?

— Comment diable voulez-vous que je le sache ? répondit lady Vy en jetant un regard soupçonneux à son mari. Vous n'avez pas l'air d'avoir beaucoup dormi, quand je vous regarde bien. Vous devriez voir votre tête. Vous n'avez pas l'air très en forme.

— Quoi d'étonnant ! Vous seriez en forme, vous, si cette brute de Léa vous avait à moitié étouffée ? Et pour l'amour du ciel, ne lui soufflez pas un mot sur ce type dans la cave.

— Parce que vous imaginez qu'elle n'est pas au courant ? Vraiment, vous êtes trop bête. Avec tout ce vacarme ? Elle n'a rien dit parce qu'elle a beaucoup trop de tact. Elle a seulement pensé que vous me battiez. Et puis Mrs Thouless a vu le sang.

Le commissaire se redressa dans le lit, épuisé. Voilà le genre de nouvelles dont il aurait pu se passer.

— Elle vous l'a dit ? bégaya-t-il.

— Pas directement. Elle m'a simplement demandé ce qu'elle devait faire du tapis de votre bureau plein de taches de sang. Et naturellement il a fallu que vous laissiez traîner cette lampe de chevet ensanglantée sur votre table.

— Seigneur Dieu, dit le commissaire, c'est un miracle qu'elle n'ait pas déjà vendu l'histoire au *Sun*.

— Comme elle n'a rien vu d'autre, elle n'a rien compris à ce qui s'est passé.

— Et elle n'est pas la seule, dit sir Arnold en se glissant tristement sous les couvertures.

Il était au bout du rouleau.

Tout comme Timothy Bright. Après être resté sous le lit en guettant vainement les bruits de la maison, il avait rampé tout doucement et tenté de se mettre debout. Il allait y parvenir quand il était tombé à la renverse, emportant dans sa chute la chaise où le major avait plié ses vêtements. La blessure de Timothy se remit à saigner, tachant cette fois le veston en tweed du major et son joli petit gilet. Timothy resta allongé un moment en essayant de comprendre où il se trouvait et pourquoi il était nu et comment il se faisait qu'il avait froid, faim et que sa bouche avait ce goût horrible de… impossible de préciser. Il essaya de s'agripper au lit où il finit par s'effondrer. Allongé, il tenta de reprendre un peu ses esprits. Pour avoir plus chaud, il tira l'édredon sur lui et se sentit mieux. Un petit peu mieux seulement. Une soif terrible le poussa à faire une nouvelle tentative pour se lever. Cette fois, il y réussit et il resta debout, vacillant, à tendre l'oreille.

La maison était silencieuse. Rien ne bougeait. A travers la fenêtre, le soleil brillait et dehors il apercevait une platebande du potager avec des fèves et une rangée de branchages pour les petits pois. Au-delà, une remise en bois, un bouquet de grands arbres et un mur de pierres sèches avec d'autres arbres à l'arrière-plan. Aucun signe de vie, sinon une grive qui cassait la coquille d'un escargot sur le trottoir en ciment. Un chat surgit entre les rames des petits pois et s'arrêta, les yeux fixés sur la grive. Puis il se glissa derrière les fèves et s'approcha de l'oiseau à pas de velours. Un moment, Timothy resta figé à regarder le drame qui se jouait, mais la grive s'envola et le chat se détendit. C'est seulement là que Timothy remarqua le sang sur l'oreiller et l'édredon. C'était du sang tout frais. Il s'était remis à saigner. Oh, Seigneur, il fallait faire quelque chose.

La porte de la salle de bains était ouverte. Il entra prendre une serviette pour s'essuyer les cheveux. Il y avait beaucoup de sang sur la serviette et, quand il se regarda dans le miroir au-dessus du lavabo, il eut de la peine à se reconnaître. Sa tête était couverte de sang séché, ses cheveux collés en mèches poisseuses, sa poitrine était toute griffée et couverte de bleus impressionnants. Dans un flash, l'atroce vision de ce pauvre cochon dépecé lui revint et le fit bondir en arrière. La salle de bains du major n'était guère plus grande qu'un coin-toilette avec une douche et une petite étagère où était posé son flacon de Cuir-de-Russie Impérial ; seule la bouteille était d'origine (il l'avait piquée à un de ses riches amis) et il se contentait de la remplir d'eau de Cologne ordinaire. Ce sursaut fit reculer Timothy dans le rideau de la douche, un rideau en plastique sur lequel le major avait cousu un tissu fleuri de chez Laura Ashley, très coquet. Il trébucha et tenta de se retenir à l'étagère. Le flacon de Cuir-de-Russie alla se fracasser dans le lavabo, rejoint par le blaireau, le rasoir à manche dont le major se servait pour rafraîchir sa coupe de cheveux avant sa teinture, la brosse à dents et la paire de ciseaux nécessaire à l'entretien de sa moustache. Le rasoir fit une très forte impression sur Timothy. Il lui rappelait une scène de cauchemar, un cauchemar qui le poursuivait sans relâche, celui d'un homme à la chevelure gominée dans l'arrière-salle d'un bar, un homme qui s'était entaillé une narine et qui parlait de jouer à coupe-coupe cochon si Timothy n'acceptait pas d'accomplir une mission effrayante. L'horrible photo de Piggy le cochon lui revint en mémoire. Quelque part, enfoui au fin fond de sa conscience, resurgissait peut-être l'épisode oublié de son enfance, l'image de Mignon, l'affreux furet du vieil Og, le museau plein de sang après avoir égorgé ce petit lapin acheté au magasin. Saisi de panique, il se laissa tomber dans la douche en entraînant le rideau dans sa chute. Il resta assis, sanglotant doucement, le visage ruisselant de sang et de larmes. La maison était redevenue silencieuse.

Le silence régna jusqu'à l'après-midi. C'est seulement alors que le major émergea de ses vomissures pour aller à quatre pattes jusque dans le vestibule. Ce silence lui convenait tout à fait, car il semblait indiquer que miss Midden était partie au château. Il pourrait donc utiliser la salle de bains du premier étage sans retourner dans sa chambre où l'attendait ce corps sous le lit. Jamais, sauf pour essayer de se conformer aux conventions militaires, MacPhee n'avait été un homme très propre. Mais il éprouvait maintenant le besoin urgent de se laver au moins le visage et le cou avant de s'habiller…

Il avait atteint la salle de bains et ouvert le robinet quand il se rappela que, ses vêtements étant dans sa chambre, il serait bien obligé d'aller les chercher. Résistant, fort judicieusement, à l'envie de se regarder dans la glace, et s'agrippant aux bords du lavabo, il se plongea plusieurs fois la tête dans l'eau tiède. Les points de suture de son arcade sourcilière lui faisaient mal. Il se lava les mains, se passa rapidement un morceau de savon sur le cou et emplit à nouveau le lavabo pour s'y tremper encore une fois le visage qu'il tamponna délicatement avec un gant de toilette.

Tout cela exigea du temps et beaucoup de précautions. Son état physique l'imposait. Il se sentait mal, affreusement mal, pire qu'il ne s'était jamais senti, même lors de cette aventure à Rotterdam, une histoire sordide avec un marin letton sadique qui l'avait menacé de mort et qui lui avait entaillé la poitrine, lentement, à coups de couteau. Mais cette fois, il s'agissait surtout de son état mental. Il devait absolument se débarrasser du cadavre avant que miss Midden le voie et appelle la police. Et il devait aussi nettoyer toutes ces saletés dans la salle à manger. Or, elle risquait de rentrer d'une minute à l'autre. Le major prit une serviette propre dans le placard, se sécha et l'emporta avec lui, s'agrippant à la rampe pour redescendre. Mais quand il arriva à la porte de sa chambre, ses terreurs lui revinrent, et seule la pensée de miss Midden et de la police réussit à le persuader d'ouvrir la porte et de jeter un coup d'œil à l'intérieur.

Ce qu'il vit le pétrifia. Ses vêtements jonchaient le sol à côté de la chaise renversée, et ils étaient couverts de sang. Il y avait aussi du sang sur l'édredon, et l'oreiller en était maculé. Le major poussa un faible gémissement et, ayant scruté le moindre recoin de la chambre, il entra sur la pointe des pieds. Il se dirigea vers la commode pour prendre une chemise, sans quitter des yeux la porte de la salle d'eau. De toute évidence, l'homme était là. MacPhee réussit tant bien que mal à mettre sa chemise et s'apprêtait à ouvrir l'armoire pour chercher un pantalon propre, quand il entendit un bruit dans la salle de bains. C'était un bruit étrange et horrible, mélange de sanglots, de râles et de plaintes. Le major empoigna ses vêtements, saisit au passage une paire de chaussures et se hâta de gagner la salle à manger où il finit de s'habiller. La situation était finalement pire qu'il ne l'avait pensé. Un cadavre, on peut s'en débarrasser. Il aurait pu le cacher quelque part avant de trouver une solution pour le faire disparaître. Mais un homme vivant, c'était impossible. Histoire de se changer un peu les idées, il se rendit dans la cuisine en chaussettes, prit un seau d'eau et une serpillière, et alla nettoyer les traces de vomi sur le sol. Puis il replaça la carafe vide dans le buffet. Il la remplirait de whisky une autre fois. Miss Midden en buvait très rarement. Il y avait des chances pour qu'elle ne s'en aperçoive pas tout de suite. Il venait de terminer et se trouvait dans la cuisine quand il entendit un bruit de pas dans la cour.

Miss Midden était de retour.

15

Miss Midden avait émergé de sa petite sieste champêtre et s'était relevée, pleine d'une détermination renouvelée. Fini de vivre de cette manière et finis les week-ends gâchés par ce parasite de MacPhee. Parce que c'est exactement ce qu'il était, un parasite minable qui abusait de son hospitalité et de sa gentillesse. Mais cette fois-ci, la coupe était pleine et cela visait aussi la bande de Middenhall, des parasites eux aussi, arrogants, égocentriques, capricieux et gâtés, habitués à disposer d'une armée de domestiques et qui, si miss Midden n'avait pas eu un caractère bien trempé, auraient fini par la réduire à un rôle de servante. Quant à MacPhee (plus question d'utiliser son rang de militaire d'opérette, elle l'appellerait désormais MacPhee, ce qui n'était sans aucun doute qu'un faux nom), il avait eu son utilité : il faisait le quatrième au bridge, il écoutait leurs interminables radotages sur la vie en Afrique et adorait pérorer avec eux sur le déclin de la société et la décadence générale. Mais miss Midden n'était pas dupe. Le bon vieux temps, enfin leur bon vieux temps à eux, n'avait été rien de plus que l'exploitation d'autres êtres humains, contraints à de longues heures de travail pour un salaire de misère et soumis au règne d'une morale brutale où les classes inférieures (blanches ou noires) étaient méprisées et reléguées au ban de la société.

Et tous ces vieux passaient leur temps à râler — Seigneur, qu'est-ce qu'ils pouvaient râler — et à tout propos d'ailleurs, en particulier contre la Sécurité sociale, même si les privilégiés gâtés qu'ils avaient toujours été n'y avaient jamais versé le moindre penny. Le vieux Lionel Midden avait piqué une rage quand il avait dû patienter pour son opération de la hanche et il était rentré de son séjour à l'hôpital de Tween en pestant contre la nourriture et l'insolence des infirmières qui avaient refusé de l'appeler « sir ». En fait, il n'avait jamais été qu'un modeste agent recruteur pour une compagnie minière quelque part en Zambie, un pays qu'il s'obstinait encore à appeler la Rhodésie du Nord. Mrs Consuelo McKoy, qui avait vécu trente-cinq ans en Californie, jusqu'à la mort d'un mari qui ne lui avait rien légué et qui avait passé les dernières années de sa vie à dilapider toute sa fortune au jeu, par pure méchanceté à son égard, disait-elle, cette même Mrs McKoy ne perdait jamais une occasion de dire que tout allait mieux aux États-Unis. « Chez nous, les gens sont si hospitaliers et tellement aimables. Ce n'est pas comme par ici où il n'y a aucune chaleur humaine. » C'était surtout le « chez nous » que miss Midden avait du mal à digérer. Cela laissait sous-entendre que Mrs McKoy était américaine alors qu'elle était née à Londres où son père tenait une épicerie dans le quartier de Hendon. Elle avait épousé pendant la guerre le caporal McKoy, de l'aviation américaine, et chaque fois qu'elle était revenue en Europe rendre visite à sa famille, elle avait essayé d'en imposer à tout le monde avec ses airs de grande dame. Miss Midden se rappelait encore le jour où elle était arrivée au domaine des Midden dans une Lincoln Continental d'une dimension ridicule. Bob McKoy, reconverti dans l'équipement électrique à la fin de la guerre, l'avait empruntée à Londres à l'un de ses associés. Maintenant Consuelo McKoy exigeait d'être conduite dans la vieille Humber de service chaque fois qu'elle avait à faire un peu de shopping à Stagstead et insistait pour monter à l'arrière tandis que miss Midden faisait le chauffeur.

Et ils étaient tous pareils. Naturellement, il y avait bien des exceptions, comme Mrs Laura Midden qui, en 1956, à une époque où c'était peu courant, avait tenu à conserver son nom de jeune fille. Elle était différente. Ellle aidait à faire la vaisselle, faisait le ménage de sa chambre et aimait se rendre utile. Arthur Midden, un ancien dentiste de Hastings qui souffrait de crises de dépression et qui dessinait au fusain des mâchoires béantes en guise de thérapie, insistait pour payer sa chambre et sa pension.

— Je n'aimerais pas avoir l'impression de m'imposer, chère amie, avait-il déclaré quand il était arrivé à Middenhall, mais ici c'est vraiment reposant et j'ai besoin de compagnie maintenant qu'Annie est morte. Le métier de dentiste n'offre pas tellement l'occasion de se faire des amis et Hastings est devenu un endroit horrible avec tous ces jeunes qui n'arrêtent pas de se piquer. J'ai toujours eu horreur des piqûres et la vue d'une seringue me rend malade.

Non, il n'y avait pas que des parasites ou des grincheux à Middenhall, mais ils étaient tout de même la majorité. Et puis miss Midden n'avait jamais aimé ce château qui, depuis son enfance, l'impressionnait par sa laideur sinistre et lui inspirait le même dégoût qu'à son père. Elle avait accepté d'en prendre la charge pour permettre au vieil homme de se réfugier dans une maison de retraite, brisé par cette énorme baraque et ses pensionnaires. Le sacrifice de sa fille lui avait permis quelques bonnes années à Scarborough où il avait fini ses jours à lire et à soigner ses rhumatismes. Mais miss Midden continuait à en vouloir à cette « famille » dont l'attitude avait tant fait souffrir ce pauvre homme.

Maintenant, marchant à grands pas dans l'herbe touffue en évitant les plaques humides où poussaient les roseaux, miss Midden se disait que l'heure était venue de s'en aller. Elle irait voir son cousin Lennox qui avait hérité de son père, le vieux Léonard, le rôle d'avocat de la famille. Elle lui expliquerait qu'elle n'avait plus envie d'être responsable du domaine et qu'il fallait trouver quelqu'un pour la remplacer. Elle garderait la ferme qu'elle louerait sans doute à des touristes pendant l'été pour se faire un peu d'argent mais elle n'y vivrait pas elle-même. Elle s'en irait ailleurs et chercherait du travail. Elle avait mis un peu d'argent de côté, pas suffisamment pour vivre mais juste assez pour se donner le temps de refaire sa vie. Forte de ses nouvelles décisions, elle pénétra dans la cour et s'arma de courage pour se préparer à donner son congé à MacPhee. Mais en l'apercevant dans la cuisine elle se rendit compte qu'il s'agissait de tout autre chose qu'une simple gueule de bois. Il la fixait avec des yeux terrifiés et tremblait de tous ses membres. Un instant elle se dit qu'il était peut-être en train de mourir. Elle n'avait jamais vu une terreur aussi tangible. Cette peur lui enlevait même sa qualité d'être humain. Il était devenu une chose amorphe, presque liquéfiée d'épouvante. Miss Midden en resta muette quelques secondes puis elle dit :

— Au nom du ciel, pouvez-vous m'expliquer ce qui se passe ?

MacPhee s'agrippa à la table de la cuisine et ouvrit la bouche. Ses lèvres tremblaient, sa bouche se tordait et il se mit à balbutier. Miss Midden tira une chaise et le fit asseoir de force.

— Je vous ai demandé ce qui se passait, fit-elle d'un ton brutal, répondez-moi donc !

Le major leva vers elle des yeux paniqués.

— C'est dans ma chambre.

— Qu'est-ce qui est dans votre chambre ? demanda-t-elle, convaincue maintenant qu'il souffrait de delirium tremens. Dites-moi ce qu'il y a dans votre chambre.

— Un homme, un homme qu'on a assassiné. Il y a du sang partout, sur mon lit, sur l'édredon, sur mes vêtements.

— Balivernes, coupa miss Midden, vous avez eu des visions, pas étonnant avec tout le whisky que vous avez bu.

Le major secoua la tête — ou alors ce tremblement était incontrôlable, difficile à dire.

— Non, non, je vous assure que c'est vrai. Il était sous mon lit, absolument nu, la figure pleine de sang.

— Foutaises ! Vous avez fini par vous empoisonner avec tout cet alcool. Un homme nu sous votre lit, la figure pleine de sang ! Taratata !

— Je vous jure que c'est vrai. Il était là.

— Mais il n'y est plus maintenant ? Évidemment ! Moi je vous dis qu'il n'y a jamais été !

— Je vous jure...

Mais pour miss Midden la comédie avait assez duré.

— Levez-vous, lui commanda-t-elle. Allez ! Levez-vous de cette chaise et faites-moi voir !

— Non, je ne peux pas.

— Vous allez vous relever de cette chaise et vous allez me faire voir cet homme.

Le major essaya de se lever et s'effondra sur son siège. Miss Midden le saisit par le col de son veston et le força à se mettre debout. Mais il continuait à trembler et à gémir.

— Vous m'écœurez, dit-elle en le laissant retomber. C'est bon, j'irai voir moi-même.

Elle traversa la cuisine mais le major intervint :

— Pour l'amour du ciel, faites attention. Je vous ai dit

la vérité : il est vraiment dans ma salle de bains et il est peut-être dangereux.

Miss Midden lui jeta un regard chargé du mépris le plus profond et s'engagea dans le couloir. Elle traversa la salle à manger, alla jusqu'à la chambre du major et ouvrit la porte. Puis elle s'immobilisa. Du sang. Il y avait du sang sur le lit, beaucoup de sang. Et aussi sur les vêtements à côté de la chaise renversée. Elle se sentit gagnée elle-même par la terreur. Mais pas pour longtemps. Elle repartit vers la salle à manger et ouvrit le petit cagibi où elle gardait son calibre 12. Le responsable de cette boucherie qui se trouvait caché dans la salle de bains — et selon elle, il n'était peut-être pas tout seul — allait trouver à qui parler. Elle introduisit deux cartouches dans le canon et referma le fusil. En retournant sur ses pas, elle vit que la fenêtre de la salle à manger était ouverte. Cherchant les preuves de l'effraction, elle remarqua aussi les traces de boue. Arrivée au seuil de la chambre, elle examina prudemment les lieux avant d'entrer, le fusil braqué sur la salle de bains. Elle fit deux pas et s'arrêta.

— C'est bon, dit-elle d'une voix remarquablement forte et assurée, sortez de là. Je vous dis de sortir. J'ai en main un fusil calibre 12 chargé. Alors, vous allez ouvrir cette porte et sortir lentement.

Rien ne se passa. Miss Midden hésita et écouta attentivement. Aucun bruit. Elle repartit vers la salle à manger et se précipita dans la cuisine.

— Venez avec moi, dit-elle à MacPhee, qui cette fois-ci réussit à se mettre sur ses jambes.

Sans doute rassuré par son courage à elle ou par le fusil de chasse, il parvint à traverser la pièce et à se laisser pousser dans la chambre.

— Qu'est-ce que vous voulez que je fasse ? demanda-t-il d'une petite voix tremblante.

Miss Midden lui montra la porte de la salle de bains.

— Ouvrez-la. Et écartez-vous.

— Mais... Mais... Imaginez que..., commença-t-il.

— Il n'y a rien à imaginer. Ouvrez-moi seulement cette sacrée porte et écartez-vous. Et si quelqu'un essaie de faire le malin, ajouta-t-elle plus fort, il va se retrouver avec deux cartouches dans le buffet. Maintenant, faites ce que je vous ai dit !

Le major s'avança, tourna la poignée et ouvrit la porte. Il se réfugia d'un bond dans un coin de la chambre, les mains sur ses oreilles. Miss Midden, ayant épaulé son arme, se dirigea doucement vers la salle de bains. Elle aperçut deux pieds sales qui dépassaient de la douche. Le fusil toujours pointé, elle s'approcha et se pencha. Recroquevillé dans le bac en plastique et entortillé dans les plis du rideau, il y avait un jeune homme. Sa figure était couverte de sang séché, ainsi que sa poitrine, et l'eau dégoulinant du pommeau de la douche avait dessiné sur sa peau blanche des rigoles qui lui descendaient plus bas que le nombril. Mais l'homme était vivant. Derrière le masque de sang, il y avait deux yeux qui la fixaient avec une peur animale. Il était vivant et terrifié. Presque aussi terrifié que le major. Tous les hommes de cette maison semblaient terrifiés. Mais celui-là était blessé et sa peur était compréhensible.

— Qui êtes-vous ? demanda miss Midden en baissant le canon de son fusil. (La question sembla le réconforter et une lueur d'espoir traversa même son regard.) J'ai dit : Qui êtes-vous ? Comment vous appelez-vous ?

— Timothy.

— Est-ce que vous pouvez vous relever ? Sinon, restez là et j'appelle une ambulance.

La peur revint dans les yeux de Timothy mais il réussit à se lever et se tint debout, nu, dans la douche.

— Maintenant, venez par ici, ordonna miss Midden, et asseyez-vous sur le lit.

Timothy Bright sortit de la douche et fit ce qu'on lui demandait. Dans la lumière du jour miss Midden put mieux l'examiner. Il était encore très jeune et plutôt bien bâti. Elle reposa le fusil contre la bibliothèque du major. Il n'y avait rien à redouter d'un homme prétendant s'appeler Timothy.

— Qu'est-ce qui vous a mis dans cet état ? demanda-t-elle en écartant ses mèches de cheveux tout collés de sang pour examiner sa blessure.

— Je ne sais pas.

— Quelqu'un vous a battu ? Vous vous êtes fait tabasser ?

La blessure à la tête ne semblait pas trop grave, et les plaies au cuir chevelu saignaient toujours abondamment.

— Je ne sais pas.

— D'accord. Maintenant, couchez-vous et laissez-moi regarder vos yeux.

Elle lui fit tourner la tête vers la lumière et examina ses yeux l'un après l'autre.

— Et vous dites que vous ne savez pas ce qui s'est passé ?

— Je ne me souviens de rien.

— Commotion cérébrale. Je vais appeler une ambulance. Il faut vous transporter à l'hôpital. Et je vais aussi appeler la police.

Ayant recouvert Timothy de l'édredon, elle se préparait à aller dans le hall pour téléphoner quand Timothy l'arrêta. Il s'était soudain rappelé ce qu'avait dit l'homme au rasoir qui voulait jouer à coupe-coupe cochon avec lui : « Encore une chose que tu ferais bien de ne pas oublier. Une supposition qu'il te prenne l'idée d'aller prévenir les flics... dans ce cas ce n'est pas seulement le sort de mon pote le cochon qui t'attend. Pour commencer tu pourras dire adieu à tes roupettes, adieu à ta bite et fini la tringlette. Et ce sera le hors-d'œuvre. On jouera à coupe-coupe cochon des jours plus tard, et lentement, très lentement. Enfonce-toi ça tout de suite dans ta petite cervelle de merde. »

Même maintenant, alors qu'il n'avait pas la moindre idée de ce qui lui était arrivé, alors qu'il ignorait où il était et l'identité de cette femme qui l'avait forcé à sortir de la douche en le menaçant du double canon de son fusil et qui lui parlait de commotion cérébrale et d'hôpital, maintenant encore cette menace avait gardé toute sa puissance et lui faisait autant d'effet qu'au moment où il l'avait entendue. Et il revoyait encore très nettement le rasoir vibrer en se plantant sur le bureau où l'homme aux cheveux gominés l'avait lancé avec tant de dextérité.

— Non, pas la police, surtout pas la police, et pas d'ambulance non plus, hoqueta-t-il. Je vais très bien, je vous assure, vraiment très bien.

Miss Midden se retourna vers le lit et regarda Timothy.

— Pas d'ambulance ? Pas de police ? Et vous dites que ça va ? Ça ne va pas du tout, au contraire. Vous êtes en cavale ou quoi ?

Il y avait moins de compassion dans sa voix maintenant. Timothy secoua la tête négativement.

Du coin de la chambre, le major l'étudiait intensément. Il s'y connaissait en petits voyous minables et paniqués. Mais celui-là le laissait perplexe. Un snob. Haut de gamme. Pas du tout le loubard classique. Ce gars avait de la classe. Même complètement nu et crasseux, on sentait encore chez lui cette petite dose d'assurance qui manquerait toujours au major. L'envie décuplait son instinct, cet instinct qu'il avait toujours eu pour flairer la bonne société et qui avait été son seul atout quand il avait dû résister à ce tourbillon furieux où l'entraînait sa propre abjection. Ce type-là n'était pas net mais ce qu'il était vraiment, le major n'arrivait pas à le cerner. Pédé ? Non, ça, il l'aurait repéré tout de suite. Mais il y avait quelque chose qui n'allait pas.

Miss Midden fit quelques pas dans la chambre pour aller récupérer la carabine appuyée contre la bibliothèque. Debout au pied du lit, elle reprit son interrogatoire.

— Dites-moi donc ce qui s'est passé ? Vous avez intérêt, sinon j'appelle la police. Allez, vide ton sac, fiston. Qu'est-ce que tu as bien pu fabriquer ?

Timothy Bright se creusa la cervelle pour chercher une explication plausible. Il était bien incapable de dire ce qui lui était arrivé. Finalement, l'hypothèse d'une commotion cérébrale n'était pas si invraisemblable. De toute façon il ne pouvait se souvenir de rien qui fût cohérent. Il y avait vaguement une histoire de voyage en Espagne, quelque chose qui avait un rapport avec l'oncle Benderby. Et sa moto.

— J'avais une moto..., commença-t-il, puis il essaya de se rappeler la suite.

— Continue, tu avais une moto et qu'est-ce qu'elle est devenue ?

Timothy Bright n'en savait rien.

— Comment es-tu arrivé jusqu'ici, alors ?

Mais Timothy fut à nouveau incapable de lui répondre.

— Si tu n'en sais rien, moi je vais me débrouiller pour l'apprendre. Moi ou la police. A toi de choisir.

Sur le lit, Timothy se mit à pleurnicher.

— Ah, les hommes, dit miss Midden, de vraies lavettes.

Elle pivota sur ses talons et sortit de la chambre. Dans la salle à manger, elle examina les traces de boue et la fenêtre ouverte. Elle se pencha pour inspecter le massif de fleurs qui était juste au-dessous. Il y avait des traces de pas et certains pétunias blancs plantés par le major avaient été piétinés.

Dans le salon, en revanche, tout était normal. Rien de suspect dans le hall non plus. Elle monta l'escalier et regarda dans toutes les chambres. Aucun signe d'effraction et toujours aucune trace de vêtements. Même chose dans le bureau et dans la cuisine. Les vêtements de Timothy étaient introuvables. Elle sortit dans l'arrière-cour et fit lentement le tour de la maison. Elle alla même dans l'étable et la grange mais toujours pas de jean, ni de chemise ni de chaussures. Tout était comme elle l'avait laissé. Cette histoire la dépassait. Elle revint dans la maison et se préparait à entrer dans la salle à manger quand elle entendit un bruit de voix. Elle s'immobilisa. Le major avait repris l'interrogatoire.

Miss Midden se glissa dans la pièce et écouta.

16

C'était un major bien différent de celui qu'elle avait laissé dans la chambre, blotti dans un coin. Il parvenait même à se rendre utile. Il s'était mis à interroger le jeune homme d'une voix pleine de compassion. MacPhee, dont les émotions n'étaient jamais très profondes ni très nobles, s'était ressaisi. Puisqu'il n'était plus menacé d'un danger immédiat, autant tirer le meilleur parti de la situation.

— On vous a salement tabassé, voilà pourquoi vous ne vous souvenez de rien, mais ça va vous revenir, disait-il. La même chose m'est arrivée il y a deux jours : je roulais à vélo bien peinard quand un type a traversé la route avec son tracteur sans regarder. On m'a fait six points de suture et je ne m'en souviens même pas. C'est ce qui a dû se produire avec votre moto. Une chance que vous portiez votre casque, sinon vous y restiez. Mais vous avez quand même eu un sale choc. Sacrément dangereux, la moto. C'est quelle marque, la vôtre ?

— Une Suzuki.

— Un vrai bolide, non ?

— J'ai déjà fait du 220, dit Timothy.

— Sans blague ? Deux fois la limitation de vitesse !

Une chance que les flics ne vous aient pas pris au radar. C'est peut-être pour ça que vous ne voulez pas qu'on appelle la police ?

Timothy saisit au vol cette explication.

— Oui, exactement. Je ne veux pas qu'on m'enlève le permis.

— Et les gens de votre famille ? Vous ne pensez pas qu'on devrait les rassurer ? Où habitent-ils ?

— Ils habitent… J'ai oublié.

Miss Midden s'éloigna sur la pointe des pieds. Finalement, le major méritait son vivre et son couvert. Les jeunes gens nus et blessés, c'était tout à fait sa tasse de thé. Et elle avait besoin elle aussi d'une bonne tasse de thé et d'un moment de réflexion. Elle avait abandonné sa première idée d'appeler une ambulance. Les blessures du jeune Timothy n'étaient pas aussi graves qu'elles en avaient l'air. Il s'exprimait clairement et cette fracture du crâne qu'elle avait redoutée de prime abord n'était sans doute qu'une légère commotion.

Elle avait aussi une autre raison de ne pas faire appel aux autorités. Elle n'avait jamais pu s'entendre avec les fonctionnaires du comté, tout juste bons à brasser de la paperasserie pour justifier leur existence. Il y avait eu cette histoire avec les deux employés du Département de la santé qui s'étaient présentés sans le moindre papier officiel dans la cuisine de Middenhall, sous prétexte que c'était une maison de retraite. Dans la dispute qui s'était ensuivie, ils avaient accusé miss Midden d'avoir ouvert illégalement une maison de repos et de ne pas avoir l'autorisation de… Bref, miss Midden les avait fait déguerpir sans ménagement et elle avait chargé son cousin Lennox, l'avocat, d'assigner le comté en justice pour violation de domicile. Ce qui n'avait pas découragé les autorités. Peu de temps après, un type des services incendie s'était présenté, cette fois-ci, avec un document bien officiel lui accordant le droit d'inspecter « la pension de famille ou le foyer Middenhall » afin de vérifier l'existence des escaliers d'incendie et des portes coupe-feu prévus par la loi. Miss Midden avait eu vite fait de lui rappeler que le château était un domicile privé et elle l'avait envoyé paître sans ménagement. Le bonhomme avait dû repartir, la tête basse, et cousin Lennox avait rédigé une nouvelle lettre de protestation. Une autre fois, la Compagnie des eaux de Twixt et Tween, revendiquant son droit de regard sur toute l'hydrographie de la juridiction et en particulier sur le ruisseau qui alimentait la pièce d'eau artificielle héritée de Black Midden, avait envoyé des inspecteurs pour vérifier qu'aucune substance nocive ne s'en échappait et ne polluait le lac de retenue. En fait de substance nocive, ils avaient seulement rencontré miss Midden elle-même. Là encore, Lennox avait dû intervenir pour signaler que la pièce d'eau remontait à 1905 et que les seuls polluants menaçant le lac provenaient plutôt du purin de la laiterie industrielle, dix kilomètres plus loin, sur la route de Lampeter.

Bref, miss Midden en avait ras le bol de tous ces bureaucrates qui se mêlaient de ce qui ne les regardait pas. Quant à son opinion sur la police, elle ne pouvait l'exprimer qu'en termes incendiaires. La police avait poursuivi ce pauvre Buffalo Midden sur la pelouse et l'avait retenu prisonnier toute une nuit dans la cellule du poste de Stagstead, après l'avoir brutalisé et accusé de conduite en état d'ivresse. Et cet imbécile de commissaire divisionnaire avait tenté de faire clôturer les terres communales de Folly Moss pour les réserver à son usage personnel. Mais elle ne l'avait pas laissé faire. Elle s'était battue contre lui et elle avait gagné, comme elle avait gagné devant les tribunaux dans l'affaire Buffalo, une victoire qui avait bien humilié ce commissaire corrompu. Ce n'est pas aujourd'hui qu'elle allait lui offrir la satisfaction d'envoyer ses hommes poser des questions et fourrer leur nez dans ses affaires privées. Ils ne manqueraient pas de demander comment et où MacPhee s'était blessé et... Non, surtout pas la police ! D'ailleurs le jeune homme semblait partager ce point de vue. La seule mention de ce mot le terrifiait. C'était vraisemblablement un repris de justice ou un drogué. Miss Midden, assise à la table de la cuisine, se versa une deuxième tasse de thé.

Elle était toujours là une heure plus tard quand le major revint pour annoncer que Timothy Bright s'était lavé. Quant à lui, il avait faim et n'aurait pas refusé un petit verre. Miss Midden le fusilla du regard et lança sèchement « De l'eau ». Elle se leva et, après avoir activé la grande cuisinière à bois, sortit des œufs pour faire une omelette. Elle avait un petit creux elle aussi et le major avait visiblement besoin d'avaler quelque chose. Il avait une mine affreuse et il avait mérité son repas. Apparemment, ce qui le tracassait maintenant, c'était que le jeune homme avait cassé son flacon d'eau de Cologne et déchiré le rideau de la douche. Vraiment pitoyable. Mais il avait réussi à lui extirper quelques informations supplémentaires.

— C'est un financier de la City de Londres. Enfin, quelque chose comme ça. Il ne sait plus exactement.

— Un financier ? Financier mon œil, répondit miss Midden qui gardait une image démodée du financier, quinquagénaire, portant costume croisé sombre et chapeau melon.

— Mais si, le genre yuppie, poursuivit le major, ceux qui passent leur temps devant leur ordinateur et à téléphoner sur leur portable. Vous en avez certainement vu à la télé.

Ce n'était pas très malin comme allusion : miss Midden ne regardait jamais la télévision. Elle n'en possédait pas et elle ne permettait pas au major d'en installer une dans sa chambre.

— Si vous avez envie de voir ces bêtises, vous n'avez qu'à descendre jusqu'à ce trou du diable de Middenhall et regarder la télé avec les autres, lui répondait-elle chaque fois qu'il réclamait un poste pour sa chambre. D'ailleurs une petite marche vous fera le plus grand bien.

— Pourquoi a-t-il si peur de la police ? reprit-elle. Est-ce qu'il vous l'a dit ?

— Il est terrifié parce qu'un homme a menacé de lui faire des choses horribles s'il s'avisait de contacter la police.

— Contacter la police ?

Le major approuva d'un hochement de tête.

— Tout cela prouve qu'il est impliqué dans une histoire louche. C'est le bouquet ! Maintenant, avec vous, j'en ai deux dans la maison. Mais ça n'explique toujours pas comment il est arrivé ici.

— Il ne le sait pas lui-même. Il a une moto, un engin très rapide. Il a dû avoir un accident...

— Et puis il s'est mis à poil et il a enjambé la fenêtre et...

Miss Midden s'interrompit. Elle venait de se souvenir qu'elle avait mis la chaîne à la porte d'entrée avant de partir pour le week-end. Or, quand elle était sortie, il y a peu, elle avait remarqué que la porte n'était plus fermée à clé mais que la chaîne était toujours sur le crochet. Ce petit voyou n'était pas entré tout seul. Et pourquoi se serait-il endormi sous le lit du major ? Quelqu'un l'avait transporté ici, quelqu'un avait piétiné les plates-bandes de fleurs pour ouvrir la fenêtre. Et cette personne devait savoir qu'elle était absente pour le week-end. Elle réfléchissait tout en cassant les œufs pour faire son omelette et ses pensées s'orientaient maintenant vers les gens du château. Personne d'autre ne savait qu'elle était partie pour le golfe de Solway. Et, à la réflexion, personne, même à

Middenhall, ne savait qu'elle était rentrée. Miss Midden se mit à fouetter les œufs avec une vigueur renouvelée.

Dans la tête de sir Arnold les pensées s'agitaient et n'étaient pas très loin de prendre la consistance d'œufs battus, elles aussi. Il émergea de son sommeil pas très en forme. Auparavant, son épuisement total avait présenté l'avantage d'atténuer sa perception du danger. Maintenant, la gravité de la situation le frappait de plein fouet : il était sans doute coupable d'assassinat... On pourrait peut-être plaider l'homicide involontaire ? Mais non, pas dans son cas, certainement pas quand on est le commissaire divisionnaire de la région de Twixt et Tween, le gardien suprême de la loi et de l'ordre public, l'homme que les médias se feraient un plaisir de mettre en pièces. Évidemment, à une époque il avait su amadouer certains journalistes, ceux de la chaîne commerciale, par exemple. Mais il avait encore une revanche à prendre sur ces petits merdeux de la BBC qui l'avaient tellement malmené, lui et ses gars, dans l'émission *Panorama*. Ils avaient bien fait mousser l'histoire de ce type, condamné à perpétuité pour meurtre et viol, qui avait purgé une bonne partie de sa peine avant qu'on ne s'aperçoive que les examens de sperme l'innocentaient. Le commissaire n'était pas tombé de la dernière pluie et il savait très bien qu'on ne pouvait pas compter sur la loyauté des médias et que, dans cet univers, les coups de poignard dans le dos se pratiquaient beaucoup. Il pensait déjà à tous les journaux qui allaient s'en donner à cœur joie : le *Guardian* et l'*Independent*, ces deux torchons, et puis le *Daily Telegraph* avec sa vieille carne de rédacteur en chef. Même le *Times* s'y mettrait. Quant à ce que le *Mirror* et le *Sun* allaient publier, il en frémissait d'avance...

Sir Arnold se rasa, essaya d'avaler son petit déjeuner,

traîna Genscher, maintenant définitivement disjoncté, jusqu'à la Land Rover, prit le carrefour des Sept-Chemins par la digue pour rejoindre l'autoroute de Tween sans que ses pensées cessent de s'agiter frénétiquement. Il allait faire changer les pneus de la Land Rover, ce qui éliminerait les risques qu'on retrouve des traces de boue venant de la cour de miss Midden. Mais les empreintes de pneus qu'il avait sans doute laissées sur la vieille chaussée du Sud ? Sacré bon Dieu, pourquoi donc n'avait-il pas pensé à tout cela hier au soir ? A l'arrière de la voiture, le rottweiler, ballotté de droite à gauche, faisait de son mieux pour éviter les draps tachés de sang et les bandes de sparadrap roulés sur la banquette. Sir Arnold finit par s'en débarrasser dans deux poubelles distantes de plusieurs kilomètres, le sparadrap dans l'une et les draps dans l'autre.

Il se sentit alors beaucoup mieux et commença à envisager l'avenir de manière plus constructive. D'abord il n'irait pas au bureau aujourd'hui. Il avait une excellente excuse pour ne pas s'y montrer. Il lui fallait éviter la meute des médias qui voudrait certainement obtenir ses commentaires sur la décision du procureur général du royaume. Et puis il avait une gueule de bois qui battait tous les records. Harry Hodge, son adjoint, le remplacerait. En attendant, il commencerait sa petite enquête pour découvrir qui avait bien pu vouloir le piéger avec la complicité de cette garce de Léa. L'idée lui était venue que ce salaud devait être une personne parfaitement informée de ses déplacements, quelqu'un qui savait qu'il serait à la Vieille Écluse ce soir-là. Cet élément avait son importance.

Sir Arnold essaya d'en tirer toutes les déductions possibles mais sans résultat très net. Il parvint seulement à la conclusion que son arrivée inopinée avait dû faire foirer le plan, tout comme le retour de miss Midden avait dérangé le sien. Alors qu'il roulait sur Parson's Road, une nouvelle idée lui traversa l'esprit. Il s'arrêta devant une cabine téléphonique en s'assurant qu'il n'y avait personne aux alentours. Puis il composa le numéro du poste de police de Stagstead. Quand l'agent de service répondit, le commissaire, étouffant le son de sa voix avec sa main, se mit à parler d'un ton de fausset. Le message était court, clair et précis. Il ne le répéta pas et raccrocha aussitôt. Miss Midden pouvait s'attendre à une autre surprise désagréable.

Le commissaire aurait eu la même surprise désagréable s'il avait pu entendre la conversation qui s'était déroulée dans sa maison de Sweep's Place, à Tween, entre tante Léa et sa femme, après leur retour ce matin-là.

— Ma chérie, si seulement j'avais su, dit Léa, si j'avais su ce qu'il te faisait subir, je ne l'aurais jamais toléré.

— Je ne savais pas que faire, dit Vy, toute larmoyante, je me sentais si seule. Il m'avait menacée d'aller tout raconter dans ces immondes torchons de la presse si j'en parlais à quelqu'un. Je n'aurais pas pu supporter ce scandale. Et puis je dois admettre qu'il y avait ce jeune homme dans le lit.

Léa lui jeta un regard perçant.

— Oh, le vieux renard est rusé, il faut le reconnaître, dit-elle. Mais à malin, malin et demi, et finalement il a manqué de subtilité.

— Chérie, je n'arrive pas à bien suivre ton raisonnement. Qu'est-ce que tu veux dire exactement ?

— Eh bien, réfléchis : il y avait un jeune homme dans ton lit, on est bien d'accord. Mais maintenant, qu'est-il devenu ?

— Je n'en ai pas la moindre idée, répondit lady Vy. Quand je suis redescendue dans la cave, il avait disparu pendant la nuit.

— Précisément. Arnold t'a forcée à ligoter ce type et à le descendre dans la cave pour prouver ta complicité. C'est bien vrai, non ?

— J'imagine. Je n'avais pas vu les choses sous cet angle.

— Tu m'as bien dit qu'il était ficelé dans deux sacs en plastique ?

— En fait il était trop grand pour tenir dans les sacs-poubelle, alors Arnold a dû se servir de nos draps. Et de gros rouleaux de sparadrap. Tu n'as pas idée de ce qu'il nous a fallu comme sparadrap.

— Et pourtant ce jeune homme a disparu. Tu ne trouves pas ça un peu bizarre ?

Lady Vy essaya de pousser à fond ses faibles capacités mentales. En un sens c'était rassurant d'avoir quelqu'un comme Léa pour analyser la situation, mais la plupart du temps ses raisonnements la dépassaient totalement.

— Effectivement, j'ai trouvé toute cette situation un peu bizarre. Je dois dire que c'est la première fois de ma vie que je découvrais un jeune homme dans mon lit. Et il était même plutôt beau garçon, enfin, s'il n'avait pas eu tout ce sang sur…

Léa maîtrisa difficilement son agacement.

— Vy, ma chérie, ce que je voulais dire c'est que je trouve un peu bizarre qu'il ait pu s'échapper aussi facilement alors que vous l'aviez si bien ligoté.

— C'est vrai que c'est curieux. D'autant plus curieux qu'Arnold l'avait drogué à mort pour le faire tenir tranquille.

— Tu parles ! Arnold t'a dit qu'il l'avait drogué. Il t'a dit des tas de choses, ce cher Arnold, mais la seule chose certaine, c'est que tu as dû l'aider à le ligoter et qu'ensuite, le lendemain matin, il avait disparu. Quel beau tour de passe-passe, non ? Ou plutôt ça le serait si Arnold ne l'avait pas détaché lui-même et aidé à s'échapper.

— Mais pourquoi aurait-il fait tout cela ? demanda lady Vy, essayant péniblement d'y voir clair dans cet embrouillamini.

— Parce que, ma chérie, tout cela fait partie d'un plan sophistiqué concocté par ton cher Arnold qui tient à s'assurer que tu ne le quitteras pas et que tu ne lui créeras pas de problèmes à l'avenir.

— Mais pourquoi est-ce que je voudrais..., commença lady Vy avant de tirer ses propres conclusions. Oh, Léa, mon chou, tu ne crois tout de même pas... ?

La question était inutile. Les réflexions de Léa avaient permis de trouver une explication à tout cet enchaînement d'événements absurdes. Et elles aboutissaient toutes à la même conclusion évidente : il fallait arracher cette pauvre Vy à l'influence perverse de son mari. Tous les doutes (mais elle n'en avait jamais eu un seul) venaient d'être balayés ce week-end. Elle avait le devoir d'enlever Vy des griffes d'un homme prêt à toutes les bassesses pour parvenir à ses fins. Être mordue à l'entrejambe par sir Arnold ne l'encourageait certes pas à réviser son opinion et maintenant elle tenait la preuve qu'il lui fallait. Elle allait briser cet homme. Et elle protégerait cette pauvre chérie par la même occasion. Elle se leva et prit la main de Vy.

— Ma chérie, tu vas monter dans ta chambre et faire ta valise. Ne discute pas et fais exactement ce que je dis. Désormais, je m'occupe de tout.

— Mais Léa, je ne peux pas partir comme ça !

— Tu ne pars pas, ma chérie. Tu viens simplement à Londres avec moi, c'est tout. Pas de discussion. Nous allons rendre visite à ton père.

Ces explications ne réjouirent Vy que très modérément. Sir Edward Gilmott-Gwyre n'était pas le genre de personne dont elle recherchait précisément la compagnie en temps normal. Mais Vy monta dans sa chambre et commença à préparer sa valise. « Il faut tout de même que je prévienne Arnold », pensa-t-elle. Et elle rédigea un petit mot l'informant qu'elle était obligée d'aller à Londres voir Père, souffrant, et qu'elle serait de retour d'ici à quelques jours.

— Tu viens, ma chérie, lui cria tante Léa.

Lady Vy descendit docilement et posa son billet sur la table près de la porte d'entrée. Léa s'en aperçut, prit le mot et, après l'avoir lu, le fit tranquillement disparaître dans son sac à main. Sir Arnold pouvait bien se ronger d'inquiétude, elle n'en avait cure. D'ailleurs lady Vy ne reviendrait pas. Alors pourquoi lui mentir ? Sur cette dernière considération hautement altruiste, elle se dirigea vers la Mercedes et bientôt les deux femmes se retrouvèrent en route vers le sud. Au moment où la Land Rover de sir Arnold pénétrait dans le garage, elles étaient déjà à mi-chemin de Londres.

17

Ce soir-là, miss Midden et le major firent monter Timothy, vêtu d'une simple serviette de bain, dans l'ancienne nursery.

Parler de nursery était un euphémisme. C'était une pièce dont la fenêtre était garnie de solides barreaux et dont la porte était faite d'un bois épais et résistant. A la fin du XVIIIe siècle, Elias Midden, un des ancêtres de la famille, poussé sans doute par la même extravagance qui avait inspiré à Black Midden l'idée de son manoir-mausolée, avait acheté un ourson à des Bohémiens, à la foire de Twixt. Elias, qui venait tout juste de remporter le titre régional du championnat de lutte du comté, avait généreusement arrosé sa victoire à la bière. Dans son euphorie, il avait supposé que l'ours avait atteint sa taille d'adulte et imaginé qu'il serait amusant de pouvoir mesurer sa force à celle de l'animal. En fait les Bohémiens essayaient de s'en débarrasser depuis un moment. Ils avaient acheté l'animal sur le port de Tween à un marin qui, au cours d'une partie de chasse au Canada, avait tué la mère de l'ourson. Bref, l'ours était très jeune mais il devint vite très grand. Comme il avait investi une coquette somme dans l'achat de cet animal, Elias Midden tint à lui fournir le meilleur logement possible tout en le gardant à proximité pour de futures joutes nocturnes.

Sa femme était loin de partager son enthousiasme. Elle appréciait très peu le fait de partager sa maison avec un ourson en pleine croissance, même muselé. Elle menaça Elias de le quitter, lui et son ours, et de partir avec leurs enfants s'il ne lui garantissait pas de garder la bête sous clé et bien surveillée. Peu disposé à se défaire de l'animal et entendant déjà les quolibets des fermiers du coin, et même du comté, s'il se colportait qu'entre l'ours et sa femme il avait choisi l'ours (il imaginait d'avance les histoires graveleuses qu'on raconterait), Elias avait construit une chambre fortifiée pour la bête. Il fut bien inspiré. Les semaines et les mois passant, l'animal devint énorme. Au point que même Elias, homme fier et bâti en Hercule, dut admettre sa défaite. L'ours était un sparring-partner bien trop fort pour lui, non seulement fort mais aussi très méchant. Si méchant que le nourrir devint une entreprise extrêmement périlleuse. Certain que l'ours avait atteint sa taille adulte et qu'il était de disposition amicale, Elias n'avait pas prévu de trappe dans la porte pour lui passer sa nourriture. Fort heureusement la porte s'ouvrait vers l'intérieur, sage précaution imposée par le bon sens de Mrs Midden, qui voyait déjà avec horreur l'ours s'évadant au milieu de la nuit pour la massacrer, elle et les enfants. Mais cela signifiait qu'Elias risquait sa vie chaque fois qu'il devait entrer nourrir l'ours. La goutte d'eau, ou plutôt de sang, qui fit déborder le vase, ce fut quand Elias perdit trois doigts de sa main droite un jour où il tentait de pousser un peu de paille dans l'entrebâillement de la porte.

— Tout ça, c'est ta faute, avait-il hurlé à l'adresse de sa femme, si tu n'avais pas fait toutes ces manières à cause de l'odeur.

Mrs Midden avait rétorqué que c'est lui qui avait été

assez bête pour gaspiller de telles sommes d'argent et ramener un chiot d'ours, si c'est bien comme ça qu'on appelait la progéniture d'un grizzly. Elle ne s'étonnait plus maintenant de la mauvaise réputation des Midden, mais pour sa part elle n'accepterait pas de partager la maison avec un animal qui ne pouvait pas sortir faire ses petits besoins dans le jardin, un animal qui puait et qui allait ruiner sa réputation de bonne ménagère. D'ailleurs ça ne pouvait pas continuer plus longtemps ou alors...

Elias avait répondu qu'il allait s'en occuper. En fait il n'avait rien fait du tout. Il était bien déterminé à ne plus ouvrir cette maudite porte, même pour tout l'or du monde. Cette vacherie d'ours pouvait bien crever. Ce qu'il fit d'ailleurs. Jusqu'alors il avait été soumis à un régime plutôt spartiate, mais à partir de ce moment-là ce fut l'abstinence totale. Ces fameux trois doigts furent son dernier casse-croûte. Jour après jour, nuit après nuit, le monstre s'acharna sur la porte avec ses griffes. Il s'en prit aussi aux murs et réussit à tordre les barreaux. A la fin, il mourut, et Elias répandit le bruit qu'il avait tué l'ours au cours d'un combat régulier où lui-même avait perdu trois doigts. Il enterra le corps décharné de l'animal et enfouit plusieurs brouettées d'excréments dans le potager où ils se révélèrent fort utiles. Puis, comme sa femme refusait toujours de mettre un pied dans la cellule de la bête, il alla lui-même la nettoyer et repeindre les murs. Mais il ne toucha pas à la porte. Elle resta défoncée, rongée et griffée pour permettre à Elias de l'exhiber aux visiteurs et prouver ainsi la férocité de l'animal qu'il avait tué.

C'est à une époque plus récente, et de mœurs plus raffinées, que les Midden donnèrent à cette pièce le nom de « vieille nursery ». Avec ses barreaux tordus et sa porte lacérée, ce nom avait quelque chose de gentiment macabre, et les jeunes Midden qui y dormaient eurent à souffrir d'horribles cauchemars qui, en des temps plus éclairés, auraient nécessité de nombreuses séances chez les pédopsychiatres, psychothérapeutes et autres spécialistes du stress et des traumatismes. C'est dans cette pièce que Black Midden avait conçu l'idée de mener une vie d'aventures en Afrique, un pays notoirement dépourvu de grizzlis. Et maintenant c'est dans cette cellule que Timothy Bright se retrouvait prisonnier.

— Et vous y resterez jusqu'à ce que vous nous ayez dit qui vous êtes et pourquoi vous vous êtes introduit chez moi, lui avait déclaré miss Midden quand il eut fini de manger. Et si vous n'êtes pas d'accord, vous n'avez qu'un mot à dire et j'appelle la police.

Timothy répondit qu'il ne voulait de la police à aucun prix mais qu'il aurait bien aimé avoir ses vêtements, s'il vous plaît.

— Quand on les aura retrouvés, fit miss Midden.

Là-dessus, elle ferma la porte à clé et descendit s'asseoir au salon où, dans la lumière déclinante du crépuscule, elle resta à se demander qui donc, parmi tous ces Midden arrogants et tarés du château, pouvait être à l'origine de l'affaire. En d'autres circonstances, elle aurait soupçonné le major mais il ne l'avait pas quittée et sa terreur en découvrant le jeune homme n'avait pas été feinte. D'un autre côté, nul mieux que lui ne pourrait lui dire quel pensionnaire du trou du diable avait des tendances sadomasochistes. Pourtant elle n'avait pas envie de lui adresser la parole. Elle était en rage contre ce petit crétin et n'avait que le plus profond mépris pour sa lâcheté. Malgré tout, il fallait bien l'interroger. Elle le retrouva en train d'examiner son lit souillé. Et il flottait aussi comme une odeur désagréable dans la pièce.

— La crotte de chien, dit miss Midden, voilà ce que ça sent.

Mais personne, au château, ne possédait de chien.

— C'est forcément quelqu'un qui savait que j'étais partie, dit-elle au major, et les seuls à être au courant sont ceux de là-bas.

— Voulez-vous que j'y descende et que j'essaie de m'informer ? demanda-t-il.

Miss Midden secoua la tête.

— Rien qu'à vous voir, celui qui est responsable pourra dormir sur ses deux oreilles. Vous êtes le suspect idéal avec votre œil au beurre noir et vos points de suture.

— Mais je peux prouver que ça m'est arrivé à Glasgow, dans un pub.

— Quel pub ?

Le major essaya en vain de s'en souvenir. Il avait fait tant de pubs et il était tellement ivre.

— Vous voyez, vous ne le savez même pas. Et quel nom avez-vous donné à l'hôpital ? Je parie que ce n'était pas MacPhee parce que vous n'êtes pas plus écossais que moi.

— Jones, concéda le major.

— Et cette femme médecin surmenée, qui n'avait pas l'air de beaucoup vous aimer, ne sera certainement pas très coopérative. D'autre part, on ne sait pas à quelle heure ce jeune homme a débarqué dans la maison ni à quelle heure il lui est arrivé ce qui lui est arrivé. Vous auriez fort bien pu provoquer cette bagarre dans un pub pour vous forger un alibi. Seul un détraqué va se faire tabasser pour le plaisir dans un pub. Ou bien un homme effrayé par ce qu'il vient de commettre. Si vous descendez au château, je parie que dans les minutes qui suivent la police recevra un coup de fil anonyme de celui qui sait que le jeune homme est ici et sans doute mort. Et votre casier judiciaire, vous y avez pensé ?

— Mon casier judiciaire..., dit le major en se mettant à trembler.

— N'essayez pas de me faire croire que vous ne vous êtes jamais retrouvé en taule ! Avec toutes vos sales perversités ? Allons donc, on a bien dû vous coffrer plusieurs fois. Par exemple pour avoir fait le voyeur dans des toilettes publiques, ou pire encore. N'essayez pas de m'avoir. La police ne serait que trop heureuse de vous mettre la main dessus. Mais ne vous tracassez pas : je ne leur donnerai pas ce plaisir, du moins tant que j'aurai mon mot à dire dans l'histoire.

— Qu'est-ce qu'on va faire alors ?

— Premièrement, nous n'allons surtout pas nous montrer. Nous ne sommes pas là. Nous n'allons pas bouger et nous verrons bien qui viendra vérifier si le jeune homme est toujours là et encore vivant. C'est tout ce que nous allons faire. Ils sont passés par la fenêtre. Mais la prochaine fois, je les attendrai. Maintenant je dois rentrer la voiture dans la grange pour que personne ne la voie. En fin de compte, ça promet d'être plutôt drôle.

Drôle ? Pas de l'avis du major MacPhee.

Pendant ce temps-là, à Londres, l'homme qui disait s'appeler Brian Smith n'avait pas l'air très en forme et ne semblait pas trouver la situation drôle non plus.

— Ce petit salaud s'est fait la malle, disait-il au téléphone. Et avec lui, il a emporté cette putain de tirelire, ouais, avec je ne sais combien de mégabriques. Mais... non, je m'en serais jamais douté. Il avait pas l'air d'avoir assez de couilles pour ça... Il aurait dû prendre le bateau mais sur le bateau il y était pas... Ouais, je sais bien que c'est pas drôle. Je suis bien placé pour le savoir, non ? Il a peut-être eu un accident ou pris une autre route. J'avais un seul gars à Santander et il a contrôlé tous les ferries. S'il se pointe pas pour faire le reste du boulot, on sera fixés. Oui... d'accord... bien sûr...

Il reposa le combiné doucement et se mit à maudire

Timothy Bright à voix haute et avec une férocité qui justifiait toutes les angoisses du jeune homme.

Sir Arnold était au téléphone, lui aussi. Il parlait d'une cabine publique au propriétaire du « Saint Temple de l'Extase Divine » et des « Portes de Nacre du Paradis ». Il y avait de la lumière au-dessus de la vitrine opacifiée du sex-shop et il était déjà passé deux fois devant la boutique, le col de son imperméable relevé, la casquette enfoncée sur les oreilles. Et il avait mis des gants. La deuxième fois il avait glissé une enveloppe brune dans la boîte aux lettres. Maintenant il parlait en utilisant un appareil qui déformait la voix. Le commissaire avait décidé de prendre toutes les précautions et de ne courir aucun risque.

— J'aime bien la jeunesse, dit-il en adoptant une voix qu'il espérait convaincante. Vous voyez ce que je veux dire ?

Le patron répondit qu'il voyait tout à fait.

— Hommes ou femmes ?

— Les deux, dit sir Arnold.

— Et jeunes ?

— Oui, très jeunes, dit-il finalement après une petite hésitation. Du genre qu'on peut attacher, si vous voyez ce que je veux dire.

Pour le patron, c'était tout à fait clair.

— J'aimerais des photos, des magazines. Dans votre boîte aux lettres vous trouverez une enveloppe avec de l'argent. Je veux que vous m'expédiiez le tout à l'adresse que je vous ai indiquée. Avec deux cents tickets, ça devrait aller, non ?

— Mais certainement, monsieur.

— Et j'en ai rajouté cent pour votre discrétion.

— Parfait, monsieur, bien aimable.

— Et il y aura d'autres commandes par la suite, si ça me convient. Au nom de MacPhee.

Le commissaire marqua une petite pause avant d'ajouter d'un ton moins aimable :

— Surtout ne vous avisez pas de garder l'argent sans rien m'envoyer ! J'ai des relations.

— Des relations ?

— Du genre serial-incendiaire. Ça m'ennuierait d'avoir à les appeler.

Ça aurait aussi beaucoup ennuyé le patron. Une bombe dans son sex-shop n'était pas le genre de publicité qu'il recherchait. Le commissaire raccrocha et s'éloigna de la cabine.

La phase un de son plan était lancée.

Il rentra chez lui pour se changer. Il allait pouvoir commencer ses propres recherches. Il était dix heures passées quand il prit sa Jaguar pour aller à Urnmouth. Il y avait là-bas un certain Maxie, patron d'un établissement connu sous le nom de « Bains-Douches », un homme qui savait tout, sur tout le monde. C'était l'homme à qui il devait parler.

18

Les Bains-Douches d'Urnmouth occupent un bâtiment imposant, qui fut construit dans le style classique le plus pur à l'ère de la splendeur victorienne et qui s'élève comme un temple grec au milieu d'élégants jardins. La structure de ses colonnades blanches sort des fonderies à canon des ateliers Gundron et contraste agréablement avec le brun de ses murs de grès. Mais c'est à l'intérieur que l'on retrouve vraiment cette atmosphère classique qui se marie si bien à son utilisation actuelle. Le premier propriétaire avait exigé que la décoration intérieure reflète la culture romaine avec la même authenticité que l'extérieur rappelait l'architecture grecque du Parthénon. L'architecte avait suivi ces instructions à la lettre, aussi scrupuleusement que lui permettait sa connaissance de l'histoire et des coutumes romaines. A l'époque, un ecclésiastique âgé, déjà bouleversé par la publication des thèses de Darwin, avait été tellement ému de découvrir les scènes très explicites ornant le mur de l'atrium qu'il s'était effondré, terrassé par une crise d'apoplexie, dans les bras mêmes du portier. Le réalisme de ces fresques avait une puissance d'évocation qu'elles ont conservée encore de nos jours.

On raconte que plusieurs gentlemen ont été victimes d'*ejulatio praecox* avant même d'avoir eu le temps d'ôter leur pardessus. C'est en grande partie à ces frises que, après plusieurs années d'abandon, le bâtiment devait sa reconversion en un établissement baptisé « Bains-Douches » par un certain Maxie Schryburg, homme d'affaires de Miami.

Sir Arnold Gonders avait suivi avec intérêt cette entreprise depuis le début. Ces Bains-Douches, à n'en pas douter, n'allaient pas manquer d'attirer exactement le genre d'individus qu'un chef de la police se doit de connaître. Et Maxie était un personnage qui intéressait beaucoup sir Arnold. Mr Schryburg prétendait venir de Manhattan mais, selon les informations recueillies par le commissaire divisionnaire, c'était un petit escroc de Miami qui avait jugé plus prudent de prendre le large, suite au développement d'une certaine concurrence venue de La Havane. Urnmouth était probablement le dernier endroit de la terre où l'on aurait songé à poursuivre un si modeste restaurateur. Un vent glacial soufflant de la mer rendait cette petite ville peu accueillante aux étrangers. Les Bains-Douches y étaient le seul lieu de distraction, mis à part l'inévitable chapelet de pubs jalonnant la Grand-Rue. En principe, c'était un club ouvert moyennant une modeste adhésion. En réalité, il était ouvert exclusivement à des messieurs qui pouvaient payer beaucoup, soit en espèces soit en nature. Sir Arnold, qui utilisait pour la circonstance le pseudonyme de Mr Pat Riote, appartenait à cette dernière catégorie. En même temps, il extorquait à Maxie des tas d'informations en échange de son parrainage.

Ayant emprunté l'entrée privée qui, à l'arrière du bâtiment, conduisait par un passage couvert au bungalow personnel de Maxie, il gravit allégrement les marches jusqu'à une salle réservée, tout heureux de penser qu'en l'absence de lady Vy et de l'infâme Léa, probablement à Harrogate, il allait pouvoir se relaxer et combiner ainsi détente et travail. Il reçut le menu des mains obséquieuses de Maxie, jouant le maître d'hôtel.

— Puis-je suggérer à Monsieur le numéro trois comme hors-d'œuvre ? dit-il. Très frais et très tendre.

— Vraiment ? Intéressant. Et de proportions suffisantes pour l'appétit d'un honnête homme ?

— Je pense que Monsieur n'aura pas à se plaindre. Très... Comment dit-on déjà... Enfin, absolument pas faisandé.

— Ça me tente assez. Et comme plat principal, qu'est-ce que vous nous proposez ce soir ? Quelque chose de spécial ?

— Nous avons une belle brochette, le *mixed grill.* Mais il y a un peu d'attente. Pas prêt avant dix heures. Avant, je n'ai qu'un choix limité. Désolé, mais les temps ont changé.

— C'est bien partout pareil, mon pauvre Maxie, partout pareil, dit le commissaire en essayant d'adopter le même registre. Je pense que je vais attendre le *mixed grill.* Fraîcheur garantie, hé ?

Maxie combina un vague hochement de tête avec un haussement d'épaules fataliste.

— Que vous dire, monsieur Riote ?... J'essaie de fournir des produits frais mais je dois accepter ce qui se présente. Et je paie le prix fort.

— Bon pour le *mixed grill*, alors.

Sir Arnold se carra dans son fauteuil pour regarder le spectacle qui s'harmonisait parfaitement avec le décor général. Deux demoiselles gambadaient maladroitement sur un lit à eau couvert d'huile. Après une série d'entrechats plutôt gauches elles se livrèrent à une petite séance de catch dont l'enjeu principal semblait être leurs petites culottes, puis se réconcilièrent en une série d'embrassades prolongées assez surprenantes.

Le commissaire finit son whisky et en commanda un autre.

— Un espagnol, cette fois-ci. Alors Maxie, et ce hors-d'œuvre ? Ça prend bien longtemps.

— Il n'est pas encore arrivé.

— Qu'est-ce que je vais faire en attendant ?

— Je peux toujours vous proposer un petit massage, peut-être.

— Ça m'étonne de vous, Maxie. Vous me connaissez. Ce n'est pas mon genre.

A nouveau, Mr Schryburg eut un hochement de tête et un mouvement d'épaules.

— Ni le mien, commissaire, ni le mien. Vous allez peut-être pas m'croire, mais pour moi la famille c'est sacré. Vous rigolez mais c'est vrai. Comme elle dit, la Grande Dame, ce qu'il nous faut c'est retrouver les valeurs familiales, comme à l'époque de Victoria. Elle a bien raison. Je vais vous dire, monsieur Riote, c'est dommage qu'elle ait pas tenu bon. Une sacrée grande bonne femme, et je bois à sa santé. A la Dame de Fer !

Le commissaire divisionnaire leva son verre et trinqua. Il était toujours un peu gêné d'entendre ce genre de discours dans la bouche de Schryburg. C'était un peu comme entendre quelqu'un qui pète pendant la messe, vaguement inconvenant. Et puis cette tirade sur la Dame de Fer le mettait mal à l'aise. Dans l'ambiance du lieu, ça ne manquait pas de lui rappeler la vierge de Nuremberg.

Histoire de patienter, il se mit à pianoter sur la télécommande du moniteur de surveillance. Rien sur l'écran dans le salon numéro un. Dans le salon numéro trois un individu maigrelet et plutôt nerveux se versait une bonne rasade de vodka polonaise. Sir Arnold eut un mouvement désapprobateur de la tête. Ce n'est pas ce qui arrangerait les choses. Mais il resta branché sur le salon numéro trois. Le bonhomme avait quitté son pantalon et l'avait soigneusement plié à côté de sa chemise. Le commissaire appuya sur la touche enregistrement du magnétoscope : il venait de reconnaître Fred Filleps, chef de la campagne électorale des conservateurs de South Twixt, un homme tout à fait influent, également directeur des transports d'Intergrowth Chemicals. En fait sir Arnold était bien placé pour savoir que Fifi (comme ses amis appelaient Fred Filleps) avait été l'intermédiaire dans une histoire de pots-de-vin qu'on avait dû verser à une personne trop bien renseignée sur les finances d'un parent proche d'une certaine dame. Prudence et discrétion. Il était donc assez intéressant d'ajouter Fifi à sa vidéo-collection de notables, bien que sir Arnold ne fût franchement pas impressionné par le choix de son menu, une fille de trente-cinq balais jouant à la marelle, rien de bien bandant. Et puis tous ces trucs en cuir avaient cessé de lui faire de l'effet depuis quelque temps. N'empêche que Fifi pouvait toujours être utile, un jour, comme protection.

Après avoir passé en revue tous les salons, sir Arnold se dit qu'il était temps de penser à ses propres affaires. Il n'était pas venu là en client. Il était venu chercher certains renseignements.

— Vous n'avez pas tellement de clients pour un lundi soir, dit-il à Maxie quand celui-ci vint lui apporter son troisième whisky.

— Ça va, ça vient, les lundis. Des fois on a du monde, quand les femmes sont parties ou qu'y a une convention. Bien sûr, on a aussi nos habitués l'après-midi. Et parfois le matin. Ceux-là viennent avec leur canne à pêche. C'est étonnant comme ça marche bien, les matins.

— J'imagine, dit le commissaire. Mais, à propos, est-ce que vous avez des fans du bondage ?

— Essayez de vous brancher sur l'Oubliette, fit Maxie en se penchant pour enfoncer la touche marquée O sur le clavier du moniteur.

Sir Arnold découvrit une pièce équipée de ce qui ressemblait à une table d'opération avec des sangles, un fauteuil de dentiste et, plus sinistre encore, un petit gibet où pendait le nœud coulant du bourreau. Sur le mur était accrochée toute une gamme variée d'instruments et de fouets.

— Sans me vanter, on a un équipement de première, dit Maxie. Pour ça, les clients n'ont pas à se plaindre. On a un type qu'est médecin. D'après lui, y nous manque plus qu'une salle de réanimation pour servir d'annexe à l'Hôpital général. Mais ce qu'on ne lui dit pas, c'est qu'on a vraiment une salle de réanimation, juste à l'arrière. C'est pas croyable dans quel état certaines personnes arrivent à se mettre. Une fois, on a un type qui se pointe accompagné de son propre curé, comme qui dirait pour une confession. Je veux dire un vrai curé, garanti casher et tout. Ma parole d'honneur que c'était un vrai prêtre. Catholique ou dans ce genre-là. Alors voilà le vieux qui fait mettre une des filles à poil avec un bonnet, une culotte et un soutien-gorge percé, tout en cuir noir. Elle, c'est le bourreau. Les deux autres filles attachent le vieux vachement serré et le prêtre commence à entendre sa confession avec absolution, bénédiction et tout le tintouin. C'est là que j'ai vu que c'était un vrai prêtre parce qu'il avait pas l'air d'apprécier, le curé. L'arrêtait pas de transpirer et de faire le signe de croix. Bon, alors y a Ruby — celle qui fait le bourreau — qui enfile un sac de soie sur la tête du vieux et qui lui glisse autour du cou cet élastique avec le nœud coulant. Et elle prend bien son temps, histoire que le pépé en ait pour son argent parce que ça coûte bonbon tout cet équipement avec les frais généraux, la potence et tout le bazar. Enfin elle se recule et appuie sur le levier et voilà le vieux parti au bout de l'élastique. Vous auriez vu le tableau ! Le problème c'est qu'on avait la hi-fi à pleins tubes, alors on n'avait pas le son, dommage. Mais mon pote, qu'est-ce que j'ai été content d'avoir un vrai toubib au numéro dix, ce soir-là. C'est bien la première fois que j'ai dû interrompre un client et lui demander de faire vite. Le vieux avait piqué une attaque avant même de jouer la scène de la trappe. Le voilà donc accroché, en train de nous faire sa putain d'attaque, à nous jouer les Yo-Yo, pendu au bout de cet élastique qui lui étire le cou. Forcément, vous pensez bien que ça n'arrange pas son état de gigoter et de se débattre comme si sa dernière heure était venue, ce qui était presque le cas, entre nous. Et cette corde élastique n'aidait pas non plus : le pauvre vieux ne faisait qu'entrer et sortir de la trappe sans arrêt. Du coup, le curé perd les pédales et se met à lui donner l'extrême onction une deuxième fois. Moi, pour compléter le tableau, j'appelle une ambulance et quand les brancardiers rappliquent, qu'est-ce qu'ils voient ? Ruby avec sa panoplie de cuir et le toubib à poil, la capote anglaise qui pendouille, en train d'essayer de décrocher le vieux pour lui faire du bouche-à-bouche ! Comme il y arrive pas, il veut couper la corde avec des ciseaux, mais les ciseaux coupent pas. Et il y a ce prêtre, à genoux, en train de débiter des trucs en latin. C'est la seule fois de ma vie où j'ai vu un type recevoir deux extrêmes-onctions en dix minutes. Je vous dis pas ce qu'une petite séance comme ça m'a coûté. Putain. J'ai dû graisser la patte aux ambulanciers et offrir trois semaines gratos au toubib. Et c'est pas tout ! Il a fallu que je promette de devenir catholique et d'aller me confesser pour de vrai, histoire de calmer ce foutu prêtre qui piquait sa crise d'hystérie. D'accord le vieux a casqué. Mais seulement à sa sortie de l'hosto, où il a failli y rester, et après sept semaines de soins intensifs. Alors je me suis dit qu'il nous fallait une salle de réanimation sur place. Et j'ai eu du nez. Elle nous a bien servi quand on a eu cet accident avec la chaise électrique. C'était pas un accident, d'ailleurs. Cette fois, on était tombés sur un vrai méchant.

Je veux dire une brute, un mauvais. Il voulait se payer une séance de torture comme y font en Afrique du Sud, au Salvador ou un coin de ce genre. Avec gégène et électrodes, vous voyez ? Le grand jeu. Donc il amène Lucie, c'est elle qui fait les spécialités sadomaso, les deux rôles, une grande baraquée mais pas du genre à faire ces trucs, plutôt le genre maternel, si vous voyez ce que je veux dire.

Le commissaire voyait très bien, en effet. Il avait une vidéo, dans son coffre-fort, de Lucie en train de s'occuper à coups de fouet d'un député d'East Seirsley avec un plaisir sincère. Ce qui ne semblait pas le cas du député. En tout cas c'est ce qu'il avait prétendu quand elle lui avait ôté son bâillon, à la fin. Une bande très intéressante.

— Donc ce salaud avait apporté son propre transfo, poursuivit Maxie. Après, on a commencé à contrôler le genre d'équipement que les gens ont sur eux, mais pas à l'époque. Il fait installer Lucie dans la chaise avec toutes les courroies bien serrées, il lui met le casque sur la tête, sans le masque. Et il commence à tourner la manivelle de son propre appareil. Vous voyez le travail ? Lucie se préparait à faire semblant, mais là elle a pas eu besoin de se forcer. Vous auriez vu les marques et les brûlures qu'il lui a faites, la vache. Un vrai fils de pute. Et après, il a même eu le toupet de discuter la note. Depuis, on a une liste noire et on fouille les sacs.

Sir Arnold se promit d'ajouter l'Oubliette à ses prochains programmes. Il revint aussi à son enquête.

— Vous n'auriez pas, par hasard, des fanas du bondage parmi les clients de l'Oubliette ?

Maxie Schryburg ne put retenir un sourire.

— Monsieur Riote, vous me demandez si, ici, on a des fanas du bondage... ? Sûr qu'on en a et même toutes les sortes de dingos que vous imaginez ou que vous n'imaginez peut-être pas. On a eu un éditeur, l'autre jour, qui voulait emballer Pauline sous film plastique. Sous film plastique, que j'y ai dit, qu'est-ce que vous voulez faire de Pauline sous film plastique ? Vous allez l'étouffer. Et vous savez ce qu'y répond ? Qu'il veut l'emballer pour couler un bronze. Y a vraiment des trucs dans ce business qui m'étonneront toujours et pourtant ça fait des années que j'y suis. Bon. Alors je contacte Pauline et je lui dis « y a un mec qui veut t'emballer dans un film plastique et couler un bronze ». Purée, qu'est-ce qu'elle m'a sorti ! Et elle a pas la langue dans sa poche non plus. Pourtant d'habitude rien ne lui fait peur : jeux aquatiques, planche à voile, mari et femme, brouette afghane, on peut tout lui demander. Alors si une fille comme elle te dit que pour cette histoire de bronze, il peut toujours courir, tu peux rayer ça du menu. Vous croyez que le gars prend gentiment la chose ? Non. Il devient carrément grossier et méchant. Et qu'il est venu de loin, et qu'il est membre depuis le début et que je vais entendre parler de lui parce qu'à Londres il est important, un gros éditeur... Pour le calmer, je lui dis que si Pauline veut pas, je peux essayer de le dépanner avec un extra, à la fortune du pot. J'appelle Mrs Ferrow qui accepte à condition que le mec voie pas sa figure. Elle veut pas qu'on la reconnaisse. Remarquez, tout le monde la connaît. Mais je dis OK. D'ailleurs je me demande qui aurait envie de voir la tête de Mrs Ferrow. Je lui précise tout de même « faudra vous mettre la tête en bas, comme qui dirait en position d'antipode ». « OK, qu'elle me fait, il veut que je lui fasse quoi, le koatralala ou bien le kangouroudoudou ? » Elle devait être bourrée, la vieille Ferrow. Bon, je retourne voir mon gars et je lui dis qu'elle accepte. Mais il faut qu'il me dise si c'est elle ou lui qui doit couler un bronze. Il me regarde de l'air de celui qui pige rien. Il a déjà déroulé des kilomètres de film transparent sur le plancher et maintenant il fait l'innocent. Vous savez ce qu'il me dit ? Qu'il a jamais entendu parler de ce que je lui raconte. A mon avis ça devait être vrai parce qu'il a failli gerber quand je lui ai donné d'autres détails. Il m'a expliqué que « bronze » c'était un terme de numismatique et que ça avait un rapport avec l'art et pas avec le cul de Mrs Ferrow et avec cette histoire de…

— Maxie, épargnez-moi les détails, dit le commissaire qui connaissait de vue Mrs Ferrow et qui imaginait la suite. Tout ce qui m'intéresse, c'est le nom de tous les dingues du bondage et la liste des types qui droguent les jeunes gens. Tous, vous comprenez, la liste complète.

Maxie se renfrogna.

— Voyons, m'sieur Riote, vous savez bien que je ne peux pas…

— Je sais bien que vous êtes discret, Maxie, dit sir Arnold d'une voix conciliante, et c'est une des qualités que j'apprécie chez vous. Vous savez aussi que je n'utiliserais jamais une information qui pourrait vous mettre en cause. C'est notre assurance mutuelle à tous les deux. Mais si vous pouviez me tuyauter sur des gars qui aiment les petits jeunes shootés au LSD, j'aimerais faire leur connaissance.

Le visage de Maxie s'éclaira.

— Ah, pour ce genre de choses, je peux vous dépanner sans problème. Si c'est à usage personnel, c'est OK. Et c'est vous qui voulez jouer le rôle du jeune homme, pas vrai ? Rien de plus simple…

Il s'arrêta. Le visage du commissaire avait pris une teinte inquiétante.

— Enfin, si c'est seulement les noms que vous voulez, d'accord, se hâta de dire Maxie pour rattraper sa gaffe, je vais vous chercher ça tout de suite.

Et il disparut avant que le commissaire ait eu le temps de lui dire ce qu'il pensait de lui.

Sir Arnold passa le reste de la soirée à regarder le *mixed grill* s'ébattre sur le lit à eau. Mais il ne pouvait pas se retenir d'appuyer de temps en temps sur la touche O pour étudier l'équipement de cette Oubliette avec grand intérêt. Un jour, il faudrait qu'il demande à Maxie de la lui faire visiter. Le seul ennui, c'est que ça l'obligerait à quitter la salle de contrôle et qu'il ne souhaitait pas risquer de devenir lui-même le héros d'une bande vidéo.

A onze heures trente, il quittait les lieux par le passage couvert et se mettait en route pour Tween. Il avait en poche une liste de noms qui le conduirait peut-être à ce jeune gars découvert dans son lit et il était plutôt content de lui. Si content qu'il envisagea de s'octroyer en récompense une petite partie de relaxation avec Brenda qui ne se couchait jamais avant minuit. Sauf quand il était là, bien sûr. Et puis finalement, non. Le week-end avait été épuisant, et le lendemain, une journée de travail l'attendait.

19

Très loin de là, vers le sud, tante Léa essayait de convaincre lady Vy d'aller trouver son père pour lui expliquer sa situation.

— Ma chérie, c'est le seul moyen de t'en sortir, comprends-le. Arnold essaie de te faire chanter en menaçant de ruiner ta réputation et de créer tout un scandale autour de ton nom dans la presse. Si ton père intervient dès maintenant...

— Mais Léa, tu ne comprends pas. Ce sera un tel choc pour Père, dit Vy, cherchant du regard un vague réconfort dans le cadre qui les entourait.

Le Clito, un restaurant récemment ouvert dans un ancien garage de Fulham Road et décoré de fresques Arts déco assez spéciales, ne lui semblait pas l'endroit bien approprié pour parler de son père. Sir Edward Gilmott-Gwyre avait des opinions assez définitives sur les femmes de ce genre.

— Et puis même si je lui en parle, je ne vois pas ce que ce pauvre papa pourrait bien faire. Il a presque quatre-vingts ans et il a été très fatigué récemment...

— Tu parles, déclara Léa, péremptoire. Ton père est un

vieillard qui pète la santé et qui ne demandera pas mieux que de faire une démonstration de son influence. Si tu lui racontes ce qu'a fait Arnold…

— Mais j'en serais incapable, dit Vy.

La main gantée de Léa lui serra le poignet à lui en faire mal. Vy regarda Léa à travers ses larmes.

— Léa, tu m'en demandes trop.

— Imagine que je te promette de t'en demander beaucoup plus, un peu plus tard, susurra Léa, en passant une langue gourmande sur ses lèvres.

Vy se sentit perdre toute résistance.

— Et je te promets que tu ne le regretteras pas. Donc, tu vas aller voir ton père demain matin et tu vas tout lui raconter. Je dis bien tout, tu m'entends.

Lady Vy acquiesça d'un hochement de tête, les yeux tendrement embués.

— D'accord. Tout. Sur nous aussi ? demanda-t-elle dans un chuchotement d'écolière.

Les doigts gantés lui meurtrirent le poignet.

— Non, certainement pas. Rien sur nous, rétorqua sèchement Léa. Évidemment, rien sur nous. Parle-lui seulement d'Arnold et du jeune homme dans votre lit.

— Oh non, Léa, jamais je ne pourrais. Tu ne connais pas mon père. Il croira que c'est moi qui ai fait venir ce jeune homme dans mon lit. Jamais je ne pourrai le persuader du contraire. Il ne croit jamais ce que je lui dis. Il me prend pour…

— Je sais, chérie, coupa rapidement Léa qui se mit à envisager ce nouveau problème.

Sir Edward Gilmott-Gwyre était connu pour avoir des vues réactionnaires sur le rôle des femmes — un rôle silencieux de préférence — et sur leur place dans la société — aux fourneaux, si possible. On racontait même qu'il avait empêché sa fille aînée de se faire avorter. Selon lui, si elle se comportait comme un éléphant en *must*[1], elle n'avait qu'à en assumer les conséquences. Le fait que seuls les éléphants mâles connaissent cet état particulier n'avait en rien ébranlé sa conviction. Toutes les femmes étaient, par nature, des êtres gouvernés par d'obscures et répugnantes pulsions sexuelles qu'on devait dompter ou, mieux encore, ignorer. Lady Vy avait donc de bonnes raisons de craindre sa colère.

— Maintenant, chérie, tu vas m'écouter, poursuivit Léa en s'assurant de l'obéissance de Vy à la fois du regard et d'une pression renouvelée sur le poignet. Il faut que tu lui annonces d'emblée qu'Arnold a fourré ce type dans ton lit dans l'intention délibérée de pouvoir t'accuser de ses propres turpitudes.

— Mais Léa, qu'est-ce que tu veux dire ?

— Est-ce que tu ne crois pas que cela en dit long sur ses propres tendances, qu'Arnold ait ligoté dans vos draps un pauvre garçon entièrement nu et drogué au Valium ?

— Eh bien je reconnais qu'il pourrait bien être un peu comme ça, concéda Vy. Il a ses moments de violence et je suis sûre qu'il a une nana à Tween.

— Seulement une nana ? Et pourquoi pas un joli garçon ?

— Je n'en sais rien. Tout cela est si compliqué, dit Vy, que le sujet finissait par lasser. Je me réjouissais tellement d'aller faire un peu de shopping chez Tamara. Tu ne crois pas que ce joli petit manteau m'irait bien ?

Mais Léa n'entendait pas se laisser distraire par le chant des sirènes de la haute couture de Davies Street. Il fallait qu'elle abatte son autre carte maîtresse.

— Ce que tu ne sembles pas comprendre, c'est que les médias ont déjà Arnold dans le collimateur. Ils ont flairé

---

1. État qui affecte périodiquement l'éléphant mâle et qui rend l'animal agité, indocile et même dangereux. *(N.d.T.)*

la piste d'un autre grand scandale, bien plus sérieux que le précédent, et tu dois agir avant que l'affaire n'éclate au grand jour, sinon tu te retrouveras entraînée dans toute cette fange avec Arnold et les autres.

— Quel nouveau scandale ? A quel sujet ? Il faut que tu me racontes !

— Seulement si tu me promets d'aller voir ton père demain matin. Promis ?

Lady Vy hésita un moment, mais le gin et l'envie de savoir l'emportèrent.

— Promis.

Mais Léa refusa d'en dire davantage.

— Tu dois aller le trouver pour lui raconter tout ce que tu sais sur Arnold. C'est la seule façon de te sauver. Ton père saura ce qu'il faut faire.

Léa demanda l'addition puis elles prirent un taxi pour se rendre à son appartement.

— Cette nuit, je vais te laisser dormir toute seule. Il faut que tu réfléchisses soigneusement à ce que tu vas lui dire demain. Et, demain matin, nous en reparlerons.

Sur un baiser léger, elle la quitta. Vy se mit au lit en soupirant. Elle avait horreur d'être obligée de penser aux choses déplaisantes. Et aller voir son père faisait partie des choses vraiment très déplaisantes.

L'action se précipitait un peu partout. A minuit trente, cette nuit-là, le téléphone sonna à Voleney House. Ernestine Bright finit par se lever et, ayant mis son peignoir, elle alla répondre.

— Avez-vous la moindre notion de l'heure qu'il est ? demanda-t-elle de sa voix la plus pincée.

La réponse de Fergus, qui l'appelait de Drumstruthie, n'améliora pas son humeur.

— Sacré nom de Dieu, bien sûr que je sais qu'il est

minuit passé. Vous imaginez que je vous téléphonerais à une heure pareille si ça n'était pas bigrement important ? Où est donc passé ce garçon que vous appelez votre fils, cet imbécile de Timothy ?

— Eh bien à Londres, j'imagine. Là où il est habituellement.

— Je ne suis pas complètement idiot. Et je ne vous aurais pas téléphoné si j'avais pu le trouver chez lui. Il faut absolument que j'arrive à savoir où il est. C'est très urgent.

— Vous n'avez pas l'air d'être dans votre assiette, Fergus. Un homme de votre âge ne devrait pas boire tous ces alcools forts. C'est mauvais pour la tension. Bon, et maintenant si vous vouliez bien être assez aimable pour rappeler demain matin...

— Vous pouvez garder votre leçon de morale, dit Fergus. Je tiens à vous préciser que je n'ai pas bu. Et aussi qu'il y a tante Boskie à côté de moi et...

— Boskie est chez vous ? dit Ernestine, franchement interloquée pour le coup. La tante Boskie ? Mais vous nous avez dit, le mois passé, qu'elle était à l'article de la mort. Elle ne peut pas être chez vous maintenant !

— Je vous garantis qu'elle est bien là et certainement pas en train de mourir, n'est-ce pas, tante Boskie ?

D'après les bruits variés qu'Ernestine put entendre, il lui fallut admettre qu'en effet, malgré ses quatre-vingt-onze ans, Boskie n'était pas encore passée de vie à trépas.

— Écoutez-moi, Ernestine. Boskie veut absolument parler à votre espèce de fils.

— Mais pourquoi donc ? Qu'est-ce qu'elle peut bien vouloir à Timothy ?

— Mon impression, puisque vous voulez mon avis, c'est qu'elle veut le tuer, répondit Fergus. Et je dois avouer que si j'étais à sa place, ce qui, grâce à Dieu, n'est pas le cas, j'envisagerais pour cette petite ordure une mort lente et douloureuse, comme le faire bouillir à petit feu. Enfin, peu importe, tante Boskie est là et elle pourra vous en parler elle-même.

Il y eut une série de bruits divers dans le téléphone. Ernestine essaya de placer immédiatement un « Allô, Boskie » tout en rajustant sa robe de chambre et en regrettant de ne pas avoir mis de pantoufles. Il faisait plutôt frisquet. Mais ce froid n'était rien comparé au ton glacial de tante Boskie quand on eut fini d'adapter sa prothèse auditive aux exigences techniques du combiné téléphonique.

— C'est vous, Ernestine ? chevrota la vieille dame. Je dis : C'est vous ? Elle parle pas. Hé, Fergus, elle parle pas.

— Mais si je vous parle, hurla Ernestine qui reçut en retour les décibels de tante Boskie braillant à Fergus qu'il n'était pas nécessaire de crier si fort parce qu'elle entendait encore très bien pour son âge, Dieu merci.

Pour Ernestine, qui tenait l'écouteur tout vibrant à bonne distance de son oreille, les raisons de ce coup de fil nocturne étaient loin de s'éclaircir. De toute évidence Timothy avait fait quelque chose qui avait beaucoup déplu à la vieille Boskie. A l'autre bout de la ligne, Boskie glapissait maintenant que si son Guillermo était encore de ce monde il saurait bien, lui, traiter comme il le fallait cet infâme petit... Ernestine éloigna encore l'écouteur et se dit qu'elle devait intercéder en faveur de son fils.

— C'est Ernestine, ma chère tante, hurla-t-elle tandis que dans la cuisine les chiens se mettaient à aboyer. Boskie, très chère...

A l'autre bout de la ligne, la voix aiguë de Boskie continuait à faire vibrer dangereusement le téléphone.

— Fergus, il y a une horrible créature qui m'appelle Boskie très chère, l'insolente gourgandine. Dites-lui de libérer la ligne, je veux parler à cette espèce d'idiote d'Ernestine. S'il y a bien une chose que je ne peux pas supporter chez une femme, c'est la bêtise, et cette crétine d'Ernestine...

Il y eut ce qui sembla être une petite échauffourée dans le hall de Drumstruthie, puis le combiné fut arraché à la vieille dame et Fergus reprit la ligne.

— C'était Boskie, dit-il, en guise d'explication un peu superflue.

— Je le sais bien, dit Ernestine courroucée, et vous pourrez dire de ma part à cette vieille peau...

— Je crois bien que je n'en ferai rien, interrompit Fergus. En fait, si j'étais vous, Ernestine, je serais prête à marcher sur les mains pour lui faire plaisir à cette bonne vieille tante Boskie. Et vous voulez savoir pourquoi ?

— Pourquoi ? demanda Ernestine, imprudemment.

— Parce que votre cher petit Timothy a vendu toutes ses actions, cent cinquante-huit mille livres sterling d'actions appartenant à la tante Boskie, et après ça, il a disparu...

— Mais c'est impossible, dit faiblement Ernestine, il n'a pas le droit de vendre des actions qui ne lui appartiennent pas.

— Non, Ernestine, il n'a pas le droit, vous avez tout à fait raison. Je me réjouis que vous ayez intégré cette légère subtilité. Et maintenant votre cher petit garçon a disparu, mis les voiles, fichu le camp, pris la poudre d'escampette, enfin appelez ça comme vous voudrez, mais je sais très bien la façon dont Boskie voit les choses.

Ernestine n'eut aucune peine à l'imaginer. Un vague bruit de râle en arrière-plan sembla indiquer que Boskie faisait une attaque d'apoplexie. Ernestine essaya de reprendre la situation en main.

— Elle se trompe certainement. Jamais Timothy ne se permettrait une chose pareille. D'ailleurs, ces actions étaient sûrement au nom de Boskie. Alors comment aurait-il pu s'y prendre ?

— C'est très simple, en imitant sa signature sur une procuration.

— Je n en crois pas un mot, dit Ernestine. Timothy ne ferait pas une chose pareille. Que dites-vous ? Vous en êtes sûr ? Alors il faudra le prouver. Cette pauvre Boskie est folle à lier, de toute évidence.

— Voilà bien la première chose sensée que j'ai entendue de la soirée, acquiesça Fergus. Malheureusement sa forme de démence n'a rien à voir avec de la sénilité. En fait elle a une mine splendide. Je ne dirais pas que c'est l'image même de la santé, mais pour une femme de quatre-vingt-dix ans... bon, disons qu'elle ne souffre pas exactement d'hypotension. Maintenant, si ça ne vous ennuie pas, j'aimerais parler à Bletchley.

— Impossible. Il n'est pas là.

— Ah oui, bien sûr, j'oubliais que c'est le week-end, dit Fergus. Je suppose qu'il est avec... Euh... Qu'il s'est remis au golf ?

— Je ne comprends pas ce que vous insinuez, fit Ernestine, reprenant un peu de sa superbe pour se donner une contenance.

— Bon, d'accord, passons, dit Fergus, admettant qu'il y avait certaines choses qu'il valait mieux taire. Eh bien, si par hasard vous arriviez à le joindre, expliquez-lui que j'ai réussi, jusqu'à maintenant, à empêcher Boskie d'appeler personnellement le directeur de Scotland Yard, mais que je n'arriverai pas à contrôler la situation beaucoup plus longtemps. Dites simplement à Bletchley qu'il faut absolument trouver cet argent et le rendre. J'insiste : il le faut absolument. Je ne plaisante pas, Ernestine. Les fils de Boskie arrivent de Malaga et de Detroit par avion pour...

Ernestine raccrocha et se pelotonna sur une chaise. Elle ne sentait même plus le froid. Au bout d'un moment elle prit le téléphone et fit le numéro de Timothy à Londres. La tonalité indiqua qu'il n'y avait personne. Puis elle alla dans le bureau de son mari chercher un numéro qu'elle n'avait jamais utilisé auparavant. Elle composa ce numéro. Une voix de femme ensommeillée lui répondit.

— Je voudrais parler à Bletchley Bright, dit Ernestine d'un ton ferme. Et ne perdez pas de temps, s'il vous plaît, à me dire qu'il n'est pas là. C'est une urgence.

Elle attendit que le message soit transmis et, quelques secondes après, son mari était en ligne.

— Qu'est-ce que c'est que cette histoire ? demanda-t-il, hargneux.

— Vous feriez bien de rentrer à la maison, mon cher, fit Ernestine, glaciale.

— A la maison ? Maintenant ? Pourquoi ? Qu'est-ce qu'il se passe ? Quelqu'un est mort ?

— En un sens oui. C'est une façon de voir les choses, dit Ernestine. Si vous voulez en savoir davantage, téléphonez à Fergus. Il est à Drumstruthie. Mais vous auriez intérêt à faire ça de la maison. Je vous attends.

Ernestine raccrocha et alla dans la cuisine pour se préparer une bonne tasse de thé. Bonne, c'était beaucoup dire.

A l'aube, les recherches pour retrouver Timothy avaient commencé.

Dans la vieille nursery de la ferme Midden, Timothy Bright, allongé sur le lit, examinait les terribles marques de griffes qui creusaient le bois épais de la porte. Il ne comprenait pas où il pouvait bien être. En même temps, il essayait de rassembler ses souvenirs. Il se rappelait un voyage en moto jusque chez l'oncle Victor mais ça lui semblait si lointain. Le voyage lui-même paraissait détaché du reste des événements qui l'avaient précédé, et il resta longtemps sans comprendre ce qui l'avait poussé à partir à Fowey. Mais lentement, au fur et à mesure que s'estompaient les effets de la drogue, des fragments de cet horrible passé lui revinrent en mémoire. C'était parfois un détail fugitif qui lui permettait de faire revenir des séquences entières. Il retrouva ainsi les images du casino et de Mr Markinkus qu'il fallait payer dans les dix jours. Puis, après un autre bond dans le temps, il lui revint à l'esprit l'homme au rasoir dans ce bar à vin et l'emprunt des actions de tante Boskie. Et puis encore la vente de ces actions.

Ces pensées se figèrent et il se sentit pris d'une telle terreur qu'il dut se recoucher sur le lit, vert de peur. La certitude d'avoir vendu les actions de tante Boskie provoqua en lui une panique bien plus grande que les menaces de Mr Markinkus ou de Brian Smith. Il se rendait compte maintenant qu'il avait fait une gaffe monumentale, la pire de toutes. Il aurait toujours pu échapper à ces escrocs minables en se plaçant sous la protection des Bright. La famille ne laissait jamais tomber un des siens quand les choses tournaient mal. Il fallait bien sauver l'honneur du nom. Mais maintenant, c'était différent. Il avait vendu les actions de tante Boskie, il ne pouvait pas rendre l'argent et c'est un acte que la famille ne lui pardonnerait jamais. Sa panique devint si forte qu'il commença à se voir comme il était vraiment. Puis, aveuglé par sa prodigieuse capacité à se leurrer et à s'attendrir sur son sort, il redevint ce pauvre petit Timothy à qui on avait fait tant de misères. Au fait, cet argent, qu'était-il devenu ? Il l'avait retiré de la banque, donc il devait bien être quelque part. Timothy explora le moindre recoin de sa mémoire pour résoudre ce mystère. Il se rappelait avoir soigneusement rangé les billets dans une mallette. Ça, il en était sûr. Mais est-ce qu'il avait mis la mallette dans la moto ? Quelqu'un lui avait téléphoné précisément à ce moment-là. Et puis il y avait eu autre chose… Il valait mieux commencer par la fin et essayer de se souvenir s'il avait toujours la mallette en arrivant chez son oncle. Il avait surtout été préoccupé par un certain paquet, une sorte de boîte à chaussures, qui devait contenir de l'argent, lui aussi. Auquel cas, la mallette devait être restée avec le paquet et se trouver encore chez l'oncle Victor. Seigneur Dieu ! Il fallait absolument qu'il retourne là-bas et... L'arrivée de miss Midden vint interrompre le cours de ses pensées.

— Est-ce que vous avez un nom, maintenant ? demanda-t-elle.

— Bright. Je m'appelle Timothy Bright. Dites donc, j'aimerais bien qu'on me rende mes vêtements.

— Pas question. Vous êtes arrivé ici tout nu et vous resterez tout nu jusqu'à ce que j'aie trouvé pourquoi vous êtes venu ici, avec qui et toute l'explication de cette histoire. Vous pouvez vous servir de la serviette pour vous rendre vaguement présentable.

— Mais je ne peux pas rester ici. Je ne sais ni qui vous êtes ni où je suis et il est terriblement important que...

Timothy s'arrêta. Il ne fallait surtout rien dire de plus à cette femme. D'ailleurs, il avait été bien bête de lui donner son nom.

— Et qu'y a-t-il de si terriblement important ? demanda miss Midden.

— Rien du tout, répliqua Timothy d'un ton bravache.

— Et c'est exactement ce qu'il y a au menu de votre petit déjeuner.

Sur ces mots, miss Midden sortit en fermant la porte à clé.

Timothy descendit de son matelas pour aller examiner la vue qui s'offrait entre les barreaux de la fenêtre. Sur la lande, il n'y avait pas âme qui vive. Seuls quelques rares moutons paissaient le long d'une vieille chaussée de terre battue qui disparaissait à l'horizon derrière de petites collines bleutées. Tout au loin, l'eau d'un lac scintillait dans la lumière du soleil, mais ce paysage n'évoquait rien pour Timothy. En revanche, un autre souvenir refit surface. Il était lié à l'oncle Benderby et à son yacht. Bon Dieu ! Ce paquet brun ! On lui avait demandé d'aller le livrer en Espagne. Dans le creuset de sa mémoire, les souvenirs resurgissaient, tous plus effrayants. La peur paralysait Timothy. Tout compte fait, dans cette pièce, il était en sécurité pour le moment. Et il refusa de réfléchir davantage. Il alla se recoucher sous l'édredon taché de sang et essaya de dormir.

Dans son bureau du commissariat, sir Arnold mit de côté le rapport de police du week-end. Il devait trouver une façon d'aborder l'histoire de ce coup de téléphone anonyme à la ferme des Midden, sans qu'on puisse se douter qu'il en était l'auteur. Pas facile. A moins que... Il fit convoquer le chef de la brigade criminelle.

— Ah, Rascombe, félicitations pour la fête de samedi. Très réussie. J'ai vraiment passé une très bonne soirée. Pas d'autres problèmes avec les médias, j'espère ?

— Aucun. Grâce aux frères Saphégie, on les a lancés sur une autre piste qui les a bien éloignés de nos petites affaires.

— Tiens donc, les frères Saphégie ? Je ne savais pas qu'ils avaient repris leurs activités. Je les croyais à l'ombre, en train de faire leur temps, dit le commissaire.

— Ils l'ont fait, patron, ils ont payé ce qu'ils devaient. En respectant gentiment le calendrier. Mais je sais comment fonctionnent ces messieurs de la presse. J'ai collé sur le dos des Saphégie l'histoire du meurtre de Pudley. Comme ça, on nous laissera tranquilles.

— Le meurtre de Pudley ? Mais les frères Saphégie n'ont absolument rien à voir avec cet horrible meurtre, dit le commissaire éberlué.

— C'est ça l'astuce, patron. Les Saphégie, ça les dérange pas qu'on en persuade la presse. Au contraire.

Très bon pour leur réputation. Dans les cercles sociaux où ils évoluent, c'est même excellent pour le prestige d'être mêlé à une affaire de ce calibre. Naturellement je leur en ai touché un mot auparavant, histoire d'avoir leur consentement.

— Très courtois de votre part, Rascombe.

— Comme ils m'ont dit eux-mêmes, un peu de publicité, même mauvaise, n'a jamais fait de tort à personne, ajouta Rascombe avec un grand sourire.

Sir Arnold ne fit aucun commentaire. Jamais comme à cet instant l'absurdité de cette maxime ne l'avait autant frappé. Mais enfin, si les frères Saphégie, des petits malfrats spécialistes du recouvrement de dettes et du racket, acceptaient d'être associés dans l'esprit du public à une histoire de meurtre particulièrement atroce — l'assassinat au vitriol de toute une famille —, c'était bien leur problème. Sir Arnold, lui, s'intéressait à l'opération inverse : rendre d'une façon ou d'une autre miss Midden responsable de la présence d'un intrus dans son lit.

— Rien d'autre de spécial à signaler ? demanda-t-il à Rascombe en lui jetant un regard perçant. Rien d'anormal nulle part ?

C'était le genre de question et de regard que l'inspecteur avait appris à reconnaître et, d'habitude, il en comprenait aussitôt la signification. Mais cette fois-ci, il nageait complètement.

— Vous voulez dire… Dans quel domaine exactement, chef ?

Sir Arnold réfléchit un instant. Rascombe était un bon flic, le genre de flic qu'il avait été lui-même en son temps. Et puis il en savait assez long sur lui pour être certain de sa loyauté. Pourtant le commissaire divisionnaire hésitait. Il y a certaines choses qu'il vaut mieux garder pour soi. D'un autre côté, il y avait cette satanée Léa, qui, elle, savait tout, et qui, selon toute probabilité, avait aidé quelqu'un à fourrer le jeune homme dans son lit. Le commissaire divisionnaire n'arrivait toujours pas à y voir clair dans cette histoire. Et puis il y avait cette vieille Thouless. A l'heure qu'il est, elle était sûrement allée à Solwell chercher le pain et le lait et, dans ce cas, la moitié du village était déjà au courant. Il n'y avait pas à hésiter. L'heure était venue de riposter ou, du moins, de remuer les eaux troubles pour semer un peu la confusion.

— Est-ce que vous avez déjà été victime d'un coup monté, Rascombe ?

L'inspecteur esquissa un sourire.

— On a connu ça.

Rascombe comprenait maintenant les réticences du commissaire. Il paraît que c'était même arrivé à Edgar Hoover, d'après ce qu'il avait entendu dire. N'empêche, c'était plutôt difficile d'imaginer ce vieux singe de sir Arnold en drag queen. Écœurant, même.

— J'imagine que c'était à vos débuts dans la police, non ? reprit le commissaire, encourageant.

L'inspecteur avait compris.

— Non, patron, ils n'abandonnent pas facilement. Ils s'imaginent qu'à force d'être dans la police et de fréquenter des méchants ça vous affaiblit le caractère et la moralité. Alors ils insistent et je crois que, dans certains cas, ils finissent par taper dans le mille. Mais il leur arrive aussi de fourrer leurs sales petites pattes dans un beau piège à rats. C'est ce qui s'est passé avec mes gugusses. Mais avant même qu'ils aient eu le temps de comprendre ce qui se passait pour eux, ils se sont retrouvés à Parkhurst, ayant écopé de quatorze et dix ans à l'ombre. Je pense souvent à eux, le soir, devant la télé.

L'inspecteur eut un petit sourire nostalgique.

— Quatorze et dix ans, fichtre, dit le commissaire. Vous voulez dire que Freddy, dit Bugsy Malone, et Jeff, dit le Sundance Kid, ont essayé de vous faire porter le chapeau ?

L'inspecteur acquiesça d'un hochement de tête.

— Et vous leur avez collé ces deux kilos de coke dans la musette pour leur apprendre les bonnes manières ? Mazette, Rascombe ! Dire que je les croyais coupables ! Mais c'est tout à votre honneur, naturellement. Imaginez un peu, leur coller ça sur le dos, elle est bien bonne ! Mais ils le méritaient cent fois. D'après moi, je ne connais rien de plus dégueulasse que de faire chanter un flic. En tout cas, vous pouvez compter sur moi. Je veillerai à ce qu'ils ne bénéficient pas d'une libération anticipée. Comme je dis toujours : tout travail mérite salaire !

Et sir Arnold griffonna une note dans son agenda pour ne pas oublier de contacter ce type qu'il connaissait à la commission des remises de peine.

— Bon. De quoi parlions-nous ?

L'inspecteur Rascombe décida qu'une approche pleine de tact s'imposait.

— Quelqu'un mijote un mauvais coup ? hasarda-t-il.

Le commissaire approuva.

— Un truc dans ce genre-là. Un bruit qui m'est revenu. Bien sûr, rien n'est certain et je ne peux rien garantir…

— C'est vrai, patron, on n'est jamais sûr. N'empêche qu'il n'y a pas de fumée sans feu et souvent une petite chose vous amène à en découvrir une grande, comme je dis toujours. Je connais la personne ?

Sir Arnold décida de se retrancher dans la discrétion.

— Non, moi non plus d'ailleurs, c'est ce qui m'ennuie.

Puis, après une petite pause, il reprit :

— Est-ce que le terme « garderie d'enfants » vous dit quelque chose, Rascombe ?

— Rien, sauf ce que ça veut dire habituellement. Oh non, patron, vous ne pensez tout de même pas…

— Ça se pourrait, Rascombe, ça se pourrait bien, justement. Si c'est le cas, on a intérêt à mettre toute la gomme avant d'avoir sur les bras un deuxième scandale comme celui d'Orkney. Et je dis bien : mettre toute la gomme. Je ne laisserai pas l'arrondissement de Twixt et Tween entrer dans l'histoire comme capitale de la pédophilie. C'est un truc qui me dégoûte.

— C'est vil, chef, ignoble et vil.

Rascombe se dit qu'il avait dû faire fausse route en imaginant une histoire de chantage. La pédophilie n'était visiblement pas son trip, au commissaire. C'était clair.

— Et par qui devrait-on commencer, chef, à votre avis ? reprit Rascombe.

Le commissaire regarda la ville qui s'étendait sous sa fenêtre.

— Il faut surtout laisser de côté SOS Enfance maltraitée, c'est sûr. Un mot de notre part et, demain, c'est le pays tout entier qui sera au courant.

— Pour ça, vous avez drôlement raison, patron. Y a pas pire que ces bons samaritains pour mettre de l'embrouille.

— Tu l'as dit, bouffi, songea sir Arnold. Ses affaires à lui étaient suffisamment embrouillées pour ne pas avoir besoin de samaritains.

N'empêche que cette piste pédophile était assez géniale. La seule mention de sévices sexuels sur enfants suffisait à déclencher une hystérie collective qui aveuglait la population et permettait de cacher toute autre évidence logique. Comme eaux troubles, parlons-en ! C'était l'idéal. Du sur mesure même !

— Ce que je veux que vous fassiez, Rascombe, c'est me transmettre tous les rapports, tout ce qui pourrait suggérer quelque chose d'anormal. Tout détail, même insignifiant, doit être vérifié. Notez bien, il ne s'agit que d'une intuition. Mais si mon flair ne me trompe pas et si ce que j'ai entendu signifie bien ce que je crois...

Sir Arnold, marquant un temps d'arrêt, sembla jauger

Rascombe du regard pour s'assurer qu'il avait bien l'envergure exigée par la situation. Puis il reprit.

— Les mots exacts étaient : « *Là-haut, derrière Stagstead. C'est un ancien de l'armée et il connaît un endroit idéal pour les photographier.* » Voilà ma source et elle est purement fortuite, une interférence sur la ligne téléphonique. Normalement, je n'y aurais prêté aucune attention. Sauf que, dans ce cas, le type avait le genre de voix sur laquelle on ne peut pas coller un visage mais qu'on est sûr de connaître. Elle me rappelait quelqu'un mêlé à ce genre de saloperies, si vous me suivez. J'aurais pu raccrocher mais mon instinct m'a retenu. Et alors l'autre type a répondu quelque chose de bizarre : « *A mon avis, faudrait l'ajouter dans le* Gide bleu. » Qu'est-ce que vous en dites, Rascombe ?

— Le *Guide bleu*, patron. Sûrement pas le *Gide bleu.*

— Normalement, je me serais dit qu'il prononçait mal, moi aussi. Mais il avait trop la voix d'un intello snobinard pour faire une faute pareille. Et puis l'autre type à la voix mielleuse a repris : « *Je crois qu'ils préfèrent éviter tous les guides comme le* Gide bleu. *Faut être prudent.* » Après ça, j'ai perdu la ligne.

— Ça paraît drôlement louche, cette histoire de *Gide bleu*, patron.

— Bien plus louche que vous ne l'imaginez, Rascombe.

Sir Arnold adressa un petit remerciement silencieux à cette bonne vieille tante Léa pour lui avoir fait prendre conscience de ses lacunes littéraires. Quand elle avait poussé Vy à rafraîchir son français avec la lecture de *La Porte étroite*, le commissaire avait été vexé d'admettre qu'il n'avait jamais entendu parler de Gide. Il s'était même fait traiter de « pauvre philistin » par sa femme ce soir-là. Mais cette vieille peau de vache lui avait filé un bon tuyau et il pouvait le recaser maintenant.

— Vous voyez, Rascombe, j'ai vérifié qui était ce Gide et j'ai trouvé que c'était une sorte de vieille tantouze qui en pinçait particulièrement pour les petits garçons arabes. Faisait même des bouquins là-dessus. *La Porte étroite* est un de ceux-là et je n'ai pas besoin de vous faire un croquis pour vous expliquer le titre. Le vieux salaud. A mon avis, le *Gide bleu*, ça doit être quelque chose de nouveau.

L'inspecteur Rascombe était visiblement impressionné.

— Dites, patron, on est peut-être tombés sur un gros truc. Il faut reconnaître qu'après toutes ces affaires et la mauvaise presse qu'on vient d'avoir, ça serait pas du luxe pour notre cote de popularité si on arrivait à mettre une bande de pervers sexuels derrière les barreaux.

— Exactement ce que je pense, approuva le commissaire.

— Autre chose, patron, continua Rascombe, encouragé par l'attitude de sir Arnold, ce coin dont vous parlez, là-bas vers Stagstead, c'est plein de riches et de gros bonnets avec des domaines et des grandes maisons, non ?

Rascombe hésita et regarda le commissaire. Il était peut-être en train de s'aventurer sur un terrain glissant. Après tout, le vieux avait lui-même une propriété dans le coin. Mais sir Arnold semblait tout à fait décontracté en dépit de sa fatigue évidente.

— Je vois ce que vous voulez dire, inspecteur, et je vous sais gré de votre tact et de votre délicatesse mais il ne faut pas penser à moi. Vous avez à faire votre devoir sans tenir compte de la place que j'occupe dans la communauté. Maintenant vous comprenez pourquoi je vous ai fait confiance dans la conduite de cette tâche. Il me faut quelqu'un qui ne se laisse pas guider par des partis pris et je vois que vous êtes l'homme de la situation. Pour commencer, vous allez vérifier sur l'ordinateur la liste de tous les délinquants sexuels et chercher si on a signalé quelque chose d'anormal dans le secteur.

Sur ces mots sir Arnold donna congé à Rascombe. Il était certain que l'inspecteur ne manquerait pas de repérer très vite le nom de MacPhee sur l'écran de l'ordinateur et toute enquête autour de Stagstead conduirait fatalement à ce coup de fil anonyme où il était question de Middenhall et de petits garçons sodomisés. Le commissaire pouvait maintenant se consacrer au sermon qu'il devait prononcer à l'église du Saint-Sépulcre le dimanche suivant. Il comptait souligner comment Dieu parvenait à ses fins par des voies mystérieuses. Pour sir Arnold il ne faisait aucun doute que les voies de Dieu coïncidaient avec les siennes. Et de mystère, elles n'en manquaient certes pas.

Il était parvenu à la moitié du sermon et développait le thème « punissons ici-bas les méchants et donnons-leur un avant-goût de ce qui les attend dans l'au-delà » quand une pensée insidieuse vint lui titiller l'esprit. Il avait oublié quelque chose d'important, sur le plan pratique. S'il ne voulait pas passer le reste de sa vie d'ici-bas à redouter le chantage, il devait absolument trouver le vrai responsable de toute cette histoire, celui qui avait essayé de le piéger avec ce petit connard. Il essaierait de coincer la vieille Léa par la même occasion mais, pour l'heure, il s'agissait de poursuivre son enquête. Et il n'en resterait pas là. Sir Arnold eut un geste énergique du menton et se leva pour se faire une tasse de café noir et fort. Il allait avoir besoin de toutes ses facultés.

20

Vers midi déjà, la mémoire de Timothy Bright s'était considérablement améliorée. Et à l'heure du souper, tous ses souvenirs lui étaient revenus avec une clarté remarquable. Ce processus avait largement été accéléré par la faim et par toutes les bonnes odeurs qui lui parvenaient de la cuisine : un délicieux fumet d'œufs au bacon, puis les effluves d'un gigot d'agneau au romarin. Vers six heures du soir, Timothy aurait pu parier qu'on faisait cuire un porcelet à la broche.

Il s'agissait seulement d'une côtelette à laquelle on avait ajouté des lardons rissolés pour obtenir l'effet désiré. Et ces odeurs, ces délicieuses odeurs ne provenaient pas réellement de la cuisine. Miss Midden, en chaussettes, avait monté chacun de ces plats et les avait laissés une dizaine de minutes devant la porte de la vieille nursery où leur parfum, entraîné par un courant d'air, n'avait pas tardé à se répandre. Puis elle était redescendue, avait mis ses chaussures pour remonter bruyamment l'escalier et demander à Timothy s'il voulait manger. Quelle question ! Il mourait d'inanition. Mais il refusait toujours de lui expliquer ce qui l'avait conduit chez elle, sous le lit du major. Il essaya même de le prendre de haut.

— Vous n'avez pas le droit de me garder enfermé ici comme vous le faites, c'est illégal, avait-il déclaré après l'épisode de l'agneau au romarin.

Miss Midden avait rétorqué que personne ne le retenait et qu'il était libre de s'en aller à la minute même.

— Mais vous refusez de me rendre mes vêtements. Je ne peux pas partir nu comme un ver !

— Si je ne vous donne pas vos vêtements c'est parce que je ne les ai pas. J'ai fouillé toute la maison et le jardin. Pas la moindre trace. Si ça vous amuse de faire irruption chez les gens en costume d'Adam, c'est votre problème. Mais moi, je ne suis pas là pour fournir vestes et pantalons à des cambrioleurs.

— Je comprends bien, mais vous me faites mourir de faim.

— Pas du tout, dit miss Midden. Je ne suis pas chargée d'habiller les intrus ni de les nourrir non plus. Surtout quand ils refusent d'expliquer ce qu'ils sont venus faire ici.

Timothy répliqua qu'il ne savait pas non plus ce qu'il faisait dans cette maison.

— Je vous conseille de bien réfléchir parce que tant que vous ne m'aurez pas dit la vérité, toute la vérité et rien que la vérité, vous pouvez vous attendre à rester le ventre vide.

Miss Midden fit quelques pas vers la porte avant de se retourner et de lancer :

— Naturellement, si vous souhaitez faire appel à la police, je ne serais que trop heureuse de vous obliger.

— Non, je vous en prie, n'en faites rien, plaida Timothy, livide.

Si miss Midden appelait la police, il était fichu. Entre l'homme au rasoir qui voulait le charcuter et les actions qu'il avait volées à tante Boskie... Non, il ne fallait pas qu'elle appelle la police.

C'est l'odeur du porc rôti qui le fit craquer. Il imaginait la peau bien croustillante. Et Piggy le cochon écorché qui, même rôti, n'aurait plus de peau bien croustillante... Il y eut aussi les deux visites du major MacPhee venu voir comment il allait. Il l'assura que miss Midden était une personne très bien et qu'elle avait beaucoup de cœur.

— Vous pouvez lui faire confiance, dit-il, elle est vraiment très gentille mais c'est une Midden de la vieille école. Elle est prête à se mettre en quatre pour vous quand on sait la prendre. Mais elle n'admet pas qu'on lui mente ou qu'on se fiche d'elle.

— Elle ne m'a pas particulièrement frappé par son bon cœur, rétorqua Timothy.

— C'est parce que vous ne lui dites pas la vérité, dit le major. Elle a horreur du mensonge et des gens qui s'inventent des prétextes. Dites-lui la vérité et tout se passera bien. Autre détail : elle déteste la police alors vous pouvez être tranquille. Pas de danger qu'elle vous livre aux flics si vous lui dites tout.

Timothy Bright demanda pourquoi elle détestait la police.

— D'après elle, ce sont tous des pourris qui tabassent les gens dans leur cellule. Et elle a une sacrée dent contre le commissaire divisionnaire, un type infect. Vous avez certainement dû lire dans la presse comment lui et son équipe ont fait coffrer des innocents. La BBC en a fait une émission spéciale à *Panorama*. La brigade criminelle du coin est pourrie jusqu'au trognon. Et d'une brutalité !

Sur cette note réjouissante, le major était redescendu en cuisine faire son rapport à miss Midden.

— Encore un repas et je vous parie qu'il se mettra à table. Il ne vous fait pas confiance, c'est tout.

— Je ne me fais pas confiance non plus, dit miss Midden, énigmatique, en décortiquant l'os de sa côtelette.

A six heures ce soir-là, Timothy finit par s'effondrer en pleurs. Il promit de tout leur raconter s'ils juraient de ne rien répéter à personne.

Miss Midden répondit qu'elle ne pouvait rien lui garantir parce que s'il avait vraiment commis quelque chose d'horrible comme un meurtre ou un viol... Timothy l'arrêta en lui jurant qu'il n'avait rien fait de pareil. C'était une histoire d'argent et de dettes. Et maintenant est-ce qu'il pouvait avoir un petit quelque chose à manger ?

— Tout dépendra de ce que vous me raconterez, répliqua miss Midden. Essayez de me dire un seul mensonge et je m'en apercevrai immédiatement. Demandez à MacPhee.

Le major approuva d'un hochement de tête et confirma le flair particulier de miss Midden pour détecter le mensonge.

— Et ne croyez pas que mes griefs personnels vont m'empêcher de vous livrer au commissaire, poursuivit miss Midden. Du moins, si vous me mentez.

Timothy jura sur son honneur qu'il ne lui mentirait pas. Miss Midden n'en était pas tout à fait persuadée, mais elle décida de garder ses doutes pour elle-même.

— D'accord. Vous pouvez descendre dans la cuisine et vous nous raconterez votre histoire, dit-elle. Drapez-vous dans cette serviette. Vous n'aurez pas de vêtements tant que je ne saurai pas de qui ou de quoi j'ai hérité.

Attablé dans la cuisine où flottaient encore de succulentes odeurs de viande, Timothy Bright raconta son histoire. A la fin miss Midden se déclara satisfaite et sortit le rôti de porc avec sa peau croustillante, les pommes de terre sautées, les carottes, les fèves et la compote de pommes. Tout en regardant manger Timothy elle se mit à réfléchir à ce qu'elle allait faire maintenant. En tout cas, il avait de bonnes manières à table et ce qu'il lui avait confié sonnait juste. C'était tout à fait le genre de jeune crétin prétentieux capable de se laisser piéger par des dealers ou des joueurs professionnels. Miss Midden avait été particulièrement impressionnée qu'il avoue le vol des actions de sa tante Boskie.

— Où habite votre tante ? demanda-t-elle.

— Elle possède une maison dans le quartier de Knightsbridge mais, maintenant, elle est dans une maison de retraite. Elle a plus de quatre-vingt-dix ans.

Miss Midden demanda son adresse exacte, ce qui sembla inquiéter Timothy.

— Je ne vois pas pourquoi ça vous intéresse, dit Timothy en s'attaquant au dessert. Vous n'allez tout de même pas la prévenir, non ? Parce qu'elle est capable de me tuer si elle l'apprend. C'est une vieille dame sacrément féroce, si vous voulez savoir.

— Je veux simplement vérifier qu'elle existe, cette fameuse tante, dit miss Midden qui le força aussi à donner l'adresse de l'oncle Fergus et de ses parents.

Timothy ne comprenait toujours pas pourquoi et eut un moment de panique quand il la vit se diriger vers le téléphone du vestibule. Il la suivit en s'entortillant dans sa serviette.

— Pour l'amour du ciel, utilisez le peu de cervelle que vous semblez posséder, lui dit-elle. Je veux tout simplement appeler le service des renseignements. Retournez donc finir votre repas.

Mais il resta planté là jusqu'à ce qu'elle obtînt la confirmation qu'il existait bien une Mrs Bright qui vivait à l'adresse indiquée. Et aussi un Fergus Bright à Drumstruthie.

— Cela me paraît satisfaisant, dit-elle en raccrochant le

téléphone. Maintenant vous pouvez avoir une tasse de café.

Une demi-heure plus tard, Timothy remontait dans la vieille nursery avec un livre prêté par le major. C'était *Le Voleur volé*, d'Alain Scholefield, un titre tout à fait approprié.

Dans la cuisine, miss Midden resta attablée un moment, perdue dans ses pensées. Elle n'avait que peu de sympathie pour ce jeune Mr Bright mais au moins il avait eu l'intelligence de lui dire la vérité. Elle allait devoir intervenir.

Dans son appartement qui dominait Hyde Park, sir Edward Gilmott-Gwyre raccrocha le téléphone en poussant un long soupir méditatif. Il n'avait pas souvent l'occasion d'avoir des nouvelles de sa fille, ce dont il était tout à fait ravi. Mais voilà que cette satanée bonne femme venait de téléphoner pour lui annoncer son arrivée. Elle avait quelque chose de grave à lui dire.

— Mais pourquoi ne peux-tu pas m'en parler au téléphone, ma chérie ? avait-il demandé d'un ton légèrement suppliant.

— Oh non, papa, c'est beaucoup trop important, avait-elle chevroté, et d'ailleurs ça ne devrait pas te plaire.

Sir Edward, se dandinant un peu sur sa chaise, se dit que c'était probable, en effet. Rien chez sa fille ne lui avait jamais plu. D'abord, elle lui rappelait beaucoup trop sa femme. Et puis, c'était la seule femme qu'il connaisse à être passée directement de l'obésité pubertaire aux multiples bourrelets de la préménopause sans avoir connu, entre les deux étapes et même très brièvement, une phase de charme et de grâce. Quant à son esprit, si toutefois le terme pouvait convenir dans son cas, il était resté aussi parfaitement vide que l'éducation des écoles privées, parachevée par un an de *finishing-school* en Suisse, pouvait le laisser espérer. Aux yeux de ce père sans indulgence, la jeune Vy Carteret Purbrett Gilmott-Gwyre avait, à vingt-trois ans, autant d'attraits physiques et moraux qu'une palourde rescapée d'une marée noire. Il avait donc été absolument ravi quand Arnold Gonders, alors simple commissaire, lui avait demandé la main de sa fille. Comme chacun l'avait remarqué à l'époque, rarement un père avait mis autant d'empressement à conduire, ou plutôt à pousser, sa fille vers l'autel, le jour du mariage. Aujourd'hui, d'après le ton pleurnichard qu'elle avait adopté au téléphone, elle semblait s'être mise dans un sérieux pétrin. Et sir Edward n'avait pas la moindre envie d'aller l'en sortir.

Histoire de prendre des forces avant d'affronter sa visite, il se versa deux doubles cognacs et prit soin de cacher la bouteille de gin. Elle pouvait toujours courir pour espérer se régaler à ses frais. En outre, l'absence de boissons alcoolisées parviendrait peut-être à la faire déguerpir plus tôt. Il avait invité le professeur Elisha Beconn à déjeuner et il comptait se débarrasser de la présence de Vy bien avant l'arrivée de cette docte personne. En l'occurrence il fut absolument ébahi de trouver sa fille tout à fait à jeun et réellement très perturbée.

— Allons bon, qu'est-ce qui se passe encore ? lui dit-il avec cette absence totale de compassion qui caractérisait tous ses contacts émotionnels avec les femmes de sa famille.

Lady Valence, sa femme, avait un jour remarqué que vivre aux côtés de sir Edward pouvait se comparer à la vie d'un jambon fumé.

— Encore que ce ne soit pas tellement la fumée qui me gêne chez lui, disait-elle. C'est la misogynie foncière de cette brute qui a fini par faire de moi cette pauvre petite chose desséchée que vous avez devant vous.

La remarque manquait de fair-play. L'inanité de la conversation de sa femme, s'ajoutant à la bêtise crasse de sa fille, avait transformé sir Edward en un farouche partisan du MLF, un mouvement qui lui garantissait la tranquillité.

— Le grand avantage de la femme libérée et instruite, c'est qu'elle essaie à tout prix de m'éviter, se plaisait-il à déclarer.

Il était devenu un des champions du lesbianisme universel et du service militaire féminin pour les mêmes raisons.

Maintenant, face à cette fille désemparée et tout à fait sobre, il ne pouvait que soupirer et souhaiter que la prochaine demi-heure passe le plus vite possible.

— Je ne sais pas comment vous dire ça, papounet, commença Vy en adoptant ce ton enfantin qu'elle croyait, bien à tort, lui être agréable.

— Alors il ne faut pas te forcer, si tu n'as pas envie...

— Vous comprenez, papa, c'est Arnold, poursuivit-elle, il est devenu franchement impossible.

— Devenu ? demanda sir Edward qui avait toujours trouvé son gendre carrément insupportable.

— Il a monté tout un scénario pour me piéger, papa, je vous assure.

— Te piéger ? Dans quel but, sacrebleu ?

— Il veut me réduire au silence.

— Vraiment ? Voilà un homme qui n'a pas peur de la difficulté, ton mari ! J'ai essayé de faire taire ta mère pendant des années mais autant pisser dans un violon.

Lady Vy prit un air encore plus morose.

— Pourquoi êtes-vous toujours si méchant avec moi, papa ?

— Parce que tu viens me voir, ma chérie, voilà tout. En revanche, reste loin de moi et tu verras comme je serai gentil.

— Mais vous n'écoutez même pas ce que je veux vous dire.

— J'essaie de ne pas écouter, mon enfant, mais j'enregistre malgré moi quelques bribes. Où en étais-tu ?

— Je vous parlais du complot d'Arnold. Il veut m'empêcher de parler à la presse.

Sir Edward l'observa de ses petits yeux enfoncés dans les plis de ses joues.

— Très judicieux de sa part ! Je suis tout à fait d'accord avec lui. Il faut toujours se tenir à l'écart de ces foutus journaux. Je ne vois pas pourquoi ça te dérange, ma chérie.

Effarée, lady Vy parcourut du regard la grande pièce aux murs couverts de livres puis, fixant les lourdes tentures de velours, elle déclara d'une voix où l'on sentait monter la panique :

— L'autre jour il a mis un homme nu dans mon lit et il l'a presque battu à mort. Après ça, il m'a forcée à le descendre à la cave et il l'a ligoté avec nos deux draps et des kilomètres de sparadrap, et puis il a pris une pipette pour arroser les rôtis et…

— Attends, attends une minute, je suis perdu. Arnold a pris la pipette à rôti dans la cuisine ? Mais pour faire quoi, sacrebleu ?

— Il s'en est servi pour faire avaler à ce jeune homme un cocktail de whisky et de Valium. C'est atroce, papa !

— Tu m'étonnes ! Ça doit être absolument infect, oui. Et même dangereux. Tu ferais bien de le lui signaler. Après tout, c'est ton mari, même si on se demande bien ce que tu as pu lui trouver à ce crétin. Dieu seul le sait ! Enfin, comme on fait son lit on se couche…

— Mais pas avec le petit ami d'Arnold, papa. Tu ne peux pas me demander ça !

— Ah bon ? Je ne vois pas pourquoi. J'aurais plutôt

pensé que n'importe quel pékin serait mieux qu'Arnold, cet horrible individu. Je l'ai toujours dit.

— Mais vous ne comprenez toujours pas ce que j'essaie de vous expliquer, papa, implora lady Vy d'une voix pitoyable.

— J'essaie de m'en empêcher, ma fille, dit sir Edward qui rinça sa bouche avec une gorgée de cognac avant de la recracher dans le feu comme pour donner plus de poids à ses paroles. Toute cette histoire me semble absolument répugnante. Mais enfin, puisque tu tiens à me mettre au courant...

Lady Vy fit une dernière tentative.

— Papa, vous devez faire quelque chose. Arnold ne doit pas s'en tirer cette fois-ci. Il faut l'arrêter.

Sir Edward haussa ses épaules massives puis garda le silence. Une de ses tactiques habituelles consistait à attendre que sa fille, qui avait le pouvoir de concentration d'un canari, se lasse et change de sujet. Mais cette fois, ça n'avait pas l'air de marcher.

— Et il va me tuer quand il s'apercevra que je vous en ai parlé, reprit Vy.

Sir Edward la fixa d'un regard soudain plus intéressé.

— Oui, bien sûr, il y a toujours cette possibilité, fit-il au bout d'un moment.

Pour une fois, les événements forçaient lady Vy à abandonner le registre bêtifiant qu'elle adoptait habituellement dans l'espoir de lui plaire.

— Père, il va traîner votre nom dans la boue. Il m'a dit que toute notre famille ferait les gros titres de la presse à scandales comme le père de Fergie et comme le prince Charles, et je sais qu'il en a le pouvoir. Il a commis des actions abominables et quand il sera arrêté, ce qui ne saurait tarder, il va se servir de nous tous pour sauver sa peau. Essayez de comprendre ! Je l'ai quitté pour de bon et maintenant c'est une bête aux abois et assoiffée de sang.

Tous les arguments rabâchés par tante Léa revenaient dans la bouche de Vy et, pour la première fois de sa vie, sir Edward lui prêtait attention. L'allusion au major Ferguson l'avait tout particulièrement perturbé et la mention du sang ne lui avait pas plu du tout. Bref, il commençait à s'inquiéter sérieusement.

Bien que la personnalité de son gendre ne l'eût jamais beaucoup intéressé, il s'était souvent dit que ce gaillard d'homme ne devait pas être aussi abruti qu'il en avait l'air. Il trouvait bien regrettable qu'on ait pu nommer commissaire divisionnaire un individu de cette espèce. Pour lui, cette nomination n'était qu'un exemple de plus de la décadence de l'administration et de l'incurie des gens de Whitehall ainsi que de leur manque total de discernement en matière de classe sociale. Cette décadence s'étendait aux plus hautes sphères, et maintenant on exposait au *vulgum pecus* toutes ces peccadilles qui ont existé de tout temps mais qu'on cachait autrefois pour des raisons d'intérêts politiques supérieurs parfaitement justifiées. Tout avait changé. La famille royale elle-même n'était plus à l'abri des éclaboussures du scandale et se trouvait victime de l'effondrement d'un consensus qui avait été à la base d'une bonne stabilité politique. Admirateur des vieilles doctrines de Burke, sir Edward ne se faisait aucune illusion sur la loyauté de ses amis une fois qu'on l'aurait mis au pilori. La meute l'abandonnerait sans aucune hésitation. Selon lui, cette réaction s'expliquait par le besoin d'enrayer au plus vite les risques de cette maladie, si contagieuse, qu'était la disgrâce. C'était le même processus instinctif qui poussait les bandes d'hyènes à dévorer les charognes avant qu'elles ne pourrissent au soleil.

D'autre part, il n'avait pas la moindre envie de devenir lui-même ce cadavre et, pour une fois, la morale et le droit étaient de son côté. Si Vy avait dit vrai, il se retrouvait aujourd'hui menacé par un homme qui était aussi effrontément corrompu que n'importe quel officier de police nommé et protégé par Mrs Thatcher. Le moment était venu de redresser le fléau de la balance et de demander au passé de voler au secours du présent. Ce genre de phrase creuse et sonore avait beaucoup aidé le général à l'époque où il avait eu besoin de duper les électeurs naïfs. Il n'y avait aucune raison pour ne pas mettre à contribution pour un usage personnel, aujourd'hui encore, ses dons d'éloquence.

— Bon, maintenant, mon enfant, je voudrais que tu me couches par écrit, ça veut dire que tu m'écrives, tout ce que tu viens de me raconter à l'instant.

Sir Edward hésita. Il imposait à cette pauvre femme un fardeau insupportable en lui demandant d'écrire quelque chose de vaguement cohérent, voire d'écrire, tout court.

— Est-ce qu'il y a quelqu'un qui pourrait t'aider ? Chez qui loges-tu ?

— Chez tante Léa, Père, dit Vy, beaucoup plus sereine maintenant que l'orage semblait s'éloigner.

Sir Edward hésita à nouveau.

— Tante Léa, fit-il en réprimant un frisson d'horreur.

Dans les années soixante-dix, au cours d'une mission parlementaire en Mongolie-Extérieure, il avait dû partager un bivouac avec cette prétendue tante Léa. Il avait trouvé la fascination de cette femme pour les fouets et les godemichets en cuir assez stimulante au début, puis tout à fait terrifiante au bout d'un moment. Il n'avait encore jamais été amené à jouer le rôle de la femme avec une partenaire féminine. Et ça avait été une expérience suffisamment déplaisante comme ça. Mais Oulan-Bator, quel cauchemar ! Que sa propre fille soit devenue le jouet d'une femme comme Léa lui apparut comme extrêmement bizarre et tout à fait ironique.

Mais on ne saurait nier les capacités intellectuelles de Léa en cas d'urgence. Sir Edward pouvait, en toute tranquillité, laisser Léa se charger d'enjoliver le curriculum vitae, fort banal jusqu'à présent, d'Arnold Gonders. Et il lui laisserait Vy par la même occasion. Sir Edward reprit le moral. Sa vie avait retrouvé un sens et sa fille avait trouvé une femme qui allait s'occuper d'elle. Quand il se fut enfin débarrassé de lady Vy, il donna plusieurs coups de téléphone avant de se changer pour le déjeuner.

Il lui faudrait sonder ce vieil Elisha Beconn et lui faire cracher tout ce qu'il savait sur la corruption policière et la façon de la combattre. Après quoi, il serait temps de lancer une nouvelle campagne de lobbying. Cela méritait que l'on débouchât une bonne bouteille de bordeaux. De surcroît, il venait de découvrir une nouvelle théorie pour expliquer les raisons qu'avait lady Thatcher de plaider aussi ardemment la cause des musulmans de Bosnie. Son fils était marchand d'armes et, en soutenant aussi passionnément des musulmans, elle ne pouvait manquer de rendre l'Arabie Saoudite très favorable aux affaires du fiston. Découvrir quelles étaient les motivations réelles des hommes politiques procurait toujours une joie intense à sir Edward.

21

— Mais puisque je vous dis que je ne sais pas où il est ! déclara Victor Gould, très énervé.

Il avait horreur qu'on lui téléphone tard le soir, tout spécialement quand c'était Bletchley Bright qui l'appelait pour lui parler de son imbécile de fils, Timothy. En conséquence, et aussi parce qu'il se sentait mauvaise conscience, ses réponses étaient fort dépourvues d'aménité.

— Il est vrai qu'il est passé chez nous, il y a quelque temps...

— Quelle idée à la noix ! commenta Bletchley avec son tact coutumier. On se demande bien pourquoi !

— Peut-être pour se faire héberger, dit Victor en maîtrisant à grand-peine son irritation. Mais pourquoi ne pas lui poser la question vous-même ?

— Lui poser la question ? Vous en avez de bonnes ! Faudrait pouvoir ! J'essaie justement de savoir où il a pu passer. Il a disparu, ce fichu garçon.

— Désolé de l'apprendre, dit Victor. Mais je peux vous assurer que je ne le retiens pas ici.

— Le contraire m'eût étonné. Entre nous, je me

demande bien ce qui a pu l'amener chez vous, mais si jamais il revenait, soyez aimable de nous prévenir.

— Mais naturellement.

Victor posa le téléphone avec la farouche résolution d'éviter tout contact avec cette satanée famille Bright à l'avenir. C'était une race impossible, des êtres arrogants et grossiers. Même Bletchley, l'un des plus courtois d'ordinaire, venait de révéler sa vraie nature Bright. Victor Gould éteignit les lumières et resta étendu dans l'obscurité à se demander ce que cet infâme Timothy avait bien pu devenir. Peut-être s'était-il tué sur cette moto et son corps n'avait-il pas encore été découvert ? Même si cette éventualité ne plaisait pas beaucoup à Victor, il ne fallait pas l'écarter. Ce qui le dérangeait surtout c'était de penser à tout cet argent qui attendait sous l'escalier. Et puis avant tout, il devait penser à Henry. Peu importe ce qui s'était passé cette nuit fatidique, Victor était fermement déterminé à protéger son neveu contre toute cette histoire. Après tout, personne n'avait invité Timothy Bright à Pud End. Et c'était lui qui avait pris, volé plutôt, ce tabac qui contenait de l'extrait de crapaud. Ce qui lui était arrivé par la suite, il l'avait bien cherché et personne d'autre n'en était responsable. Ayant atteint cette conclusion apaisante, Victor se retourna dans son lit et s'endormit.

Dans la famille Bright, réunie à Drumstruthie, on était bien loin de connaître une telle sérénité. Admettre que son fils était un voleur avait été un coup terrible pour Bletchley. Mais pas au point d'accepter l'idée de rembourser de ses propres deniers les cent cinquante-huit mille livres de tante Boskie.

— Et naturellement, il y a les intérêts, précisa Fergus.

Bletchley fusilla du regard le vieil homme, comme s'il avait dit quelque chose d'obscène.

— Intérêts mon cul, oui. Même si Boskie a dit la vérité — et j'attends toujours qu'on m'apporte la preuve et l'évidence de...

— Oh, fermez-la et arrêtez de discourir comme un Premier ministre devant l'opposition, coupa Fergus. Ce n'est pas le moment de pinailler. Votre fils a volé les économies de sa tante, un point c'est tout. Si vous voulez épargner des poursuites judiciaires à votre fils, vous devrez veiller à ce que cette pauvre Boskie soit totalement remboursée et avec les intérêts actuellement en vigueur dans les banques de placement. En outre, s'il se trouvait que ces actions aient pris de la valeur depuis le moment où ce Timothy de malheur les a volées, vous serez tenu de rembourser aussi la plus-value.

Bletchley chercha vainement un soutien auprès d'un des membres de sa famille rassemblée à Drumstruthie ce soir-là mais ne rencontra aucun regard compatissant.

— Cela nous obligera sans aucun doute à vendre Voleney, dit-il, et vous savez tous ce que cela signifie... Perdre une demeure qui était dans la famillle depuis 1720...

— Mais elle restera dans la famille, Bletchley ! tonna le juge Benderby, encore furieux d'avoir dû écourter ses vacances et prendre sans préavis l'avion pour l'Écosse en abandonnant son yacht en Espagne. Et si, pour couvrir les dettes de votre fils, vous étiez amené à vendre votre maison, il vous faudra d'abord la proposer à la famille, à un prix raisonnable et en tenant compte de la baisse du marché immobilier. Si toutefois vous vous avisiez de procéder autrement, la police serait immédiatement informée du délit commis par votre fils. J'espère m'être bien fait comprendre ?

Il n'y avait aucun doute : c'était clair. Même la chaise vide de Boskie semblait le confirmer.

— Puisque vous le dites... J'imagine que je serai obligé d'en arriver là, dit Bletchley.

— Pas nécessairement. Pas si vous retrouvez Timothy et si vous obtenez qu'il rembourse l'argent de Boskie, fit remarquer Fergus.

— Mais comment faire sans provoquer tout un affreux tapage publicitaire autour de notre nom ? fit Bletchley. Je suis sûr que personne dans la famille ne le souhaite.

Personne ne souffla mot, mais Bletchley sentit qu'il avait éveillé l'intérêt. Devinant un léger changement en sa faveur, il reprit :

— Eh bien d'accord. Je mettrai des annonces dans tous les journaux avec la photo de Timothy. Je suis certain que ça donnera un résultat.

Vaine tentative. Personne ne bougea, mais tous les regards exprimèrent un veto sans appel. Un Bright digne de ce nom n'aurait jamais émis une menace aussi terrible. Bletchley rentra dans le rang.

— Bon, ça va. N'en parlons plus. Mais vous admettrez que c'est rudement difficile de savoir comment s'y prendre pour retrouver Timothy. Surtout s'il n'a pas envie qu'on le retrouve. Il semble s'être volatilisé dans les airs.

— Grande sagesse de sa part, dit le juge Benderby. A sa place, j'y resterais. Est-ce que vous vous êtes renseigné en France, à la Légion étrangère ?

— Ou auprès de la police, suggéra Vernon. Ils savent peut-être quelque chose. J'ai toujours pensé que c'était dangereux de lui permettre d'avoir une moto.

— Je ne l'ai pas encouragé, dit Bletchley, et je vous rappelle qu'il a vingt-huit ans. Ce n'est plus un petit garçon.

— Peu importe son âge. Ce que j'essaie de dire c'est qu'il a très bien pu tomber de l'engin et peut-être même... Est-ce que vous savez s'il est assuré ?

— Il l'est certainement, dit Bletchley qui reprit espoir à cette hypothèse.

— Je ne pense pas que l'assurance suffirait à rembourser Boskie, dit Fergus. Ce serait trop beau.

Quand il quitta la réunion familiale, Bletchley était un homme épuisé et brisé. Toutes ces réalités qu'il avait évité d'affronter sa vie entière venaient de le rattraper. Et l'instrument de cet échec, c'était son propre rejeton, un dégénéré et un criminel.

Quand il arriva à Voleney, son retour fut accueilli par une Ernestine complètement affolée.

— Oh, grands dieux ! C'est trop affreux ! dit-elle. Est-ce que vous savez que Boskie s'est évadée.?

— Évadée ! Qu'est-ce que vous me chantez là, bon sang ? C'est impossible. Elle n'est pas emprisonnée que je sache !

— C'est pourtant ce que vient de m'apprendre Fergus au téléphone. Il m'a chargée de vous dire que Boskie s'était évadée de l'hôpital et qu'elle était partie pour Londres rencontrer le ministre de l'Intérieur.

— Mais c'est impossible. Elle est gravement malade et...

— Fergus dit que si elle meurt, la famille vous en tiendra pour responsable.

— Qu'elle crève, cette vieille garce ! J'en ai rien à foutre ! Mais qu'est-ce qui lui prend de vouloir rencontrer le ministre de l'Intérieur ? Pourquoi donc, sacrebleu ?

— Pour lui parler de l'histoire de Timothy, naturellement. Apparemment, elle connaît le ministre personnellement. Fergus a l'air de suggérer qu'elle a été sa maîtresse. En fait, il en est tout à fait certain.

Là-dessus Ernestine commença à sangloter. Bletchley lui arracha des mains la carafe de whisky et s'en versa une généreuse rasade.

— Écoutez, Ernestine, si vous essayez de me dire que

tante Boskie, une vieille dame de quatre-vingt-dix ans, a été la maîtresse d'un homme qui en a quarante-trois à tout casser, vous êtes cinglée. Elle avait déjà passé la soixantaine quand il commençait à peine à sortir de la puberté. C'est franchement une idée dégoûtante. Vous imaginez, une femme de votre âge avec un gamin… Ne soyez pas idiote, bon Dieu.

Pour Ernestine, l'heure n'était pas à ce genre de taquinerie.

— Je ne fais que vous rapporter ce que m'a dit Fergus. Et d'abord, pourquoi ce serait si idiot ? Vous pensez qu'il est idiot pour une femme de mon âge de vouloir faire l'amour avec un jeune homme plein de santé, de vrais sentiments, et qui a assez d'énergie pour les exprimer ? Mais c'est vous qui êtes fou. Fou, fou, complètement fou…

Ernestine quitta la pièce. Et tandis que ses paroles résonnaient dans le couloir, Bletchley resta tristement assis à parcourir du regard la grande salle en laissant divaguer son esprit ou ce qui lui en tenait lieu. Ses pensées le firent naviguer, à travers les siècles, jusqu'à son ancêtre, le premier Bright, le vieux Bidecombe, dit « Brandy » Bright, qui s'était sans doute lui aussi attardé dans cette même salle, fier d'une vie d'exploits dont le point d'orgue avait été la construction du manoir de Voleney. Et maintenant, par la faute criminelle de ce fils de malheur, lui, Bletchley Bright, descendant direct du vieux Brandy, allait être obligé de vendre cette demeure où il était né, où il avait grandi et où il avait mené jusqu'alors cette merveilleuse vie d'oisiveté. C'était une perspective intolérable. Il se versa un autre scotch et se dirigea vers l'armurerie.

22

Miss Midden n'était plus la même personne quand elle arriva à Fowey. Elle avait dû changer plusieurs fois de train pour atteindre Plymouth et elle avait très peu dormi. En s'examinant dans la glace des toilettes de la gare, elle se trouva les traits tirés et l'expression soucieuse qui convenaient parfaitement au rôle qu'elle voulait jouer. En sortant de la gare, elle entra dans la boutique d'une association charitable et s'acheta une toque et un manteau bleu d'occasion qu'elle revêtit sur-le-champ. Elle fit aussi l'acquisition d'un grand sac de toile. Puis elle se rendit dans une agence de location de voitures et loua une Escort pour la journée. Elle prit ensuite la direction de Pud End. Elle avait prévu d'arriver juste à l'heure du déjeuner, à un moment où Mr Gould serait trop occupé ou trop affamé pour perdre son temps à lui poser des questions gênantes.

Il ne posa quasiment aucune question. Tout ce qui concernait ce Timothy de malheur ne l'intéressait pas. Victor avait gardé une dent contre Bletchley pour son impolitesse au téléphone.

— Je travaille à l'hôpital, avait annoncé miss Midden. Je suis chargée de récupérer les affaires de Timothy

Bright. Il va beaucoup mieux depuis qu'on a retiré la perfusion et maintenant il voudrait ses affaires.

Victor Gould répondit qu'il en était heureux. Était-il heureux de savoir son neveu hors de danger ou heureux qu'on vienne le débarrasser enfin du fourbi qui attendait sous l'escalier ? Le doute demeure. Il partit chercher les paquets, suivi de miss Midden, caquetant sur ses talons. Elle était vraiment débordée et ce pauvre vieux Mr Reavis l'attendait à Bodmin pour sa piqûre d'insuline et il fallait aussi...

Quand Victor vit disparaître l'Escort au détour de l'allée, il se rendit compte qu'il n'avait même pas eu la présence d'esprit de demander dans quel hôpital était son neveu. D'ailleurs il s'en fichait complètement. Il attendait le retour de sa femme pour le lendemain, et cette perspective ne l'enthousiasmait pas outre mesure. Il décida de ne pas lui souffler mot de Timothy et de toute cette histoire. En ce qui concerne la famille Bright, le silence était d'or. Et Mrs Gould aurait bien assez à lui pardonner sans qu'il s'enfonçât encore davantage dans ses sentiments de culpabilité.

A deux heures de l'après-midi, miss Midden reprenait le train après avoir téléphoné au major de venir l'attendre à la gare à onze heures du soir.

Pendant ce temps, l'inspecteur Rascombe, lancé sur la piste de toute activité suspecte dans le secteur de Stagstead, avait fini par être informé du coup de téléphone anonyme.

— L'appel remonte à onze heures douze, lundi matin, lui dit l'agent de garde. Voix masculine. Refus de décliner identité ou adresse. Appel provenant d'une cabine publique. Vous pouvez lire, on a tout noté.

— « Garçons sodomisés à Middenhall. » *Répété deux*

fois, lut Rascombe. Intéressant, très intéressant. Dites-moi, Middenhall c'est bien l'endroit où vit cette mégère qui nous a donné pas mal de fil à retordre, il y a quelques années ?

L'agent de police ne semblait pas partager son jugement.

— Miss Midden, vous voulez dire ? Une personne très respectable à tout point de vue. Une vieille famille, les Midden. Ils habitent là depuis une éternité.

— D'accord, mais ça ne me dit pas qui sont ces gens à Middenhall, conclut Rascombe avant d'aller vérifier deux vols de voiture à Pyal, un cambriolage à Raften, et une histoire de moutons volés sur la lande de Loft Fell Moss.

Mais aucune de ces bricoles n'avait un lien bien évident avec une activité pédophile quelconque.

En revanche, il fut plus heureux en compulsant le fichier informatisé de tous les délinquants sexuels. Il remarqua le nom de MacPhee, bouclé en 1972 pour racolage dans les toilettes publiques et dont l'adresse était, en 1984, un hôtel de Stagstead. Ce même MacPhee avait ensuite été arrêté quatre fois pour ivresse et désordre sur la voie publique.

— Voilà un pékin auquel on ferait bien de s'intéresser de plus près, en déduisit l'inspecteur Rascombe. Oui, je crois que j'aimerais en savoir plus sur ce major MacPhee.

Cependant, le major figurait assez loin sur la liste des délinquants sexuels intéressants de la région et l'inspecteur en trouva suffisamment pour être occupé un bon moment. Ce ne fut qu'à son retour dans son bureau, quand il découvrit que l'adresse actuelle du major était la ferme Midden, qu'il lui prêta vraiment attention.

— D'un côté on a ce message parlant de garçons sodomisés à Middenhall et d'un autre on tombe sur ce pédé qui habite dans le coin avec un casier judiciaire pour ivresse, désordre sur la voie publique et racolage. C'est comme qui dirait plutôt louche, non ? Vous savez ce qui se passe par là-haut, sergent ?

— A la ferme ou à Middenhall, chef ?

— Middenhall, au fait, qu'est-ce que c'est ?

— Difficile à expliquer, chef, répondit le sergent. Ce n'est ni une maison de retraite ni une pension de famille. Enfin, je pense pas. C'est plutôt une sorte de communauté où les gens viennent s'installer pour vivre.

— Tiens, tiens, une communauté ? Et quelle sorte de gens ? demanda Rascombe dont le flair de limier pour détecter la fange lui conseillait de ne pas lâcher la piste de ce Middenhall.

— Ben, je sais pas exactement. J'ai entendu dire un jour par miss Midden — c'est le nom de la vieille fille qui en est propriétaire — j'ai entendu dire que c'était rien que des gens de sa famille et qu'ils vivaient là gratuitement.

— Vraiment. De la famille. Et quel genre de famille ? Z'ont des gosses ? demanda Rascombe. Je veux en savoir plus sur cette famille.

— Je pourrais vérifier les noms sur les registres municipaux. On devrait pouvoir trouver ça, avec les nouvelles taxes d'habitation.

— Suivez cette piste, sergent. Je veux tout savoir sur ce château et ses habitants. Envoyez quelqu'un à la mairie. Ah oui, n'oubliez pas que l'enquête doit être discrète. On risque de déloger du très gros poisson.

Suite à cette directive, un policier en civil alla consulter le registre des taxes avec une telle discrétion que, très vite, l'intérêt de la police pour miss Midden et pour Middenhall ne tarda pas à se répandre et à parvenir jusqu'au château et dans le bourg de Stagstead.

Cet après-midi-là, l'inspecteur principal Rascombe rassembla quelques-uns des hommes de sa brigade pour constituer une section spéciale chargée de surveiller Middenhall.

— Je vous ai demandé de venir, leur dit-il, parce qu'il se pourrait bien qu'on tienne une grosse affaire. Et si le coup est aussi gros que je pense, on aura intérêt à y aller mollo et à la jouer rusée. Mais si on gagne cette partie-là, on va devenir les chouchous des médias, avec une image de marque refaite à neuf et quasiment virginale. Quant à tous ceux qui nous ont envoyé des tombereaux de merde sur la gueule, je vous garantis que ce sera à leur tour de nous lécher le cul, trop heureux d'en redemander.

Rascombe marqua un temps d'arrêt pour permettre à l'équipe d'assimiler l'allégorie.

— Mais retenez bien une chose : on a affaire à des malins, des gens qui ont le bras long et de l'influence en politique. C'est pour ça que je vous ai choisis. Vous n'êtes pas des gars du coin et personne ne vous connaît par ici. On ne veut pas de bavures, pas de boulettes, d'accord ? Bon, d'accord. Des questions ?

Un homme du premier rang leva la main.

— Oui, Bruton. Qu'est-ce qu'il y a ?

— Je suis du coin.

— Bon, eh ben, justement... On vous a choisi parce que vous connaissez le terrain. On aura besoin d'un type comme vous.

— Est-ce qu'on peut savoir où se dérouleront les opérations, chef ?

— Oui, mais seulement quand le moment sera venu. Tout ce que je veux, maintenant, c'est simplement vous donner les grandes lignes et vous préparer psychologiquement, histoire de mettre toutes les chances de notre côté. La première règle, c'est la discrétion. Parce qu'à la minute même où ces gens sentiront qu'il y a comme qui dirait du poulet dans l'air vous les verrez détaler plus vite que leur ombre au point qu'on se demandera s'ils ont même existé.

Donc, c'est surveillance à distance sur toute la ligne, ce qui ne va pas nous faciliter la tâche. D'accord ? D'accord.

Ayant lui-même répondu à sa propre question, l'inspecteur-principal Rascombe demanda si la salle en avait.

Le sergent du premier rang leva à nouveau la main.

— Quand vous dites « surveillance à distance », chef, qu'est-ce que vous entendez par là, exactement ?

Rascombe se mit à regarder Bruton d'un drôle d'œil. Il n'avait peut-être pas été très avisé de mettre un pareil fouille-merde dans l'équipe. Aux yeux de l'inspecteur principal, le mot *question* était synonyme de problème, selon l'adage « moins on pose de questions, mieux on se porte ». Ce sergent Bruton commençait à lui déplaire.

— Par « surveillance à distance », sergent, expliqua-t-il en cachant son énervement derrière un langage officiel, on entend absence de contact visuel direct avec le suspect ou, comme dans le cas présent, avec les suspects, pluriel ; le recours à un équipement auxiliaire audiovisuel au cas où la situation se présenterait dans un contexte non observable afin de maintenir le monitoring permanent desdits supects et de leur *modus vivendi* et *operendi*, corroboré d'analyses *ad hoc* par des officiers expérimentés de la matière ainsi collectée dans une perspective d'élaboration compréhensive et détaillée du profil psychologique et des motivations profondes des suspects susmentionnés. J'espère m'être bien fait comprendre, sergent ?

L'idée de donner une réponse sincère tenta, très brièvement, le sergent Bruton. Puis la prudence l'emporta.

— Oui, chef. C'était juste pour savoir. Mais maintenant c'est parfaitement clair.

L'inspecteur Rascombe alla regarder dans le couloir puis, avec la mine d'un homme obligé de prendre toutes les précautions, il referma la porte et se tourna vers son équipe.

— Quand vous connaîtrez notre zone de recherches, je

crois que vous admettrez tous la nécessité d'une discrétion absolue, reprit Rascombe d'une voix de conspirateur.

Il déplia une carte d'état-major de la région du Nord. Une expression de grand intérêt éclaira soudain les visages des policiers. Ils savaient tous parfaitement qui avait une propriété par là-haut. Rascombe pointa sa baguette sur Middenhall.

— Comme vous le voyez sur cette carte, la cible en question n'est pas facile d'approche. C'est certainement la raison qui explique que ce château ait été choisi pour ces épouvantables agissements. Et ça rend sa surveillance sacrément difficile. Par ici, nous avons des hectares de landes qui s'étendent sans protection jusqu'à Parson's Road et le carrefour des Sept-Chemins. Aucun abri à espérer dans ce coin-là, sauf quelques murs de pierres sèches et quelques troupeaux de moutons qui ne seront pas d'un grand secours. Par là-haut, il y a la ferme Midden qui doit rester sous surveillance permanente. Bon. Puis ici, plus bas sur la route, on a le château, Middenhall. C'est notre cible. *La* cible de toute l'opération, en fait. Comme vous pouvez le voir, au sud il y a un lac et derrière le château, en traversant le parc et ces bouquets d'arbres, on tombe sur le jardin potager. Plus loin, c'est la rivière Idd. Toute sa vallée offre une bonne protection sous les haies de ses rives et de ses prairies. D'après moi, c'est la seule route possible pour les équipes de surveillance et, malgré cela, c'est précisément la route que nous ne prendrons pas. Quelqu'un dans la salle peut me dire pourquoi ?

— Est-ce que ce serait par hasard lié au fait que miss Midden s'attendrait à nous voir arriver de ce côté-là ? hasarda le sergent Bruton au premier rang.

L'inspecteur Rascombe le regarda d'un œil soudain plus intéressé.

— Bien vu, Bruton. Très astucieux d'avoir compris ça tout seul. Et peut-on savoir par quelle circonlocution vous

vous êtes débrouillé pour arriver à savoir de qui je parle depuis le début ?

Le sergent Bruton examina ses pieds puis releva la tête :

— Ben, chef, vous avez dit comme ça qu'on devait pas cesser de surveiller le château et la ferme Midden, alors je me suis dit que miss Midden, elle est propriétaire de Middenhall et de la ferme, alors j'ai juste pensé qu'elle était peut-être impliquée ou quelque chose de ce genre.

— Très bien, Bruton. Je suis ravi de voir que ça vous intéresse. D'autres commentaires ?

— Si nous ne profitons pas de la couverture qu'offre la vallée, par où allons-nous progresser ? demanda un homme du troisième rang.

L'inspecteur Rascombe sourit.

— Par là, dit-il, indiquant de sa baguette les hectares de lande découverte de l'ouest. En empruntant cette approche, nous éviterons la route qu'ils s'attendent, de toute évidence, à nous voir prendre. Ils n'iront jamais imaginer qu'on arrivera par la lande. Donc c'est précisément cette approche subreptice que nous allons choisir.

— Mais je pensais… Rien, chef.

Le sergent Bruton préféra s'abstenir de souligner que, si Rascombe avait eu raison de leur recommander la discrétion vu que les suspects se tireraient à la vitesse grand V au moindre signe d'uniforme, les bougres avaient dû se faire la malle depuis longtemps étant donné que tout le pays était déjà au courant des investigations policières visant miss Midden. Mais il valait mieux ne rien dire. De toute façon, Bruton avait souvent eu affaire à miss Midden dans des comités de bienfaisance ou des œuvres de charité et il ne la voyait pas du tout impliquée dans un réseau de pédophiles. Mais enfin, si cet idiot de Rascombe voulait se lancer dans cette opération, il n'y avait pas moyen de l'empêcher. Valait mieux se tenir à carreau.

L'inspecteur devait s'occuper maintenant de constituer les équipes et de leur préciser leur mission.

— La section A sera chargée de contrôler les mouvements des véhicules. Symes, Tathers, Blighten et Saxon, je veux une observation vingt-quatre heures sur vingt-quatre de tous les véhicules se déplaçant sur la route de Middenhall et de la ferme. Vous me ferez le relevé de toutes les plaques d'immatriculation et, à la moindre chose anormale, vous appellerez la base où la section B se chargera de l'identification. Elle se chargera aussi d'intercepter ou de remorquer tout véhicule suspect.

Avec le détail des missions il devint évident qu'il s'agissait d'une opération de grande envergure.

— Pas de communication radio sauf en cas d'urgence absolue, poursuivit Rascombe. La liaison entre les sections A et B se fera par ligne téléphonique directe. J'ai contacté les services des télécommunications qui nous en installeront une aussitôt que possible. En attendant, la section A devra utiliser la cabine téléphonique d'Iddbridge pour faire son rapport à la section B. En ce qui concerne la surveillance de la route qui traverse la vallée de l'Idd, c'est la section C qui s'en chargera en postant des hommes de part et d'autre de la vallée. On établira un temps de déplacement moyen entre les deux points, et tout véhicule qui n'aura pas accompli le trajet dans les délais fixés sera considéré comme susceptible d'avoir pris ou déposé un passager et, par conséquent, suspect. Il sera contrôlé et, si besoin est, intercepté à cet endroit-ci.

L'inspecteur Rascombe indiqua un carrefour à cinq kilomètres au nord.

— Qu'est-ce qu'on doit faire s'ils arrivent dans l'autre sens ? demanda un inspecteur.

La question fut accueillie par une grimace que Rascombe réussit à transformer en un sourire contraint.

— Bravo, excellente remarque. Content que vous

posiez la question, fit-il avec la voix d'un adjudant sur un terrain de manœuvre. Les véhicules circulant nord-sud seront interceptés…

La baguette s'agita au-dessus de la carte à la recherche d'un point acceptable pour se poser finalement sur Iddbridge, à huit kilomètres de là.

— Ici… ou bien encore… là, dit Rascombe en indiquant un chemin creux, à quelques kilomètres au sud de la route d'Iddbridge.

Puis, sans laisser le temps à quiconque de soulever les différents problèmes que pourraient poser ces décisions, l'inspecteur Rascombe passa au point suivant.

— Personnellement, je compte diriger les sections D et S qui sont les groupes chargés de surveiller la ferme, le château et le parc. Je compte établir une base mobile à peu près dans le secteur du carrefour des Sept-Chemins. Nous procéderons de nuit et, je l'espère, nous pourrons nous infiltrer dans la propriété par circumduction à la faveur de l'obscurité et opérer par rotations de vingt-quatre heures et, selon les circonstances du moment…

Pendant trois quarts d'heure, l'inspecteur Rascombe poursuivit le ronronnement soporifique de son briefing. Le sergent Bruton, pour rester éveillé, griffonnait pour la quinzième fois « chercher circumduction dans le dico » quand Rascombe se décida à dévoiler enfin la nature des crimes qu'ils étaient supposés poursuivre.

— Nous devons être constamment sur le qui-vive, notamment en ce qui concerne tout enfant, au singulier, ou enfants, au pluriel, qu'on introduirait dans les parages de Middenhall ou qui, espérons-le, s'en échapperaient. Oui, sergent ?

— Vous ne suggérez tout de même pas que miss Midden pourrait être mêlée d'une manière quelconque à des histoires d'abus sexuels ? demanda le sergent Bruton presque malgré lui. Ce que je veux dire, c'est que c'est une femme… Euh…

Il renonça.

— Quand vous aurez passé autant d'années que moi dans les forces de police, dit l'inspecteur qui avait, en fait, moins d'ancienneté que le sergent, vous apprendrez que l'apparence extérieure des plus horribles scélérats est souvent en opposition totale avec leur vraie sordidité malfaisante. Souvenez-vous-en, sergent, et on ne vous aura pas. Et *vice versa*, bien sûr.

La nuit suivante, les différentes sections s'étaient mises en place autour de Middenhall. L'opération Bambino, nom de code choisi par l'inspecteur principal Rascombe, avait commencé.

23

Lorsque miss Midden rentra à la maison ce soir-là, il était plus de minuit. Elle était épuisée. Mais absolument ravie.

— Je crois que, ce soir, j'ai bien mérité un petit verre, dit-elle.

Elle prit la bouteille d'eau-de-vie de prunelle, un produit maison, et s'en versa une rasade. Puis elle regarda le major d'un œil indécis. Le pauvre homme louchait visiblement sur la bouteille et il s'était bien comporté avec Timothy Bright.

— D'accord, dit-elle, vous aussi. Venez prendre un verre. Il y a des choses qui se fêtent. Je ne sais pas exactement combien d'argent contient ce cabas, mais à vue de nez je dirais qu'on doit approcher d'un demi-million de livres sterling. Il y a aussi un paquet brun qui doit également être plein de billets, sans doute ce qu'il devait emporter en Espagne et remettre à un type de là-bas. Donc, à votre santé, major ! Et ne prenez pas cet air abasourdi, ce n'est que de l'argent, après tout.

Abasourdi, le major l'était carrément. Au point de n'avoir pas encore touché à son verre de prunelle.

— Un demi-million ? Un demi-million ? balbutia-t-il.

Et pour elle, ce n'était que de l'argent ! Le major MacPhee ne s'était jamais trouvé, de toute son existence, en présence d'une pareille somme. Et il ne s'était jamais trouvé non plus en présence d'une femme qui se permettait de traiter une telle somme avec pareille désinvolture. Il en restait sans voix.

— Il y en a peut-être un peu plus ou un peu moins, poursuivit miss Midden, mais qu'importe. Disons que c'est une très grosse somme, voilà tout.

— Qu'est-ce que vous comptez faire ? réussit à articuler le major.

Miss Midden s'assit à la table de la cuisine et fit un grand sourire. C'était un sourire de triomphe, teinté d'un soupçon de malice. Le major était un homme faible. Alors, autant mettre les choses au point immédiatement.

— D'abord, je vais aller me coucher avec mon fusil près du lit, c'est la première chose. Et après ça, j'aviserai.

Elle finit son verre de prunelle, saisit le cabas et partit dans son bureau chercher son fusil et un piège à taupes. Les pièges à taupes pouvaient servir à attraper tout autre chose que les taupes. Les mains d'un major, par exemple.

Arrivée dans sa chambre, elle vida le grand sac et plaça l'argent dans une boîte en carton au-dessus de sa vieille armoire en acajou. Puis elle bourra le cabas d'emballages vides et de vieux vêtements. Pour terminer, elle plaça le piège, armé et ouvert, au milieu du sac, sous un morceau de papier. Elle ferma sa porte à clé et cala une chaise sous la poignée. Enfin elle se mit au lit.

Dehors le temps avait changé. Une brise de nuit s'était mise à souffler sur la lande, apportant avec elle une pluie dont les rafales s'acharnaient sur les fenêtres. Miss Midden dormit d'un sommeil profond. Elle avait commencé à accomplir la mission qu'elle s'était donnée. Et cette tâche n'avait que peu de rapport avec des billets de banque.

Il pleuvait encore le matin quand une moto grimpa l'allée, et un homme portant un colis de papier brun se présenta à la porte arrière.

— Un colis pour le major MacPhee, dit-il, et il le tendit à miss Midden, avec un reçu à signer.

Miss Midden posa le paquet sur la table et regarda la moto s'éloigner. Elle monta ensuite le petit déjeuner à Timothy, dans la vieille nursery.

— Je vais vous trouver des vêtements. Le major est beaucoup trop petit pour que vous dénichiez quelque chose à votre taille dans sa garde-robe. Mais j'ai gardé des affaires de mon grand-père qui devraient vous aller.

Timothy la remercia et se mit à manger son porridge et ses œufs au bacon. Il ne savait peut-être pas où il était mais, en tout cas, il n'avait pas à se plaindre de la nourriture. En fait, il n'avait rien mangé d'aussi bon depuis une éternité. Et même sa terreur semblait s'être atténuée. Il commençait à se sentir en sécurité.

Miss Midden revint avec une salopette bleue, une vieille chemise sans col et un pull troué aux coudes. Il y avait aussi une paire de brodequins à clous rouillés dont on avait dû se servir pour jardiner. Ils étaient beaucoup trop grands pour lui et avaient perdu leurs lacets.

— N'essayez pas de quitter la maison, avait précisé miss Midden, et évitez de vous faire voir à la fenêtre. Je ne veux pas qu'une autre personne soit au courant de votre présence.

— Quelle autre personne ? demanda Timothy, soudain alarmé.

— La personne qui vous a amené ici.

Là-dessus, miss Midden descendit dans la cuisine où elle trouva le major qui contemplait le colis brun posé sur la table.

— Qu'est-ce que vous faites donc planté là ? Ouvrez ce paquet et déballez votre pochette-surprise.

— Mais je ne sais pas ce que ça peut être. Je n'ai rien commandé et je ne vois pas qui pourrait bien m'expédier un colis pareil.

Miss Midden s'était mise à faire la vaisselle.

— Sans doute une de vos admiratrices du trou du diable, suggéra-t-elle. Une de vos conquêtes. Consuelo McKoy, probablement. Elle vous prend sans doute pour un vrai major. C'est ce qui arrive quand on vit trop longtemps entre Hollywood et Disneyland.

Derrière elle, le major prit une paire de ciseaux et coupa la ficelle. Il resta silencieux une seconde puis miss Midden l'entendit hoqueter. Elle quitta son évier et jeta un coup d'œil sur ce qui était sur la table. Pour une pochette-surprise c'en était une... Mais une surprise écœurante. Miss Midden n'avait jamais rien vu de pareil de toute son existence. Et ce n'était pas non plus des images qu'elle souhaitait revoir tant qu'elle vivrait. Elle jeta sur le major un regard chargé du plus profond dégoût.

— Espèce d'animal répugnant, éructa-t-elle, créature révoltante... Ignoble pervers... Des petits enfants. Vous avez atteint le dernier degré de l'abjection animale. Non, pas animale. Jamais des animaux n'iraient jusqu'à torturer des petits enfants. Beurk...

Mais le major MacPhee, qui ne pouvait que secouer la tête, avait le visage marbré d'horribles taches violacées.

— Je n'ai jamais rien commandé de pareil..., bégaya-t-il. Je vous jure que non... Je vous assure que c'est la vérité. Je ne sais pas d'où ça vient. Je n'aime pas du tout ce genre de choses. Je n'ai jamais...

Miss Midden resta silencieuse. Elle réfléchissait. Pour une fois elle avait plutôt tendance à croire le major. S'il avait vraiment commandé ces horribles magazines, il n'aurait jamais eu la bêtise de les ouvrir devant elle, c'était certain. Il les aurait emportés dans sa chambre pour s'en repaître en privé. Mais il ne les aurait jamais touchés... Touchés !

— Ne les touchez surtout pas ! ordonna miss Midden. Je vais chercher une boîte et un chiffon. Mais ne posez pas les mains dessus.

En fait, elle utilisa des gants pour mettre cette littérature ordurière, ce produit d'esprits malades et rapaces destiné à d'autres esprits pervers et dégénérés, dans une boîte en carton.

Le major, qui ne pouvait que secouer la tête en répétant « pas moi, pas moi », l'observait, au bord des larmes.

— Au fait, posez-vous plutôt la question : pourquoi moi ? dit miss Midden. Il y a d'abord eu l'autre zigoto sous votre lit, nu comme un ver et tabassé à mort. Et maintenant toutes ces saloperies...

Miss Midden s'interrompit. Toute cette histoire commençait à virer à l'aigre. Quelqu'un essayait de piéger le major. Et voulait la piéger en même temps. Mais des clous qu'elle allait se laisser faire ! Avec tout cet argent dans la maison, la situation devenait carrément dangereuse. Il fallait agir très vite.

— On dira qu'on est rentrés plus tôt que prévu. On dira que le temps a changé ou n'importe quoi, mais le fait est là, on est rentrés, monologua miss Midden. Il faut mettre ces saletés dans le coffre de la voiture... Non... attendez... mettons-les dans un sac-poubelle.

Plantant là le major qui avait de la peine à suivre le fil de son raisonnement, miss Midden monta quatre à quatre dans sa chambre, saisit le cabas qu'elle vida sur le lit, ce qui déclencha le piège à taupes. Ensuite elle bourra le grand sac de liasses de billets puis elle redescendit. Ayant revêtu son imperméable et mis un vieux chapeau, elle traversa la cour pour se diriger vers la grange.

Cinq minutes plus tard elle arrivait à Middenhall. Personne ne bougeait. C'était tous des lève-tard au château. Miss Midden put ainsi passer tranquillement devant la porte d'entrée et faire le tour de la maison sans rencontrer âme qui vive. Dans le potager entouré de murs, on avait creusé pendant la guerre un abri antiaérien dont les marches en béton s'enfonçaient profondément dans le sol. Un buisson de ronces et les branches d'un arbre à papillons qui avait poussé là tout seul en barraient l'entrée et il y avait de l'herbe partout. D'après miss Midden, personne n'avait jamais découvert cette entrée dont elle connaissait l'existence depuis l'enfance. A l'époque, quand elle venait y jouer avec son cousin Lennox, ces explorations la terrifiaient. Il y avait certains passages où une eau sombre et glacée lui arrivait jusqu'aux mollets, et le froid, le noir et les histoires horribles de Lennox qui prétendait qu'on y avait torturé des prisonniers lui avaient donné des cauchemars.

Mais aujourd'hui, cet abri sombre et profond allait lui être bien utile. Elle se faufila dans les broussailles, débarrassa la grille de la terre qui la bloquait et l'ouvrit. Ensuite elle retourna à la voiture chercher une lampe électrique et son grand sac et s'enfonça dans la pénombre. Il y avait toujours cette eau stagnante — c'était peut-être la même où elle avait pataugé trente-deux ans auparavant — mais aujourd'hui miss Midden n'avait plus peur. Elle était bien déterminée à répondre au défi que quelqu'un lui avait lancé. Cela tombait bien : miss Midden adorait la lutte.

Au fond du boyau d'entrée, laissant de côté des cellules où subsistaient encore des sommiers métalliques rouillés, le faisceau de la lampe éclaira ce qu'elle était venue chercher. C'était une longue fente étroite qui s'ouvrait à mi-hauteur du mur en béton. Lennox lui avait dit que c'était là qu'on glissait les cadavres des gens qui se faisaient tuer pendant les attaques. A quoi pouvait-elle servir au juste ? Miss Midden ne l'avait jamais su. Mais c'était une cachette idéale, invisible de la porte et impossible à découvrir à moins de vraiment pénétrer dans la pièce. En glissant la main dans l'ouverture, elle constata que le ciment était absolument sec. Parfait. Elle poussa le grand cabas aussi loin qu'elle pouvait. Puis elle alla chercher dans la voiture la boîte en carton où elle avait fourré toute cette immonde littérature et ces photos abominables. Pour plus de sécurité et aussi pour les protéger de l'atmosphère humide du vieil abri, elle mit le tout dans le grand cabas, après avoir retiré la boîte du sac-poubelle. Après quoi, elle rebroussa chemin en pataugeant jusqu'aux marches de l'entrée. Cachée par les buissons de ronces, elle observa prudemment les alentours avant de sortir. Elle remit soigneusement en place la terre et les mottes d'herbes qui bloquaient la grille et, quand elle s'éloigna pour reprendre sa voiture, il aurait été difficile de déceler son passage. Miss Midden regagna la ferme. Elle n'avait pas eu besoin de justifier son retour précoce : elle n'avait pas vu âme qui vive.

Pendant le reste de la journée, elle s'affaira dans la maison et planifia l'étape suivante. Dehors, la pluie tombait en rafales et le vent soufflait si fort que les moutons s'étaient réfugiés à l'abri du talus et blottis sous la haie d'aubépines qui bordait la vieille chaussée. A la tombée de la nuit, la pluie avait redoublé de violence et le vent hurlait à travers la futaie derrière la ferme et résonnait dans les cheminées.

Pour les policiers chargés de l'opération Bambino ce n'était vraiment pas la nuit rêvée pour un exercice de plein air. Mais l'inspecteur principal Rascombe avait été catégorique. Cette nuit bien noire, avec ce déluge et ce vent, c'était précisément la nuit idéale pour les pédophiles de Middenhall qui pourraient regarder, bien tranquilles, leurs vidéos pornographiques. Ils ne s'amuseraient certainement pas à aller vérifier si, par hasard, il n'y aurait pas aux environs une bande de flics en costumes de camouflage polaire empruntés à la brigade arctique pour leur donner l'air de moutons broutant tranquillement sur la lande de Scabside Fell. Rascombe avait fait partir ses hommes de Parson's Road d'où ils devaient parcourir quatre kilomètres de terrain accidenté avant d'arriver à Middenhall. Question obscurité, pluie et vent, ils étaient vraiment servis, cette nuit-là.

— Bon, alors quand l'avant-garde se sera postée dans le parc face à la maison et que les troupes auxiliaires seront prêtes à marcher vers la ferme, il faudra y aller mollo, les gars. Prudence et discrétion. Rutherford et Mark descendront vers le lac, par là...

A cet instant un des agents ouvrit la porte de la fourgonnette des British Telecom que Rascombe avait choisie comme quartier général, et une rafale de vent arracha la carte d'état-major qui alla se plaquer au mur. L'inspecteur et le sergent Bruton réussirent à l'étaler à nouveau et Rascombe put poursuivre son briefing.

— Alors, comme je disais, vous opérerez la jonction avec Markin et Spender au bas de la grande allée et vous essaierez de faire une reconnaissance visuelle du château, façade avant et façade arrière. Des questions ?

Des questions, le sergent Bruton aurait pu en poser un paquet, mais il était trop sage pour s'y risquer. Derrière lui, un policier demanda ce qu'il fallait faire au cas où l'un des suspects l'apercevrait et lui demanderait ce qu'il faisait là.

— Primo, j'espère bien que l'intense préparation que vous avez reçue nous épargnera cette éventualité. Secundo, je m'en remets à la propre initiative de chacun. La seule chose que je ne dirais pas, si j'étais vous, c'est que je suis de la police. C'est impératif si on ne veut pas voir les suspects prendre illico la tangente. Dites, par exemple, que vous êtes un randonneur perdu sur la lande ou n'importe quoi d'autre qui paraisse vraisemblable vu les circonstances. Simplement, n'allez pas leur raconter que vous êtes le marchand de glaces.

Sur cette dernière note désopilante, l'inspecteur principal souhaita bonne chance à ses troupes et les hommes s'éparpillèrent sur la lande. Il était onze heures trente. Plantée à huit kilomètres sur la route qui montait derrière Middenhall, la section C envoya un rapport. Depuis neuf heures trente, ce soir-là, on n'avait vu passer aucun véhicule entre les deux points d'observation. Alors, avait-on la permission de se replier ? Mais comme ce rapport était émis de la cabine publique d'Iddbridge, l'appel ne fut transmis à Rascombe qu'à une heure quarante et une du matin, quand un policier parti de Stagstead parvint au QG de campagne.

— Mais bien sûr qu'ils doivent rester, fit Rascombe, passablement énervé. Qu'ils attendent la relève.

— Oui, chef, on sait bien. Mais la route près de la rivière est bloquée par des travaux, alors c'est vraiment pas nécessaire de la surveiller du tout.

Mais on ne la faisait pas à ce vieux renard de Rascombe.

— Ben justement. Raison de plus pour ouvrir l'œil. Si quelqu'un l'utilise quand elle est fermée, c'est qu'il aura de très louches raisons de le faire. C'est logique.

— Mais personne ne peut passer par cette route. Y a pas moyen, chef.

— Y a toujours moyen. Dites-leur d'ouvrir leur œil encore plus grand à partir de maintenant.

— Opération cyclope, chef ?

Et le sergent se dépêcha de disparaître avant que Rascombe n'ait eu le temps de lui dire de fermer sa grande gueule.

Dans sa chambre, le major essayait de régler son vieux poste de radio. C'était bizarre, ces messages qu'il captait. Complètement farfelu, même. Les recommandations de l'inspecteur Rascombe, qui avait exigé le silence radio, étaient superbement ignorées de ses hommes. Le major eut donc la surprise d'apprendre, dans un flot de paroles tout à fait obscènes mais parfaitement claires, qu'un individu nommé Rittson venait de tomber « dans un putain de bordel de ruisseau de merde ». En fait, il s'agissait d'un bain désinfectant destiné aux moutons. Le major se perdait en conjectures sur les raisons qui pouvaient expliquer cet incident extraordinaire lorsqu'une voix enjoignit impérativement au nommé Rittson de respecter le silence radio.

— Bon, ça doit être un régiment de marines en manœuvres dans les marécages de Meltsea, se dit le major.

Puis il éteignit la radio et s'endormit.

Sur la lande, dix inspecteurs de police avançaient en procédant par d'étranges séries de petits bonds, comme l'avait ordonné Rascombe. Deux hommes devaient marcher à quatre pattes et s'arrêter en position semi-accroupie, puis quatre hommes devaient les doubler, suivis par les autres. C'est de cette manière curieuse, supposée simuler le déplacement d'un troupeau de moutons, que les hommes avançaient, giflés de plein fouet par les rafales de vent et de pluie. Les vrais moutons s'écartaient et fuyaient dans l'obscurité, non sans observer, une fois à bonne distance, leurs curieuses contrefaçons. C'est ainsi que la troupe progressait, franchissant la lande découverte, escaladant tant bien que mal les murs de pierres sèches ou tombant, comme l'inspecteur Rittson, dans le bain des moutons.

Il était deux heures du matin quand ils réussirent à atteindre leur premier objectif, le petit bois au bout du lac.

De l'autre côté de l'eau se dressait Middenhall, une silhouette sombre où seule une fenêtre était encore éclairée. Mais, à chaque extrémité du bâtiment, les éclairages halogènes extérieurs se reflétaient dans le lac et scintillaient à travers les nénuphars.

— On n'y voit que dalle avec ces vacheries de projos, dit l'inspecteur Mark. Et c'est bougrement fastoche de nous repérer.

Ils rampèrent vers le bois et essayèrent l'autre rive. Les lumières étaient toujours aussi aveuglantes.

— Il nous a dit de monter à la ferme, suggéra Larkin. A mon avis, on ferait aussi bien.

Spender et lui contournèrent le lac, traversant le petit pont par la porte de l'écluse avant de s'engager sur la route qui montait à la ferme Midden. Derrière eux, Rutherford s'était dit qu'il allait essayer de profiter d'une zone sombre qu'il avait repérée au coin du château, à l'endroit où l'on rangeait les poubelles. Et, laissant l'inspecteur Mark sous un buisson d'azalées, il piqua un sprint sur la pelouse. Il n'était plus qu'à quelques mètres de la maison quand il vit bouger quelque chose devant lui.

Dans l'impossibilité d'identifier ce que c'était, il obéit à la consigne et s'immobilisa en position de mouton, accroupi, les yeux fixés devant lui sur le bruit. En fait, il venait de déranger une famille de blaireaux. Il entendit le fracas d'un couvercle de poubelle qui tombait puis un genre de grognement accompagné de légers bruits de piétinements. L'inspecteur Rutherford cavala en sens inverse et se replia par la pelouse jusqu'au pont de bois.

— Pas la peine d'insister, les gars, dit-il aux autres. Ils ont posté un type qui fait le guet par là derrière. On ferait mieux de se tirer.

La première phase de l'opération Bambino avait été un fiasco complet.

24

Lorsque arriva le vendredi, l'inspecteur Rascombe lui-même commençait à céder au découragement. Trois hommes de son équipe étaient en congé de maladie, l'un pour une vilaine éruption provoquée par une allergie au bain insecticide des moutons, l'autre pour une entorse de la cheville et le troisième pour une pleurésie. Comme il l'avait dit dans son rapport au commissaire divisionnaire : « Le coin est tellement perdu et si compliqué à surveiller que nous connaissons quelques sérieuses difficultés. »

Ce que le commissaire imaginait sans peine. Ses propres investigations n'avançaient pas beaucoup non plus. Il en était même arrivé à penser que tante Léa avait concocté toute cette sinistre farce uniquement pour pouvoir lui enlever lady Vy. Il fut conforté dans son opinion par le coup de téléphone acerbe de son beau-père, sir Edward, qui lui exposait en termes peu équivoques ce qu'il pensait de son attitude. Pour une fois, avait-il lourdement insisté, sa fille avait fait preuve de jugeote en choisissant de se mettre en ménage avec une lesbienne folle à lier. Ses propos contenaient d'autres menaces à peine voilées : sir Edward allait déjeuner sous peu au 10, Downing Street et il comptait bien aborder avec le Premier ministre le problème des tendances déplorables de son gendre. Le ton général du monologue avait été on ne peut plus déplaisant, et sir Arnold avait eu beaucoup de peine à faire entendre ses dénégations. Non, il n'avait pas pour habitude de mettre des jeunes drogués dans le lit de sa femme. Et il n'était pas non plus un fétichiste des sacs-poubelle, sparadrap et draps souillés.

— Sérieusement, vous n'allez pas oser nier que vous avez introduit une seringue dans la bouche de ce godelureau pour le forcer à ingurgiter un mélange de Valium et de whisky ?

Sir Arnold osa nier. Et avec véhémence, même. Il n'aurait jamais cru qu'on puisse imaginer d'aussi épouvantables accusations.

— Eh bien, moi, je suis persuadé que c'est vrai, tonna son beau-père. Parce que mon idiote de fille, qui n'a pas plus de cervelle qu'un protozoaire, n'aurait pas été foutue d'inventer une histoire pareille, même en un million d'années. Vous avez drogué ce pauvre connard et vous l'avez ligoté, j'en suis sûr. Et si vous imaginez...

Sir Arnold imaginait, effectivement. Il passa des heures, cette nuit-là, à faire le recensement des noms, adresses, et placements financiers qui pourraient assurer sa protection désormais. Mais il ne découragea pas Rascombe de poursuivre son opération. Après tout, cela ne pouvait pas faire de mal et cet imbécile risquait peut-être de dénicher une information intéressante dans le secteur de Stagstead.

Miss Midden, de son côté, devait faire face à d'autres préoccupations. Chaque année, la Mission Porterhouse des quartiers est de Londres envoyait un groupe d'enfants à Middenhall. Cette tradition remontait à la période de l'après-guerre, lorsque le doyen de Porterhouse avait pris l'habitude d'organiser des retraites au manoir de Carryclogs sous la houlette du brigadier général Turnbird, ancien du collège et chrétien très musclé lui-même. Au début, on avait hébergé les jeunes gens sous des tentes dans le parc de Carryclogs où, en échange de quelques heures d'évangélisation et de cantiques dirigés par Phoebe Turnbird, la fille du général, ils avaient eu la libre disposition du domaine et la possibilité de patauger dans la rivière Idd, peu profonde à cet endroit.

— C'est excellent pour ces petits gars de la ville d'avoir un aperçu de notre Arcadie rurale, avait expliqué le général à une délégation de fermiers.

Ceux-ci, qui venaient justement se plaindre d'avoir retrouvé leurs moutons divaguant sur les routes, leurs vaches attaquées à coups de lance-pierres, et leurs meules de foin incendiées par les cigarettes des gamins jouant à cache-cache, n'avaient pas saisi la référence à l'Arcadie. Les références littéraires, ils s'en battaient l'œil de toute façon.

Finalement, leurs réclamations (et surtout leurs menaces de ne plus payer les fermages) finirent par être entendues. Ainsi donc, bien avant la mort du général, la Mission s'était transportée à Middenhall, un lieu suffisamment isolé pour épargner aux fermiers les risques de futures déprédations. Là, dans la limite des murs du domaine, ces adolescents de sexes et de couleurs variés, dont certains issus de familles musulmanes échappaient aux séances bibliques de miss Turnbird, avaient tout loisir, pendant une quinzaine de jours, de procéder à l'exploration des environs et de leurs anatomies respectives avant de regagner leurs foyers de l'isle of Dogs, un quartier de l'East End devenu maintenant très classe moyenne et resté le territoire de la mission Porterhouse. En fait, sans l'intervention de miss Midden qui, appuyée par le doyen, avait insisté pour qu'on doublât le nombre d'étudiants encadrant le groupe de jeunes, il est peu probable que la coutume de cette visite annuelle se fût perpétuée. Les deux étés précédents, certains vieux pensionnaires de Middenhall avaient maintes fois découvert au moment de se coucher que leurs chambres avaient été visitées et mises à sac. Un autre jour, Mrs Louisa Midden avait eu la désagréable surprise de recevoir, de la part d'un gamin de quatorze ans, une proposition suggérant une pratique tout à fait contre nature. Son mari, Mr Joseph Midden, lui-même gynécologue retraité d'un certain renom, en avait été si secoué (autant par la petite hésitation de sa femme que par la suggestion elle-même) qu'on avait dû appeler le Dr Mortimer pour soigner sa crise de tachycardie.

Aujourd'hui, tandis que l'autocar transportant les enfants s'engageait dans l'allée, miss Midden se sentit envahie d'un vague sentiment de malaise. La présence de jeunes esprits pleins d'une insatiable curiosité constituait un danger qu'elle aurait dû anticiper. Mais elle avait été si préoccupée par l'affaire Timothy Bright que, du coup, elle avait totalement oublié l'arrivée de la Mission. Il fallait absolument qu'elle prenne des mesures en ce qui concernait l'abri antiaérien.

Pendant qu'on s'affairait à monter les tentes sur l'autre rive du lac, miss Midden alla cadenasser toutes les entrées du potager. Elle devait maintenant entreprendre son prochain voyage. Après une longue conversation avec Timothy dans l'intimité de son salon et un dernier coup de téléphone, miss Midden se rendit à la gare routière et prit, une fois de plus, la route du Sud.

Le moment était venu de passer à l'action.

C'est exactement ce que se disait au même moment l'inspecteur Rascombe. L'arrivée d'un autocar de trente enfants annonçait une orgie pédophile d'une telle ampleur qu'il avait eu de la peine à prendre au sérieux le rapport transmis par la section chargée de la surveillance de Middenhall.

— Quoi ? Trente gosses et une poignée de jeunes gens, garçons et filles ? Un plein autocar ? Sacré nom de Dieu, on dirait bien... Je sais pas ce qu'on dirait mais ça bat certainement tous les records ! Cette fois-ci, les gars, on les tient !

Fort de cette information, l'inspecteur avait contacté directement le commissaire divisionnaire et lui avait demandé la permission de classer l'opération Bambino priorité numéro un.

Sir Arnold l'avait écouté d'une oreille plutôt distraite. Il était plongé dans la lecture d'une lettre d'avocats lui annonçant que sa femme venait d'entamer une procédure de divorce et les motifs invoqués allaient mettre, à coup sûr, fin à sa carrière. Sa priorité numéro un à lui était d'arrêter cette salope, coûte que coûte. Mais il donna tout de même son accord à l'inspecteur qui convoqua séance tenante une réunion de la brigade criminelle pour décider de la phase deux de l'opération Bambino.

Comme d'habitude, le sergent Bruton posa les questions qu'il ne fallait pas. Il avait étudié en détail l'état civil des pensionnaires de Middenhall. Ils avaient tous dépassé les soixante-dix ans.

— Y a rien que des croulants dans ce château, avait-il dit.

— Et alors ? avait répondu Rascombe qui ne se laissait pas si facilement impressionner. C'est surtout les vieux qui aiment les petits enfants. C'est connu. Y a plus que ça pour les faire bander. Moi, je vous le dis, les gars : on est à la veille de découvrir le premier scandale sexuel de l'histoire, catégorie carte Vermeil.

— Mais la moitié d'entre eux sont mariés ou veufs. Il y a trois vieilles chouettes célibataires dans le tas. Difficile de croire qu'elles pratiquent toutes, elles aussi, des violences sexuelles sur enfants, tout de même ! objecta Bruton.

L'inspecteur réfléchit un moment et trouva une réponse :

— Probablement pas. Mais on les a peut-être menacées et elles ont trop peur pour parler. Ces pervers à tendances sadiques ficheraient une frousse bleue à n'importe quelle vieille dame.

On finit de mettre au point les plans de surveillance et d'approche de Middenhall.

— La météo prévoit une nuit claire et dégagée. L'approche est prévue pour une heure du matin environ. Je veux des sections de surveillance de deux hommes, postés sur place, pour filmer en vidéo toute l'action et pour installer le dispositif acoustique qui permettra de transmettre les ordres d'attaque. Une équipe restera en faction par ici, dans le bois, et l'autre se placera derrière le château. Vous avez des rations pour quarante-huit heures, mais d'ici là toute l'affaire devrait être terminée.

C'était vendredi.

Le samedi, ce fut au tour de miss Midden de frapper. A huit heures elle quitta sa pension de famille de Clapham et se présenta chez le juge Benderby Bright, dans sa maison de Brooke Street. Un domestique ouvrit la porte. C'était un agent de police à la retraite qui faisait également office de garde du corps. Le juge Bright avait reçu tant de menaces de mort qu'il avait fini par se sentir en insécurité partout, sauf en haute mer. Même une tempête de force 10 lui paraissait anodine à côté des sentiments qu'il avait réussi à inspirer aux familles de ceux qu'il avait fait condamner au maximum. Ce n'était pas un homme très populaire.

Le cerbère examina miss Midden d'un œil sévère.

— Qu'est-ce que vous voulez ? demanda-t-il.

— Je viens voir le juge Bright, c'est très important. Et, si vous voulez le savoir, non, je n'ai pas rendez-vous.

— Eh bien, vous êtes venue au mauvais moment. Le juge n'est pas encore levé. Il se lève tard les samedis. Mais si vous laissez votre nom et vos coordonnées, nous...

Miss Midden l'interrompit.

— Allez le réveiller et dites-lui seulement ceci : « Les actions de tante Boskie. » J'attendrai sur le pas de la porte et il me recevra. Rappelez-vous bien : les actions de tante Boskie.

Puis elle lui tourna le dos et l'homme referma la porte.

A l'intérieur, il hésita. Miss Midden ne lui faisait pas l'effet d'une dingue mais soit-on jamais. D'un autre côté, il émanait de sa personne une autorité qui en imposait et elle paraissait bigrement sûre d'elle. Il se décida à prendre le téléphone pour réveiller le juge. Après s'être confondu en excuses, il lui transmit le message de miss Midden. L'effet dépassa tout ce qu'il avait imaginé.

— Surtout ne la laissez pas partir, aboya le juge. Faites-la entrer immédiatement. Je suis en bas dans une minute.

Le domestique retourna ouvrir la porte.

— On vous demande d'entrer, dit-il, prêt, cette fois-ci, à la plaquer au sol si elle faisait mine de s'enfuir.

— Je le savais, fit miss Midden en le précédant.

Elle portait un grand cabas.

— Je suis désolé, m'dame, mais il faut que j'inspecte votre sac.

— Vous pouvez l'ouvrir et jeter un coup d'œil à l'intérieur. Vous pouvez aussi le palper. Mais je vous interdis d'en sortir quoi que ce soit.

Il regarda à l'intérieur et comprit immédiatement ce qu'elle avait voulu dire. Il n'avait pas vu une telle quantité de billets de banque depuis ce fameux hold-up de Putney. Il fit passer miss Midden dans le salon et, avant même qu'il ait eu le temps de se retirer, le juge faisait son entrée, en robe de chambre. Comme d'habitude, il était d'une humeur de dogue, et ce message énigmatique, faisant allusion aux actions de tante Boskie, n'avait certes rien arrangé. D'autant que la veille il avait été dérangé par un coup de téléphone tardif et affolé de cette fichue Ernestine. Elle lui apprenait que Bletchley venait de rater son suicide et qu'il avait simplement réussi à se bousiller la moitié de la mâchoire avec un énorme pistolet d'alarme.

— Quel crétin ! Il est vraiment trop con, avait dit le juge à Ernestine, il ne pouvait pas prendre un fusil et en finir proprement ?

— Je crois qu'il a essayé mais il n'a jamais réussi à passer son gros orteil dans la détente. C'est vraiment affreux. Il n'a pas bonne mine du tout. Je ne sais pas quoi faire.

— Allez lui acheter un vrai revolver, dit Benderby, un calibre 45. Même avec un crâne aussi épais que le sien, ça devrait faire l'affaire.

Le regard du juge, ce même regard terrible qui avait inspiré une sainte terreur aux plus grands scélérats de l'Angleterre, était posé maintenant sur miss Midden qu'il jaugea être une femme très ordinaire. Il se trompait bien.

— Asseyez-vous, je vous en prie, dit miss Midden.

— Comment ? dit le juge.

C'était moins une question qu'une explosion. Derrière la porte du salon, l'ex-flic se demanda s'il devait ou non intervenir. Miss Midden reprit :

— Je vous ai dit de vous asseoir. Et arrêtez de me regarder avec ces yeux-là, vous allez avoir une attaque.

Le juge s'assit. Au cours d'une longue vie pourtant assez mouvementée, jamais personne n'avait osé lui donner l'ordre de s'asseoir ! Et c'était précisément ce que se permettait maintenant, dans sa propre maison, une parfaite inconnue ! En tout cas elle avait raison, au sujet de l'attaque. Son cœur battait de façon bizarre et procédait par à-coups, avec de curieuses ratées.

Miss Midden attendit qu'il se fût installé un peu plus confortablement.

— Bon, maintenant, j'ai une question à vous poser.

Elle s'arrêta. Le juge Benderby Bright émettait un bruit des plus bizarres, à classer entre le gargouillis et l'étouffement. Et son visage n'avait pas pris une teinte très rassurante.

— Je veux savoir si vous tenez à revoir un jour votre neveu, Timothy Bright.

Le juge la regarda avec des yeux exorbités. Revoir ce sale petit connard ? Elle était tombée sur la tête, cette bonne femme ! Qu'on lui donne seulement l'occasion de le revoir et il l'étranglerait de ses propres mains, oui, ce misérable petit salopard qui avait volé toutes les économies de sa tante. Le revoir !...

— Quelque chose me dit que vous n'en avez pas envie, fit miss Midden. Ça se voit comme le nez au milieu de votre figure.

L'allusion vexa le juge qui était plutôt fier de son nez qu'il estimait particulièrement fin et distingué. Mais maintenant la rage le marbrait de lignes violacées.

— Sacré bon Dieu, qui êtes-vous donc ? hurla-t-il. Vous vous permettez de débarquer chez moi en me débitant des sornettes sur les actions de ma sœur et...

— Épargnez-moi votre numéro, hurla en retour miss Midden, et jetez plutôt un coup d'œil dans ce sac.

Pendant une longue et pénible seconde, le juge dut lutter contre l'envie de mettre son poing dans la figure de miss Midden. Il n'avait encore jamais frappé une femme, mais il y avait un commencement à tout. Son salon, un samedi matin à neuf heures, juste avant la première tasse de thé de la journée, lui semblait le lieu et le moment propices. Avec une maîtrise de soi remarquable, il parvint cependant à se dominer.

— Allons, ne restez pas figé comme une buse empaillée, visez-moi ça !

Le juge pensa un instant que ses oreilles l'abusaient. C'était la seule explication. Personne, au grand jamais, personne n'avait osé lui parler et le traiter de cette manière dans toute son existence. Il avait reçu les injures les plus ordurières venant d'hommes et de femmes assis sur le banc des accusés. Il savait s'en accommoder, d'autant plus que ça lui donnait le plaisir de leur coller quelques mois supplémentaires pour insultes à magistrat. Mais aujourd'hui la situation était totalement nouvelle et insupportable. Il se résigna enfin à faire ce qu'on lui demandait et, livide de rage, il regarda dans le cabas. Il regarda longtemps avant de relever la tête.

— Où donc, sacré nom de Dieu… Où donc avez-vous trouvé…, balbutia-t-il.

Mais miss Midden s'était relevée en arborant un air qu'il n'avait plus revu depuis une certaine fin d'après-midi, quand Madame Mère l'avait surpris lutinant une chambrière dans un débarras. Ça lui avait coupé ses moyens à l'époque. Et aujourd'hui, le regard de miss Midden lui faisait le même effet.

— Ne me parlez pas sur ce ton. Je ne suis pas une de ces pauvres créatures que vous terrorisez à la barre ni un de ces avocats bêlants que vous pouvez impressionner, dit-elle. Est-ce que le nom de Llafranc évoque quelque chose pour vous ? Je crois que c'est un port où vous gardez au mouillage votre yacht, le *Lex Britannicus*, non ?

Ce n'était pas vraiment une question mais le juge approuva d'un hochement de tête.

— Vous avez eu la chance d'échapper, grâce à votre neveu, à une sale accusation de trafic de drogue. Vous trouverez tous les détails dans cette enveloppe. Je l'ai forcé à tout expliquer par écrit. Je suis sûre que vous n'aurez aucune peine à vérifier l'authenticité de ce qu'il raconte. L'argent de ce sac représente tout ce que votre neveu a volé à sa tante. Je compte sur vous pour lui rendre cet argent. Et maintenant, je dois partir.

Avant même que le juge ait eu le temps de lui demander qui elle était et comment elle était entrée en contact avec son maudit neveu, miss Midden avait quitté les lieux, laissant derrière elle un vieil homme hagard qui se souvenait seulement que quelqu'un lui avait tenu tête dans son propre salon. C'était une femme qui portait une vieille jupe de tweed avec une tache sur le devant. Et un anorak informe. Une histoire dingue.

25

Sir Arnold marchait de long en large dans sa maison de Sweep's Place en méditant sur son sort. Dans son cas, on pouvait même parler de destin, voire d'une malédiction qui s'était acharnée à le poursuivre inexorablement et qui devait bien avoir un sens. Dans la vie, tout avait une signification qui, pour le commissaire, ramenait inévitablement à Dieu. Sir Arnold tomba à genoux dans son bureau et se mit à prier comme il ne l'avait jamais fait, implorant Dieu de venir à son secours et de lui envoyer un signe, une illumination qui lui permettrait de trouver l'issue de cette crise, la plus grave qu'il eût jamais connue. Ou alors, si Dieu ne voulait pas céder à ses supplications, n'aurait-il pas au moins l'infinie bonté de lui dire ce que lui, sir Arnold, avait fait pour mériter un pareil destin ?

Le commissaire n'allait pas jusqu'à se comparer au pharaon qui s'était mis dans un sacré pétrin avec l'Éternel et avait dû faire face à des invasions de sauterelles, des années de disette et toute la suite. Entre nous, ce métèque était un vrai salopard qui avait bien mérité ce que le bon Dieu lui avait balancé sur la tronche. Mais sir Arnold pensait souvent à lui en espérant — en priant ardemment même — que Dieu lui épargnât toutes ces calamités, particulièrement les années de disette. En fait, il se trouvait beaucoup plus d'affinités avec Job, qui était davantage un homme de son style et de son monde, un type on ne peut plus respectable, plein d'oseille et tout. Pourtant, qu'est-ce qu'il avait dégusté, le pauvre gars !

Le commissaire alla vérifier dans sa bible la liste des infortunes que Dieu avait fait pleuvoir sur ce malheureux. Atterrant ! Dieu lui avait vraiment fait la totale, à ce pauvre bougre. Pour commencer, les gens de Sheba font main basse sur ses bœufs et ses ânesses après avoir trucidé la moitié de ses domestiques. Puis Dieu envoie le feu du ciel et lui brûle toutes ses brebis, avec le reliquat de la domesticité. Trois bandes de Chaldéens lui chouravent ses chameaux, avec les bergers qui restaient. A ce point de l'histoire, sir Arnold se dit que ce pauvre Job avait dû avoir de sérieux problèmes de recrutement de main-d'œuvre par la suite. Pour sa part, il remerciait le ciel de n'avoir jamais travaillé pour un type de son genre. Et puis, comme si cela ne suffisait pas, ses fils et ses filles se font ratatiner par une sorte de tornade. Vous imaginez la taille des funérailles ! Mais pourquoi diantre Job s'était-il rasé la tête pour l'occasion ? Sir Arnold trouvait la réaction curieuse. Et Dieu ne s'était pas arrêté là. Naturellement, la santé du pauvre gars en avait pris un coup, avec toutes ces histoires. Le plus étonnant, de l'avis de sir Arnold, c'est qu'il n'ait pas disjoncté tout à fait. Il avait tout de même eu une belle éruption de furoncles, *depuis la plante de ses pieds jusqu'au sommet de sa tête*, et à une époque où les antibiotiques n'existaient pas, notez bien. Un jour, sir Arnold avait eu un furoncle sur la nuque et il pouvait vous garantir que ça faisait un mal de chien. Il préférait ne pas imaginer ce que ça devait être d'en avoir sous la plante des pieds. Enfin, pour couronner le tout, une petite vacherie finale : trois de ses copains, ou supposés tels, qui viennent l'empêcher de dormir pendant sept jours et sept nuits sans même trouver à lui glisser une petite phrase sympa comme « Te laisse pas aller, vieux ! » ou un conseil utile. Le commissaire était bien placé pour savoir ce qui arrivait à un gars qu'on prive de sommeil pendant une semaine. Remarquez, ils s'étaient relayés à plusieurs pour cuisiner le salaud, mais en tout cas l'expérience avait donné à ce scélérat une bonne leçon à méditer. A tout prendre, d'ailleurs, sir Arnold préférait, pour sa part, des flics qui vous hurlent aux oreilles tous les quarts d'heure plutôt que trois connards assis à vous regarder sans desserrer les dents, ce qui rendrait n'importe qui complètement maboul. Et tout ce que Job avait trouvé à faire c'était d'ouvrir la bouche pour maudire le jour. Qu'est-ce que le jour avait comme rapport avec toute cette histoire, bordel ?

Sir Arnold renonça à poursuivre sa lecture. C'était trop insupportable à la longue. Et, si sa mémoire était bonne, madame Job n'avait pas été d'un très grand secours, cette vieille peau. Elle avait osé dire à Job qu'il avait mauvaise haleine ou quelque chose de ce genre. Tu m'étonnes ! Avec tous ces ulcères, il devait sacrément cocotter. C'est sûr qu'aucune femme saine d'esprit ne devait avoir envie de s'approcher de lui.

Sir Arnold sauta quelques pages pour arriver à la fin du Livre de Job. Là, il fut étonné et ravi d'apprendre que l'histoire s'était plutôt bien terminée pour le pauvre zig, après toutes ces misères. Un jackpot de quatorze mille brebis et six mille chameaux et mille paires de bœufs et mille ânesses. Et sa femme qui l'attendait, fraîche et dispose, sur le lit. Pas étonnant après tous ces mois d'abstinence. Résultat : sept garçons et sept filles, des nanas supercanons, paraît-il. Après cela, Job avait vécu cent quarante ans, ce qui est assez renversant, non, quand on pense à tout ce qu'il avait enduré. Il devait marcher au ginseng ou à un truc comme ça. Dans l'ensemble, sir Arnold trouva le Livre de Job plutôt réconfortant, un peu comme être condamné à passer trois années en taule et trouver quelques millions de billets à la sortie. Enfin, pourvu que Dieu ne demande pas à Satan de lui filer des furoncles c'était tout ce qu'il demandait, parce que les furoncles sous la plante des pieds, c'est pas la joie.

Le message qui lui parvint de Londres ne l'était pas non plus. On le convoquait à Whitehall. La concision du message ne laissait rien augurer de bon. Il coïncidait avec une lettre des avocats de lady Vy contenant une déclaration détaillée, rédigée sous serment, où cette vieille salope affirmait qu'il l'avait violée à plusieurs reprises, qu'il avait exigé de la sodomiser pendant leur voyage de noces et qu'il la poussait à avoir des relations sexuelles avec les épouses de ses amis... « Sacrée putain de menteuse », avait hurlé sir Arnold. Mais derrière toutes ces manigances, il reconnaissait la main de cette enfoirée de tante Léa qui essayait de le baiser comme, sans doute, elle devait déjà baiser sa femme. Baiser ou son équivalent pour les gouines. La lettre se terminait en suggérant à sir Arnold de s'accuser d'adultère, d'accorder le divorce à sa femme et de prendre tous les torts et tous les frais à sa charge de façon à éviter — ouvrez les guillemets — une publicité de mauvais goût et fort préjudiciable — fermez les guillemets.

Même mis entre guillemets, les propos de sir Arnold auraient été difficilement publiables. Les honoraires du cabinet d'avocats Lapine et Goodenough étaient connus pour être exorbitants. Il serait obligé de vendre la Vieille Écluse pour payer la facture. C'est seulement à ce moment précis qu'il se souvint, avec une amertume considérable, qu'il avait fait mettre la propriété au nom de sa femme, pour éviter d'être accusé de collusion avec son ami Ralph Pulborough, le nouveau directeur de la Compagnie des eaux de Twixt et Tween. En bref, le commissaire divisionnaire n'était pas, dans son état physique ou mental, présentement capable de gérer les affaires de la police. Il avait bien d'autres chats à fouetter.

L'inspecteur Rascombe, pour sa part, se frottait les mains. Il avait été ravi d'apprendre qu'un vieux schnoque, en costume d'Adam, était sorti à sept heures trente de Middenhall pour traverser la pelouse avant de piquer une tête, toujours à poil, dans la pièce d'eau et de se mettre à nager sur le dos, je répète, sur le dos, en montrant son outil à toute la population, et particulièrement aux trente petits enfants hébergés dans les tentes.

— Son quoi ? avait demandé l'inspecteur sur son téléphone portable.

— Son outil. Son machin, avait dit l'inspecteur. Son zob, bon sang ! Il est en train de sortir de l'eau à l'instant. Il se sèche.

— Quoi ? Devant tous ces petits gamins ? Filmez-le !

— C'est fait, chef. On a filmé toute la séquence. Mais je ne les appellerais pas exactement « petits gamins ». Il y en a dans le tas qui sont de sacrés malabars.

— Ces salopards les aiment de toutes les tailles, les fumiers ! commenta Rascombe. Et l'autre con, qu'est-ce qu'il fait maintenant ?

— Il rentre à la maison, les couilles à l'air. Il agite la main... Attendez... Il envoie des baisers !

— Quoi, tonna l'inspecteur principal avec une intensité qui fit détaler un lapin de son terrier. Il envoie des baisers à des petits gosses ? Ça va lui coûter quelques années à l'ombre.

— Pas aux... enfin vous pouvez les appeler petits gosses si vous voulez, mais moi, ils ne me donnent pas l'impression d'être...

— J'en ai rien à foutre de vos impressions. Prenez la caméra. Séquence : envoi de baisers à des petits gosses.

— C'est ce que je fais, chef. Mais c'est pas aux gamins qu'il les envoie. C'est à quelqu'un du château. Quelqu'un à la fenêtre. Minute. Y a personne à la fenêtre. Je me demande ce qu'il fabrique...

— Moi je le sais bien, bordel. Et je sais ce qu'il va faire, d'ici peu de temps... De la taule, et je vous jure qu'il va pas rigoler, l'ordure.

Mais il fallut attendre huit heures quarante-cinq ce matin-là pour que les espoirs les plus insensés de l'inspecteur Rascombe se réalisent, avec l'arrivée de Phoebe Turnbird accompagnée du doyen de Porterhouse. Celui-ci portait une cape noire par-dessus sa soutane noire et une toque carrée sur la tête. Cet accoutrement hétéroclite ne correspondait à rien mais feu le général Turnbird avait toujours prétendu qu'un vêtement ecclésiastique, et en particulier une soutane et une toque carrée, contribuait par son côté religieux à impressionner les gamins de l'East End. En mémoire de son ami défunt, le doyen de Porterhouse avait donc conservé cette tradition. En revanche, Phoebe avait opté pour la plus estivale des tenues, une petite robe d'une blancheur éblouissante qui, selon elle, devait lui donner un air juvénile et primesautier. Pour compléter sa toilette elle arborait une extraordinaire capeline et elle s'était tartiné généreusement les lèvres d'un rouge parfaitement éclatant.

— Avec tous ces superbes jeunes étudiants qui dorment sous la tente, il s'agit d'assurer, avait-elle dit à son miroir en se préparant dans sa chambre.

De toute façon, c'était déjà bien d'avoir un homme sous son toit, même si ce n'était que le vieux doyen. Sujette à des bouffées de poésie, Phoebe se laissa aller à improviser : « Ma jeunesse, ma beauté et mon charme fatal/Ne peuvent, certainement, leur faire aucun mal./Par ce beau jour de mai,/il faut que j'aie l'air gaie. »

C'est précisément l'impression qu'elle fit sur la section de surveillance. Gay, sans aucun doute, mais toute jeunesse et beauté mises à part. Quant au charme, n'en parlons pas. Le manque de charme de Phoebe, même en selle et à un kilomètre de distance, avait sauvé la vie de nombreux renards qui avaient, à sa vue, préféré prendre la fuite et retrouvé un deuxième ou même troisième souffle. Sans compter qu'elle avait la fâcheuse tendance à sauter un peu vite sur sa proie.

— Putain, vise-moi ça ! D'où est-ce qu'elle sort, cette drag-queen d'enfer ? murmura le policier chargé de la vidéo alors qu'il filmait l'embarquement du doyen et de Phoebe sur une petite barque amarrée à la jetée.

Phoebe maniait les avirons avec une vigueur peu compatible avec la coquetterie de sa tenue. Le doyen s'était assis à l'arrière, plutôt mal à l'aise et l'air sinistre. Il portait un grand crucifix de cuivre et la bible familiale du général, deux objets qui accompagnaient traditionnellement le séjour de la Mission.

— Qu'est-ce que vous racontez ? demanda l'inspecteur Rascombe de son QG des transmissions.

Le policier de surveillance avait beaucoup de peine à trouver les mots pour décrire la scène. Malgré son aversion pour Rascombe, il devait reconnaître que ce salaud, pour une fois, avait mis en plein dans le mille.

— Ah, la vache ! Je crois qu'ils ont organisé une messe noire, dit-il. Dans la barque, il y a une espèce de curé à la gomme qui porte une énorme croix avec un sacré gros livre. Il est accompagné d'une sorte de Monsieur Univers en tutu blanc et avec une de ces paires de biscotos... Elle a tout du catcheur, cette grande folle. On n'a jamais vu un truc pareil. En tout cas, pas moi.

— J'espère que vous filmez bien la scène !

— J'essaie, chef. Mais y sont encore loin. Y sont arrivés dans une grosse Daimler. Vous auriez pas des renseignements là-dessus ? M'a tout l'air d'un corbillard, c'te bagnole...

— Doux Jésus, fit Rascombe, à la fois atterré et ravi de ce nouveau développement. C'en est probablement un ! A mon avis ils préparent un sacrifice humain. Vont égorger un des gamins. Ne les perdez surtout pas de vue !

— Les perdre ? Vous plaisantez, chef. Pas de danger qu'on perde cette évadée de la cage aux folles même par une nuit sans lune. Pas avec une robe blanche pareille et un tel galurin.

— Ce n'est pas ce que je voulais dire. Je veux dire : continuez de les filmer. Et puis, sacré bon Dieu, n'allez pas vous faire repérer. Les gars, on va faire les informations de huit heures sur toutes les chaînes télévisées, ce soir ! Je m'en vais réveiller tous les bons samaritains des ligues de protection de l'enfance. Ils ont intérêt à se pointer en vitesse, même si c'est dimanche.

— Feriez mieux d'appeler les gars de la Brigade d'intervention rapide à la rescousse, patron. Et vite. Ils ont débarqué et à terre y a d'autres types qui ont dressé une sorte d'autel devant les tentes. La vache, patron, c'est trop horrible. Je suis père de famille moi aussi...

L'inspecteur Rascombe marqua un temps de réflexion. Il n'avait certes pas envie d'être tenu pour responsable de l'assassinat d'un gamin au cours d'une cérémonie satanique.

— Écoutez, reprit-il, quand ils poseront le pauvre gosse à poil sur l'autel et que ce curé de mes deux commencera à débiter ses patenôtres, vous leur foncerez dessus, vous avez entendu ?

— J'ai entendu, chef, j'ai entendu. Mais si vous croyez que j'ai une chance de m'en sortir vivant avec ce mastodonte en robe blanche, on voit bien que vous ne voyez pas ce que je vois…

Il y eut une pause puis une série d'exclamations que Rascombe ne perçut pas, trop occupé qu'il était maintenant à rassembler un bataillon de spécialistes aguerris de la DDTASE (Département des traumatismes et abus sexuels sur enfants) par l'intermédiaire du quartier général de la police de Twixt. Mais les choses n'avançaient guère. Un standardiste lui avait répondu que c'était dimanche et que, à force de s'entendre traiter toute la semaine de semeurs de merde par des parents fous furieux et innocents et de subir les quolibets de leurs collègues de la Protection de l'enfance qui les appelaient la brigade DDT, ces pauvres bougres avaient bien le droit de faire la grasse matinée et…

— Je sais bien à quoi ils ont droit, moi ! J'ai entendu cette bande de zouaves témoigner au tribunal, alors vous n'allez pas me la faire à moi ! Il s'agit d'une affaire priorité numéro un. Et vous direz aux services d'urgence de la Protection de l'enfance de se remuer le cul, eux aussi, parce qu'on se retrouve dans le secteur avec une saloperie de messe noire sur le dos et qu'en ce moment le curé s'apprête à donner la communion et… Quoi ? Vous me demandez si je sais que le crucifix est supposé être à l'envers ? Et le bénitier, vous le voulez dans quel sens ? Non, moi, ce qui m'inquiète c'est le pauvre mioche étendu tout nu sur l'autel. S'ils vont le sodomiser ? Ben, non, à mon avis. Ou du moins pas tout de suite. Ils vont d'abord l'égorger et boire son sang dans un calice. Vous comprenez ce que je veux dire, espèce de débile ? Fin du message. Transmission terminée.

Au quartier général de la police, le standardiste avait bien saisi le message. Il se sentait lui-même terminé et fini.

Puis l'inspecteur Rascombe avait repris contact avec la

section de surveillance, où les exclamations s'étaient calmées.

— Qu'est-ce qui se passe, maintenant ? demanda Rascombe. Est-ce qu'ils ont déjà posé le gamin à poil sur l'autel ?

— Le gamin ? Non, pas encore. D'après moi, ils attendent une bonne femme qui arrive en courant du bout du lac et, bonté, je vous assure que ça vaut la peine de l'attendre, un vrai canon, cette nana. Elle porte une combinaison moulante argentée et vous verriez ses doudounes, patron, de vrais...

Mais l'inspecteur Rascombe se fichait bien de savoir à quoi ressemblaient ses nichons. Ils pouvaient même ressembler à ceux de Lolo Ferrari, il s'en battait l'œil.

En fait il ne se trompait pas de beaucoup. Consuelo McKoy était loin d'être une beauté naturelle. Elle avait consacré des années (et, dans son cas, elles étaient nombreuses) et une grande part des revenus de feu son mari à l'enrichissement des meilleurs chirurgiens plastiques de Santa Barbara. Vue à une centaine de mètres, elle avait le châssis d'une Rolls et elle avait largement dépensé l'équivalent de plusieurs Rolls pour parvenir à donner cette illusion. Consuelo avait la silhouette délicieusement svelte et pulpeuse d'une gamine de dix-huit ans, ce qui, vu qu'elle allait sur ses quatre-vingt-trois ans, n'était pas une mince prouesse. Tout ce que la liposuccion n'avait pas éliminé autour de ses cuisses et tout ce que les implants de silicone n'avaient pas réussi — pourtant ces nouveaux bouts de seins étaient extraordinairement réalistes — étaient admirablement compensés par sa combinaison en Lurex. L'élasticité du costume comprimait efficacement toute courbe indésirable et permettait de cacher le fait que son nombril n'était plus à sa place, mais niché, chose assez déconcertante, à la base de son décolleté. Déjà, à Santa Barbara, elle faisait sensation. Ici, à Middenhall, la présence de Mrs McKoy relevait du surréalisme. Et son apparition dans les rayons du soleil levant, vue d'une distance de deux cents mètres, laissa sans voix l'inspecteur de la section vidéo. Mais, même le souffle coupé, il continuait de filmer.

Il y a des actions qu'on regrette dans la vie. Choisir de zoomer sur le visage de Consuelo McKoy, lorsqu'elle amorça la ligne droite longeant le lac, fut sans conteste une action que l'inspecteur devait toujours regretter. Il vit tout de suite que quelque chose ne collait pas. Cette tête ne collait pas avec ce corps. En fait elle ne collait avec rien du tout. Même les chirurgiens esthétiques les plus doués, qui n'avaient pas hésité à tirer, voire enrouler, jusqu'à l'extrême limite de la résistance, la peau de sa gorge, de son cou et de sa poitrine, n'avaient pas réussi à colmater les ravages du temps et de la mésentente conjugale. Consuelo McKoy, née Midden, n'avait certes jamais eu un beau visage. Loin de là. A dix-huit ans, sa fascination pour la caisse enregistreuse de son père lui avait donné un air de vieille chouette rapace qui aurait dû rendre méfiant le caporal McKoy et l'avertir de ce qui l'attendait. Mais c'était un jeune homme innocent et plein de fougue, qu'une incurable passion romantique pour tout ce qui était anglais aveugla au point de ne pas trop observer le regard de la jeune caissière. Dommage pour lui qui se plaisait pourtant à répéter que les yeux étaient les fenêtres de l'âme. Une observation plus attentive lui aurait sans doute appris que d'âme, la jeune Consuelo en avait autant qu'un scorpion caché dans un Pataugas guettant l'arrivée du prochain pied nu. Ses yeux étaient petits et noirs, pareils à des lasers émettant des rayons de pure méchanceté, si bien que sa propre mère, femme pourtant placide et peu portée à l'hyperbole, avait dit un jour qu'ils lui rappelaient la roulette du dentiste tellement ils avaient l'air mauvais.

Pour l'inspecteur Markin, responsable du zoom intempestif sur ce masque tanné par le soleil et polylifté par les scalpels californiens, la vision de ces yeux fut la preuve que l'enfer existait et acheva de le persuader que le vieux corbeau au drôle de chapeau préparait quelque chose d'authentiquement luciférien sur cet autel improvisé. La chair de poule qui hérissa sa nuque ne devait rien au froid. Quand le doyen se mit à lire l'évangile dans la vieille bible de la famille Turnbird, l'inspecteur ne put que bredouiller, éperdu, dans son portable :

— Rappliquez en vitesse, bordel ! Ils ont commencé. Merde, c'est horrible, les gars. Je ne peux pas regarder ça. Oh, mon Dieu !

Mais Rascombe et la brigade du BIR convergeaient déjà vers Middenhall. Voitures et fourgonnettes s'étaient élancées à tombeau ouvert sur les routes étroites, écrasant au passage le chien et les deux chats de la ferme de Charlie Harrison, ce qui ne les ralentit même pas.

Heureusement, en un sens. A ce moment précis, Armitage Midden, Buffalo Midden comme il aimait se faire appeler, qui avait passé une soixantaine d'années à anéantir des troupeaux d'éléphants, de rhinocéros, de lions, de gnous et, bien évidemment, de buffles, qui avait sillonné l'Afrique en long et en large et qui prétendait avoir pisté plus de bêtes sauvages que n'importe quel chasseur blanc au nord du Zambèze, progressait avec la lenteur furtive et redoutable d'un traqueur de fauve sur les ardoises du toit de Middenhall, tenant à la main un fusil Lee Enfield calibre 303, vieille arme d'une possession tout à fait illégale. De la fenêtre de sa chambre, il avait aperçu dans les bosquets du jardin les mouvements de la section B qui allait prendre position dans une petite cabane de tôle ondulée — en fait l'ancien W-C des aides-jardiniers. Il n'avait malheureusement pas réussi à voir comment ils étaient armés, ou même s'ils étaient armés. Mais des hommes en tenue de camouflage, rampant dans l'herbe haute et se précipitant sur un abri, étaient la preuve évidente qu'il se tramait quelque action louche et certainement criminelle. Buffalo Midden venait justement de lire la veille un article sur l'IRA et les réseaux terroristes qui lui avait glacé le sang. On pouvait toujours prétendre que la menace bolchevique n'existait plus — ce dont il doutait fort car, à son avis, les Rouges guettaient le monde civilisé comme un buffle blessé sous un buisson d'acacias, au moment où on s'y attend le moins —, Buffalo Midden croyait dur comme fer à l'existence d'une conspiration planétaire, une alliance qui réunirait les sionistes, les ayatollahs, les Irlandais et naturellement les Nègres ainsi que tous les autres démons de son imagination. Maintenant, par cette belle matinée ensoleillée, c'était cette conspiration qui s'apprêtait à exercer ses talents meurtriers contre le château de la famille Midden.

Dans l'esprit de Buffalo Midden, la situation était parfaitement claire : ces salauds avaient choisi Middenhall, l'endroit idéal, isolé, éloigné du reste du monde, équipé d'abris antiaériens et d'anciens baraquements militaires, pour établir leur prochaine base terroriste. Perché sur le toit de l'imposante demeure, il se mit à couvert derrière une immense cheminée et visa soigneusement les ex-latrines et la racaille criminelle qui s'y était réfugiée. Avec toute l'expérience du vieux chasseur, il arma lentement ce fusil dont il avait réglé lui-même la détente avec une précision micro-chirurgicale et dont il connaissait parfaitement la sensibilité. Une fraction de seconde plus tard, deux policiers eurent également l'occasion de l'apprécier. Bien sûr, ils ne comprirent pas exactement ce qui s'était passé mais, en revanche, ils se firent rapidement une idée assez précise de ce qui risquait de se passer s'ils restaient plus longtemps dans leur abri de fer-blanc. Ils allaient y passer, tout simplement. La balle eut à peine le temps de traverser la porte avant et de ressortir par le mur arrière que les deux flics avaient vidé les lieux et couraient comme des lapins pour se mettre à couvert.

Buffalo Midden tira une deuxième fois. Puis encore, et encore… Bon Dieu, c'était vraiment le pied ! Mais certainement pas pour tout le monde. Coincés derrière l'enclos à cochons qui, fort heureusement pour les cochons, se trouvait maintenant inoccupé, les policiers entendaient les balles ricocher sur le béton et appelaient frénétiquement à l'aide sur leur radio. L'un d'eux était blessé à l'épaule et l'autre avait eu la jambe traversée par une balle. A quatre-vingt-cinq ans, le vieux Buffalo n'avait sans doute plus une acuité visuelle de dix sur dix, mais il y voyait assez pour atteindre une porcherie à cent mètres de distance, et son vieux fusil Lee Enfield, qui arrivait à abattre un éléphant mâle en pleine charge, tirait des balles d'un calibre tout à fait suffisant pour rendre la vie derrière un enclos à cochons extrêmement déplaisante.

De l'autre côté du lac, le bruit des détonations avait fait naître une légère inquiétude. Le fusil n'était pas équipé d'un silencieux car Buffalo Midden aimait avoir la certitude que son coup de fusil serait, pour la bête abattue, le dernier bruit terrestre qu'elle emporterait dans l'au-delà. Et le fracas effrayait tellement le troupeau que sa prochaine cible se mettait à détaler au triple galop, ce qui rendait la chasse sacrément plus sportive. Quand le feu cessa (Buffalo avait décidé de changer de position pour mieux viser les salauds cachés dans l'enclos à cochons), le doyen et son étrange assemblée se retournèrent pour essayer de voir ce qui se passait du côté de Middenhall.

L'inspecteur Markin fit de même. Son expérience des armes à feu lui permettait de reconnaître un gros calibre. Il se dit d'abord que ce con de Rascombe avait dû lancer les troupes du BIR dans la mauvaise direction contre Middenhall, où c'était inutile. On en avait plutôt besoin de ce côté-ci du lac où une messe noire venait de commencer.

Markin essayait désespérément de trouver ce qu'il pourrait bien faire quand les coups de feu reprirent. Mais cette fois, ils s'accompagnaient de cris et de hurlements.

Une fois de plus, Buffalo avait fait mouche et avait toutes les raisons d'être satisfait. A maintes reprises, il avait eu l'occasion d'entendre ce genre de râles qu'il savait synonymes de mort, une mort terriblement douloureuse. Il se releva, exultant, et descendit rapidement du toit. Il conservait un drapeau britannique dans sa chambre et il avait l'intention de le hisser au sommet du mât que son ancêtre Black Midden avait érigé pour célébrer le couronnement du roi George V.

26

Lorsqu'elle se remémorait plus tard les événements de ce dimanche, miss Midden avait coutume de dire que les gars du BIR étaient arrivées à point nommé. Nommé par qui, elle n'en avait pas une idée très claire. En tout cas, cette bande de clowns avait débarqué fort à propos. Mais à propos de quoi, au juste ? Là non plus, personne n'avait réussi à démêler le comment et le pourquoi de toute cette histoire, surtout pas les protagonistes qui, jusqu'à la fin — voire leur fin —, ne comprirent jamais ce qui s'était passé. Quand surgirent les enquêtes, les nombreuses enquêtes, l'inspecteur Markin, qui avait eu pourtant la possibilité de tout observer depuis l'aube (et ce qu'il ne voyait pas, il le devinait aisément, assez pour penser que ce foutu corbillard allait servir en fin de compte), même Markin donc, témoignant sous serment au cours d'interrogatoires répétés tout à fait déplaisants, ne put donner en son âme et conscience une description précise et cohérente de ce qui s'était passé. Il reconnaissait être allé se réfugier sous un tas de feuilles avec sa caméra vidéo et son portable (que les gens du tribunal s'obstinaient à appeler un « talkie-walkie » ; quant aux bandes vidéo, ils les passèrent une bonne dizaine de fois). Bien qu'étant un officier de police intelligent, observateur et plein d'expérience, il avait dû admettre n'avoir rien compris à cet enchaînement d'événements qui, pour lui, continuaient à n'avoir aucun sens, par quelque bout qu'on les prenne. Tout ce qu'il pouvait affirmer, c'est qu'il avait vu sortir du château un vieux bonhomme à poil qui allait nager et... Mais comment diantre deviner que sous cet immense chapeau et dans les plis de cette minirobe il y avait vraiment une femme ? (Fort heureusement miss Turnbird était absente du tribunal à ce moment-là, trop occupée à raffermir le moral — entre autres choses — d'une certaine personne.) Et si des ecclésiastiques rondouillards aimaient se promener avec une cape et un galurin bizarre sur la tête, une énorme bible reliée en cuir et une gigantesque croix de cuivre sous le bras, c'était bien sûr leur droit le plus strict. Mais si ces charlots montaient dans des barques pour traverser un lac à la rame et aller rejoindre une troupe de gosses qui, au dire d'un officier supérieur, n'allaient pas tarder à être sodomisés et violentés (ce qui était précisément la raison de sa propre présence sur les lieux), comment diable aurait-il pu imaginer qu'il s'agissait *vraiment* d'hommes d'Église et du doyen de Porterhouse, l'un des collèges les plus anciens et les plus respectables de Cambridge ?

Lorsque la cour lui demanda s'il désirait consulter un spécialiste du soulagement du stress et des traumatismes, ou s'il l'avait déjà fait, l'inspecteur Markin répondit que la seule chose qui le soulagerait vraiment, ce serait de pouvoir quitter au plus vite le commissariat de Twixt et Tween et d'être affecté à un poste où l'on ne lui demanderait pas de trouver une tête et une queue à des situations qui n'en avaient sans doute pas. Pour embrouillé et lacunaire qu'il fût, ce témoignage de l'inspecteur Markin se révéla autrement plus pénétrant que le récit de l'inspecteur principal Rascombe, l'homme qui était à l'origine de ce terrible désastre et de toute cette cascade de calamités.

Lorsqu'il s'engagea ce fameux dimanche, en tête de la colonne des troupes du BIR, à l'assaut de Middenhall, l'inspecteur Rascombe n'était plus exactement le même homme. Une série de nuits blanches dans son QG mobile, le bruit des balles qui sifflaient devant lui, l'extrême urgence d'une mission où il devait arracher à la mort de pauvres mioches innocents que Zaza la grande folle, ou enfin le travelo qui se cachait sous cette robe, s'apprêtait à égorger sur l'autel, avaient fini par faire naître en lui un nouveau personnage. Il n'était plus un simple inspecteur principal de la brigade criminelle mais, sans doute parce qu'il venait de lire *Opération Barberousse*, un livre d'Alan Clark sur la Seconde Guerre mondiale, il se voyait comme le Standartenführer Sigismund Rascombe de la Waffen Sturmgruppe BIR se préparant, sous les ordres de l'OberKommando de la Wehrmacht, à prendre d'assaut Middenhall ou à mourir au champ d'honneur. Ce n'était peut-être pas le meilleur moment pour se laisser aller à de tels fantasmes. L'inspecteur Rascombe ne manquait certes pas de la ferveur fanatique requise pour le grade de Standartenführer. Disons qu'il en possédait assez pour faire un SS obéissant, digne de figurer honorablement parmi les criminels de guerre nazis, à condition de ne lui confier qu'une responsabilité hiérarchique très limitée. A dire vrai, une absence totale de responsabilité aurait été l'idéal. Rascombe n'avait même pas la carrure d'un aide-cuisinier ou d'un bagagiste acceptable. Le seul domaine dans lequel il excellait, c'était l'organisation des catastrophes de grande envergure.

Par exemple, alors qu'il n'avait pas la moindre notion de l'aventure où il allait précipiter ses hommes, il ne savait pas, non plus, où se trouvait exactement le château des Midden. Il ne l'avait jamais vu et, pour lui, ce n'était qu'un petit point sur une carte d'état-major étudiée dans la fourgonnette empruntée aux British Telecom (là, son personnage de Standartenführer était remplacé par celui du général Montgomery qui avait dirigé toutes les opérations à partir d'une caravane), et les sections de surveillance n'avaient pas pris la peine de lui en faire la description. De toute façon Middenhall défiait toute tentative de description. Même le poète sir John Betjeman avait dû y renoncer et avait été obligé, pour se remettre de cette vision, de faire retraite dans un hôtel de Stagstead où il était resté alité pendant deux jours. Pourtant il n'avait regardé Middenhall que dix minutes, et du bout de l'allée.

Lorsque finalement Rascombe se trouva en vue du château, ce n'était pas ce qu'il attendait. Un bataillon d'hommes du BIR bondissant des véhicules, le fusil à la main, ce n'était pas, non plus, ce que Buffalo Midden attendait. Il venait de hisser l'Union Jack au sommet du mât et la vue de ces hommes en treillis l'amena à en tirer des conclusions très négatives. Il pensait avoir réussi à repousser l'assaut des terroristes islamo-judéo-négro-irlandais, mais il s'était réjoui trop tôt et ces salopards étaient revenus en force. Buffalo décampa prestement de son toit pour se précipiter dans sa chambre prendre sa carabine, son revolver et de nouvelles munitions pour le fusil Lee Enfield. Puis, histoire d'amuser un peu cette bande d'affreux, et de les tromper sur son angle de tir, il creva d'une balle bien placée tous les pneus des véhicules ainsi que le radiateur de la voiture de tête avant de faire retraite au deuxième étage. De là, il pouvait couvrir l'arrière et le flanc du bâtiment en passant d'une tourelle à l'autre. Ces appendices architecturaux étaient équipés de meurtrières absolument idéales pour une défense militaire, ce que personne, pas même Black Midden au cours de ses crises mégalomaniaques les plus aiguës, n'avait jamais imaginé. Pour tout le monde, ces fentes n'avaient pour but que d'embellir un bâtiment hideux. Mais Buffalo Midden, lui, était un vieux renard qui avait immédiatement compris leur importance stratégique. Quand les tireurs d'élite du BIR coururent se mettre à couvert, Buffalo put atteindre trois d'entre eux, chacun dans différents coins du jardin et dans différentes parties de leur anatomie. Ensuite, il tourna son attention vers les renforts venus secourir les membres encore vivants de la section réfugiée dans l'enclos à cochons. Quand il eut fini de s'occuper d'eux, trois policiers gisaient agonisant dans la porcherie et huit autres avaient été mis hors combat derrière la rocaille. Il était temps de changer de tactique.

Buffalo descendit quatre à quatre l'escalier en colimaçon menant au rez-de-chaussée pour parer à toute tentative d'infiltration par les cuisines. L'endroit était désert : la cuisinière et tout le personnel s'étaient réfugiés dans la cave, et tous les résidents de Middenhall, à l'exception de Consuelo, partie faire son jogging, erraient dans les couloirs en essayant de comprendre ce qui se passait. Buffalo ne fit qu'ajouter à la confusion générale en criant qu'on était attaqué par des terroristes de l'IRA et qu'on devait se battre jusqu'à la mort. Ce qui, pour Mrs Devizes, était déjà fait, encore que l'enquête n'ait jamais pu établir si c'est en combattant ou en regardant par la fenêtre sans ses lunettes qu'elle s'était fait abattre par un des tireurs d'élite. Le policier responsable n'avait pas été en mesure de donner son point de vue au tribunal, car il n'avait pas savouré très longtemps sa victoire. Buffalo, embusqué derrière le sofa du salon, l'avait très vite éliminé d'une balle tirée par la fenêtre ouverte, avant de filer par la salle à manger régler son compte à une autre silhouette noire qui essayait de se glisser par la porte de service. Mr Joseph Midden, le gynécologue retraité, avait été tué alors qu'il se penchait pour demander à un policier blessé ce qu'il fabriquait couché par terre au milieu de l'allée. Quant à sa femme, ses efforts pour l'empêcher de tomber par la fenêtre avaient probablement été mal interprétés, eux aussi.

A mesure que s'additionnaient les cadavres, les illusions militaires de Rascombe commençaient à se disperser. Tout comme l'équipe du BIR, d'ailleurs. Les hommes qui avaient survécu aux fusillades meurtrières du vieux Buffalo étaient partis se réfugier dans les coins protégés du jardin en attendant l'occasion de faire la peau à tous les salauds de cette putain de baraque. Pour sa part, l'inspecteur Rascombe, blotti derrière le véhicule de tête, se trouvait dans l'incapacité de coordonner la prochaine phase de l'opération Bambino sans son talkie-walkie resté à découvert. Même son intelligence, pourtant limitée, lui déconseillait d'essayer de le récupérer pour le moment. C'est finalement l'inspecteur Markin qui, de son poste d'observation, à l'autre bout du lac, put appeler les secours.

— C'est un vrai carnage, par ici, hurla-t-il dans son portable. Les gars tombent comme des mouches. Bordel de merde, faut faire quelque chose !

En l'occurrence, hurler n'était pas très judicieux. Le doyen venait de décider qu'il convenait d'évacuer vers des lieux plus paisibles miss Turnbird et les enfants de la Mission (la vieille pétasse en combinaison argentée n'avait qu'à se débrouiller) quand retentirent les appels au secours de l'inspecteur Markin. Découvrant un homme en treillis caché sous un tas de feuilles, miss Phoebe n'avait pas hésité à tirer des conclusions qui étaient aussi erronées que celles de Markin sur son sexe à elle. (Dans le cas de Phoebe Turnbird, le mot « genre » aurait d'ailleurs été plus approprié que celui de sexe.) Mais, dans les circonstances, son erreur était pardonnable. N'écoutant que son courage, et avec l'énergie d'une femme qui, de toute sa carrière de chasseur, n'avait jamais laissé un seul cheval refuser l'obstacle, que ce soit une haie, un mur ou un fossé (quelques chevaux avaient essayé mais ils l'avaient regretté), Phoebe Turnbird donna libre cours à sa passion inassouvie de femelle insatisfaite et reporta sur la personne de l'inspecteur Markin toute sa frustration sexuelle, que la fureur décuplait.

Combat bien inégal, en vérité. Un policier, enfoui sous un tas de feuilles et souffrant d'une homophobie parfaitement naturelle, n'est pas au meilleur de sa forme quand il se trouve attaqué par une walkyrie héritière du courage génétique de toute une lignée de Turnbird remontant aux premiers Saxons. On disait qu'un Turnbird avait combattu aux côtés de Harold à la bataille de Hastings. Et c'était cette même vaillance ancestrale qui inspirait miss Phoebe ce jour-là. Mourir ou avoir son homme. Ce fut plutôt l'inspecteur Markin qui faillit périr. Il n'est jamais particulièrement agréable de se faire boxer par une donzelle de trente-cinq printemps et cent kilos qui parle aux miroirs et écrit des poèmes avant d'aller rendre la vie impossible aux renards et autres bestioles nuisibles. Phoebe Turnbird ne doutait pas un instant que l'être qui se cachait sous le tas de feuilles appartînt à la catégorie des nuisibles, certitude d'ailleurs fortement confirmée par une absence totale de résistance. L'entendre répéter sans arrêt « pas de sodomie, s'il vous plaît, je n'ai pas envie d'attraper le sida » ne fit rien pour ajouter au respect ou à la sympathie que lui inspirait cette créature. Pour faire cesser ce flot d'indécences, Phoebe Turnbird s'agenouilla sur le policier et lui enfonça le visage dans la terre détrempée. Les gamins faisaient cercle autour d'eux et criaient leurs encouragements. L'un des plus âgés fut entraîné dans les buissons par Consuelo McKoy pour une petite leçon de choses non prévue dans les programmes scolaires.

Au même moment, l'allée de marronniers conduisant au

château se trouva le théâtre d'un nouvel épisode qui devait se révéler riche en péripéties. Des spécialistes du DDTASE (Département des traumatismes et abus sexuels sur enfants) arrivaient en force. Ils étaient précisément à Tween, ce week-end-là, pour une conférence nationale sur « L'inspection du sphincter : son rôle-diagnostic dans la détermination du viol parental ». Ce symposium rassemblait des spécialistes des quatre coins de la Grande-Bretagne : experts en sorcellerie venus d'Écosse, spécialistes de la sodomie du sud du pays de Galles, consultants en fellation infantile, conseillers en masturbation mutuelle pour adolescents, un certain nombre d'experts en stimulation clitoridienne, quatre vasectomistes (femmes) et une quinzaine de prostituées invitées à la conférence pour répondre à la question plus générale de l'ordre du jour : « Ce qu'il faut pour satisfaire un homme. » A en juger par l'allure de ces dernières, ce qu'il fallait aux hommes, c'était vraiment n'importe quoi, pourvu que ce « n'importe quoi » ait deux jambes, une minijupe et une rangée de dents carriées et n'arrête pas de se plaindre de son exclusion sociale. En fait, le mot clé de toute la conférence était « désavantagé ». Les sphincters étaient « désavantagés », les sodomites étaient « désavantagés », et on avait débattu longuement pour établir qui, des sodomisés ou des sodomisateurs, étaient les plus désavantagés. Finalement les sodomisateurs l'avaient emporté parce que, de l'avis des déléguées parlant d'expérience, ils ne constituaient pas une menace pour les femmes de plus de soixante-cinq ans. Consuelo McKoy aurait pu leur dire le contraire.

La leçon de choses qui se déroulait sous l'épaisse frondaison d'un bosquet du parc n'était pas du tout ce qu'elle avait escompté ni espéré. Le petit gars de l'East End n'aurait peut-être pas été en mesure de donner une définition précise des mots « vagin » ou « sphincter » — quoique, on ne sait jamais ! — mais confronté à l'anatomie de

Consuelo McKoy il avait choisi sans hésitation. Et les cris de sa victime, étouffés par la distance et par son incapacité d'ouvrir la bouche si elle ne voulait pas faire sauter les points de son dernier lifting, ne furent entendus de personne.

De toute façon, même s'ils avaient entendu ces cris, les spécialistes du DDTASE n'auraient pas bronché. SOS Mamies maltraitées relevait d'un autre département. Tout ce qu'ils étaient venus chercher maintenant, c'étaient quelques enfants en détresse, et le visage de ces bonnes âmes était éclairé d'une détermination farouche. Ou, pour être plus exact, assombri. L'angoisse les tenaillait. Sous couvert de soulager la misère morale et physique d'autrui, ces gens étaient principalement là pour déverser leur propre misère morale et physique. Il émanait de toute leur personne des relents d'émotions ambiguës et des miasmes de haine contre tout ce qui était sain ou normal. La cruauté et le sadisme dont ils s'étaient fait les spécialistes avaient fini par les contaminer. Culpabilisés par tous ces récits de massacres et de famines dans les pays lointains, ils cherchaient à apaiser leurs consciences minables en se consacrant à des activités minables et en accusant la société de tous les maux. Ou Dieu. Ou bien les parents et tous ceux qui aimaient les enfants au point d'exiger qu'ils soient polis, bien élevés et studieux. Pour eux, le grand coupable c'était le sexe, ce qui leur permettait de s'étendre complaisamment sur leurs propres déviations et de s'en délecter.

Ce matin-là, arrachés par devoir aux lits de leurs collègues, dans le luxueux hôtel de Tween où se déroulait la conférence, la plupart de ces spécialistes n'avaient pas eu le temps de se laver, ce qu'ils n'auraient pas fait de toute manière, car ils se délectaient de leur propre odeur, cette odeur de poisson pas frais qui leur rappelait leur vocation et qui justifiait leur rejet de toute hygiène. La délégation des consultantes en sorcellerie d'Aberdeen dégageait des effluves particulièrement puissants, et certains experts en fellation avaient encore quelques poils pubiens collés au menton. Tandis que leurs voitures participaient à l'embouteillage dans l'allée de Middenhall et finissaient de bloquer le portail d'entrée, les femmes débattaient de la suite pratique à donner à leur conférence. Les plus décidées se mirent à la recherche d'enfants sur lesquels elles pourraient exercer leurs talents d'expertes.

Mais les enfants avaient disparu. Avec une prescience remarquable, le doyen et les étudiants les avaient conduits au plus profond des bois et, abandonnant miss Turnbird, ils les avaient cachés à l'abri du mur d'enceinte. Seules quelques prostituées arrivèrent à se rendre utiles. L'une d'elle insista pour donner un dernier sacrement à un tireur d'élite agonisant. C'était la première fois qu'il était touché et il n'avait jamais été très porté sur la fellation. Mais la vieille pute l'ignorait. Elle cédait à sa vocation, tout comme les créatures rassemblées sous les marronniers. Elles avaient apporté à Middenhall tous les remugles d'un asile de vieillards décadent. Elles n'auraient pas pu mieux choisir.

27

Pour miss Midden, les détonations de fusil venant de Middenhall n'avaient rien de bien surprenant. Ce vieux clown de Buffalo s'était souvent vanté de pouvoir enseigner à tous ces gosses des rues comment pister et abattre un rhinocéros ou n'importe quelle bestiole similaire, en pleine course et à plus de cinq cents mètres. Voilà qui leur apprendrait à être des hommes. C'est probablement ce qu'il était en train de faire. Elle se retourna dans son lit et se rendormit. Elle était rentrée de son voyage à Londres bien après minuit et elle méritait de s'offrir une grasse matinée. Après tout, le vieux Buffalo pouvait faire ce qu'il voulait, ça ne la regardait pas.

En revanche, les vrombissements de la colonne de choc du SS Standartenführer Sigismund Rascombe, roulant à pleins gaz devant la ferme, semblaient indiquer qu'il se passait quelque chose d'extraordinairement anormal. Miss Midden enfila un peignoir à la hâte et descendit à la cuisine où elle trouva le major, planté devant la fenêtre, en train d'observer avec inquiétude le drapeau britannique flottant au sommet du mât, par-delà la cime des arbres.

— Un coup de Buffalo, dit miss Midden en mettant la

bouilloire à chauffer. C'est certainement ce vieux toqué qui nous joue les boy-scouts du troisième âge. A mon avis, il doit se prendre pour Baden-Powell.

Le major n'en était pas aussi convaincu. Son expérience militaire, en grande partie imaginaire et empruntée à d'autres, lui permettait cependant de comprendre que la ligne de tir et l'intensité du feu n'avaient rien à voir avec une démonstration de chasse aux grands fauves à coups de Lee Enfield. Elles suggéraient plutôt que Buffalo Midden s'était mis à tirer sur les gosses de la Mission. On pouvait, certes, le comprendre — le major avait été surpris par ces petites pestes un jour où il pratiquait l'onanisme derrière leurs tentes et il ne les aimait pas davantage que les pensionnaires de Middenhall dont les chambres avaient été cambriolées —, mais tirer sur ces petits salopards, vraiment c'était aller un peu loin. Ce qui l'inquiétait surtout, c'était ce défilé de véhicules de police. Même si cette colonne armée n'avait pas tout à fait la puissance des Panzerdivisions que l'inspecteur Rascombe se plaisait à imaginer, tous ces engins se déplaçaient à une vitesse qui leur conférait un caractère d'urgence et d'authenticité plutôt inquiétant. Le major était bien placé pour reconnaître les voitures de police : il avait eu maintes fois l'occasion d'en apprécier le confort. Encore plus inquiétante était cette fourgonnette singulièrement spacieuse avec l'inscription « Section chiens policiers » peinte sur le côté.

L'idée qu'il puisse se passer à Middenhall quelque chose de suffisamment grave pour justifier la présence de tant de chiens dans une aussi grande bagnole n'avait rien de très rassurant. Le major MacPhee avait peur des chiens. Un jour, il s'était fait mordre à la cheville par un fox-terrier et cette expérience lui avait suffi. Se faire tailler en pièces par une meute de bergers allemands l'emplissait d'une terreur bien légitime. Ce n'était pas ce qui inquiétait le plus miss Midden. Elle trouvait beaucoup plus alarmants tous ces hurlements et ces cris de douleur que les bourrasques de vent lui apportaient de Middenhall. Miss Midden ouvrit la porte de derrière pour mieux entendre. La fusillade avait repris, ainsi que les cris. Elle referma la porte et se mit à réfléchir.

— Mais qu'est-ce que nous allons faire ? demanda le major. Il se passe vraiment quelque chose d'épouvantable. C'est trop, trop affreux. On tire des coups de feu et la police...

— Faites-nous une bonne tasse de thé pour commencer, ordonna miss Midden. Et puis ressaisissez-vous un peu. Je vais téléphoner.

— Pourquoi ? La police est déjà sur les lieux..., bégaya le major.

Mais miss Midden était partie appeler son cousin Lennox Midden, l'avocat de la famille.

— J'en ai strictement rien à foutre de ta partie de golf, déclara miss Midden à Lennox, qui tentait vainement de lui expliquer que, inscrit au tournoi annuel d'Urnmouth, il ne pouvait pas intervenir à l'heure actuelle.

— Non, Lennox, demain il sera trop tard... Non, je ne peux pas te dire ce qui se passe précisément, mais un convoi de police vient de descendre à Middenhall avec des chiens et il y a une sacrée fusillade dans le secteur... oui, fusillade, j'ai bien dit fusillade... Comme « coups de fusil » ? Oui, exactement. Je vais ouvrir la porte et tu pourras juger toi-même.

Miss Midden tendit le combiné par la porte ouverte, ce qui lui permit de voir arriver le premier minibus de la DDTASE. Ses passagers, au visage figé dans leur farouche détermination charitable, lui glacèrent la moelle épinière.

— Bordel de merde, fit-elle.

— Comment ? bondit Lennox, profondément choqué. Qu'est-ce que tu as dit ? Non, ne répète pas. J'ai très bien entendu.

— Et les coups de feu ? Les cris ?

Lennox admit qu'il les avait entendus assez distinctement eux aussi et qu'il serait là aussi vite que possible. Miss Midden raccrocha et reprit ses réflexions. Il fallait faire quelque chose de Timothy Bright. Le sortir de la ferme pour commencer, avant que la police judiciaire ne se mette sérieusement à enquêter sur les événements de Middenhall. Elle reprit le téléphone et appela le manoir de Carryclogs.

— J'aimerais parler à miss Phoebe, dit-elle à l'accorte soubrette, comme feu le général Turnbird se plaisait à appeler Dora, la vieille gouvernante.

— Mademoiselle est à l'église, répondit la soubrette. Mais elle ne devrait pas tarder à rentrer.

Après l'avoir remerciée, miss Midden monta à l'étage pour persuader Timothy de se rendre sur-le-champ à Carryclogs. Elle n'eut pas à insister du tout. Ce qu'il avait pu voir et entendre de la fenêtre de la vieille nursery l'avait déjà convaincu que les gens de l'homme au rasoir étaient sur les lieux, prêts à l'écorcher vif comme Piggy le cochon. Il ne voyait pas d'autre explication. Le major, pour sa part, ne demandait pas mieux que de l'accompagner. Il était d'accord avec miss Midden. Toutes ces bonnes femmes dans les minibus ne présageaient rien de bon, pas plus que tous ces véhicules massés jusqu'au bas de la ferme.

— Je ne vais jamais pouvoir passer avec la voiture, fit-il remarquer.

— Eh bien, vous irez à pied, répondit miss Midden, conciliante. Un peu d'exercice vous fera beaucoup de bien à tous les deux. Pour ma part je resterai pour défendre la place.

La métaphore était justifiée. Quand le major et Timothy se mirent en route sur la lande, le bruit de la bataille avait redoublé. Buffalo Midden avait ouvert le feu de la fenêtre d'une des chambres puis il s'était replié à l'autre angle du bâtiment d'où il espérait bien atteindre le salaud planqué derrière la voiture de tête. A défaut, il espérait bien faire sauter ce bidule qui traînait par terre juste là devant. De la meurtrière de la tourelle est, il fit feu. Le talkie-walkie explosa et ses débris allèrent toucher l'inspecteur Cecil Rascombe dont les lunettes volèrent en éclats. Désormais coupé de tout contact avec ses troupes et avec la réalité, l'ex-Standartenführer Sigismund décida de faire le mort. Ce qu'il avait de mieux à faire d'ailleurs, car le pire restait à venir.

A l'origine, tout avait commencé par un incident mineur, mais ses conséquences se révélèrent colossales. Seule la cuisinière, tapie maintenant dans la fraîcheur et la sécurité de la cave avec le reste de la domesticité, s'était rendu compte qu'elle avait oublié sur la gazinière, dans sa fuite précipitée, deux grosses poêles à frire pleines de tranches de lard. Comme tous les dimanches, jour où les résidents insistaient pour prendre leur ration de cholestérol sous forme d'œufs sur le plat, lard et pain frits et champignons sautés, elle était en train de préparer leur breakfast. C'est alors que Buffalo avait donné le signal de la fusillade. Même elle, cuisinière perspicace bien que fort médiocre, n'avait aucune idée de ce qu'un kilo de tranches de lard bien grasses (d'après feu Léonard Midden, dont le corps reposait avec celui de feu Mrs Midden sur l'appui-fenêtre de leur chambre, la graisse était excellente pour l'utérus et il exigeait, sur la foi de rapports médicaux les plus douteux, que sa femme ait droit aux tranches les plus grasses) pouvait produire comme fumée — et comme flammes — lorsqu'il était chauffé au-delà des limites raisonnables sur un fourneau à gaz propane. Il faut reconnaître aussi que la petite jeune fille de Stagstead, venue aider en cuisine, avait fait preuve d'une négligence singulière en posant la bassine d'huile de friture tout à côté des poêles.

Quand la fumée du bacon eut complètement envahi la cuisine, ce fut au tour de l'huile de friture de s'y mettre. Il y eut une explosion, des flammes, et le premier rugissement de ce qu'on devait appeler ensuite « l'holocauste de Middenhall ».

Mais tout n'aurait pas été perdu sans l'intervention de Laura Midden Rayter, qui, mue par un remarquable courage, avait réussi à braver les flammes et la fumée, ignorant tout, malheureusement, des propriétés physiques d'un seau d'eau jeté sur une bassine d'huile en feu. Elle ne tarda pas à les découvrir. Impossible en effet de ne pas remarquer le rugissement de dix litres d'huile devenue une boule de feu mise, littéralement, sur orbite. La grosse table de cuisine en sapin se joignit à la conflagration. Une minute plus tard, c'étaient tous les placards et les étagères qui flambaient, et Mrs Laura Midden Rayter, qui avait laissé la porte du hall ouverte pour pouvoir s'échapper, eut comme dernière vision l'embrasement de la tapisserie choisie par Black Midden pour décorer les murs lambrissés de la salle à manger. Ces œuvres d'art flambèrent avec toute la rapidité que leurs motifs méritaient. A l'étage, d'autres Midden coloniaux, pris de panique et cloués au sol par le tir des policiers qui avaient fui la rocaille pour gagner les bois du château, essayaient d'atteindre le grand escalier de chêne avant qu'il ne parte en fumée. Ou en flammes. Mais il était déjà trop tard. Le tapis de l'escalier avait pris feu et la chaleur du vestibule était devenue intenable. Au-dessus de la cheminée de marbre, l'immense tableau de Black Midden, exécuté par le peintre Sargent, offrait un avant-goût de l'enfer. Le vieux Black n'avait jamais été bel homme et toute l'habileté cosmétique du peintre n'avait pas réussi à lui faire une gueule acceptable mais, maintenant, il avait pris une allure véritablement dantesque. Ce que bien peu de résidents de Middenhall eurent le loisir de juger, d'ailleurs. Ils semblaient tous saisis d'un désir de fuir Middenhall avec une urgence qui dépassait largement leur insistance à y obtenir des chambres à leur arrivée. S'installer au château n'avait pas été un problème. En sortir promettait d'être une autre affaire. Maintenant les flammes dévoraient tout le rez-de-chaussée, et même la table de billard s'était mise à brûler. Tout le monde se précipita vers l'escalier menant au second étage. Ce n'était pas la bonne décision. Seul Frank Midden le boiteux, ancien éleveur d'autruches de la région du Cap, eut la présence d'esprit de se jeter sur le toit de la véranda et de se laisser glisser jusqu'en bas, au risque de se faire tirer dessus. Mais cela valait mieux que d'être brûlé vif dans cette horrible baraque.

Tout en haut, dans une des tourelles du grenier, Buffalo Midden en était arrivé à la même conclusion. Une boule de feu, une véritable boule de feu, lui avait fait comprendre avec un chuintement terrifiant (dans la mesure où ce vieillard gâteux pouvait encore comprendre quelque chose), que ses ennemis avaient employé les grands moyens pour le déloger. Ce n'était pas la tactique qu'il avait imaginée mais elle prouvait que ces terroristes ne reculaient devant aucune méthode, même la plus radicale. Ils avaient sans doute décidé de réduire Middenhall en cendres dans un but de propagande comme ils avaient abattu le Jumbo jet de la Pan Am. Pour ce qui est d'abattre les « Jumbos », Buffalo ne craignait personne. Il avait conduit un jour un troupeau d'éléphants sur un champ de mines, qu'il avait reconstitué à partir de matériel récupéré au Mozambique, histoire de voir ce qui se passerait. Alors, qu'on n'essaie pas de lui donner de leçon. Si les terroristes voulaient jouer à ce petit jeu-là, ils allaient trouver à qui parler. En tout cas il n'avait pas l'intention de finir — puisque la fin semblait proche — sans une petite apothéose finale. Et mort à tous ces foies jaunes, sacrebleu ! Il venait justement d'apercevoir deux sinistres silhouettes noires qui mettaient à profit le nuage de fumée s'échappant de la cuisine pour prendre position derrière l'énorme citerne de gaz propane alimentant tout Middenhall. Saisissant un pistolet lance-fusée dans l'arsenal de sa musette, il visa la citerne.

Il eut alors un bref moment d'hésitation. Il ne connaissait pas bien la capacité de pénétration d'un tel engin. Il avait eu l'occasion de l'expérimenter sur un cochon d'eau et un jour il avait même réussi à abattre un vautour, en faisant le mort et en attendant que l'oiseau descende en tournoyant casser une petite croûte. Mais même dans l'esprit simple et sanguinaire de Buffalo, il y avait une grande différence entre un vautour, un cochon d'eau — vachement laid comme animal — et une cuve de propane. Il était sans doute plus sage de percer la citerne d'un coup de fusil avant de tirer la fusée en direction de la fuite de gaz. C'était un excellent plan. Un gros boum et adieu les enfoirés !

Le boum qui en résulta fut entendu jusqu'à Tween, une sorte de déflagration qui présentait toutes les caractéristiques d'un coup de tonnerre mêlé à l'explosion d'une raffinerie de pétrole. Quelque chose de comparable à la bombe d'Oklahoma City venait de faire sauter tout l'arrière de Middenhall. Même Phoebe Turnbird, occupée à tirer le corps de l'inspecteur Markin immobilisé par une prise de judo, fut touchée par l'explosion. D'autres eurent moins de chance. Certains furent atteints par des morceaux de Middenhall lui-même. Deux énormes colonnes corinthiennes de la façade s'abattirent sur les camions et les voitures de police garés dans l'allée. C'est d'ailleurs à ce moment précis que l'inspecteur Rascombe se dit qu'il fallait peut-être réviser ses propres priorités qui n'avaient foutrement plus rien à voir avec le sauvetage d'une poignée de morpions menacés d'égorgement sur un autel : il piqua un cent mètres vers le lac. Une fausse cheminée

Tudor de proportions titanesques dégringola sur le toit en zinc, déjà fragilisé par l'incendie de la cuisine, et qu'elle n'eut aucune peine à transpercer. Plusieurs membres du DDTASE avaient de graves ennuis et ne pouvaient espérer aucun secours de leurs compagnons d'armes, lesquels fuyaient en poussant des hurlements hystériques, poursuivis par des bergers allemands libérés fort à propos par leurs gardiens de leur camionnette surchauffée. Seules les prostituées semblaient résister à cette folie et se rendre utiles. Elles avaient l'habitude des chiens policiers et, comme elles étaient à la fois peu intellectuelles et complètement shootées à l'héroïne, tous ces événements les laissaient imperturbables. Mais elles avaient bon cœur. Elles se portèrent au secours de toutes ces bonnes âmes qui les méprisaient tant et aidèrent tous ceux qui étaient encore capables de marcher à se mettre à l'abri. Là, elles pansèrent leurs blessures et les réconfortèrent de leur mieux, avec, comme conséquence, une progression élevée de cas de sida dans la brigade DDT.

Les tireurs d'élite, embusqués derrière la cuve de propane, n'auraient plus jamais l'occasion de s'inquiéter d'attraper le sida. Ils n'auraient pas, non plus, à choisir entre l'enterrement ou l'incinération. Ils faisaient désormais partie de ce nuage en forme de champignon qui s'élevait au-dessus du mausolée architectural légué à la postérité par Black Midden. Buffalo Midden, lui aussi, avait suivi une trajectoire ascendante, mais il avait atterri par miracle, et en un seul morceau, sur un tas de fumier qui fermentait gentiment près du potager. Il en émergea une demi-heure plus tard sans comprendre ce qui s'était passé et en se demandant d'où diable pouvait bien provenir cette forte odeur de cochon roussi.

Il s'éloigna de cet univers d'apocalypse en titubant et s'arrêta pour demander à l'un des tireurs du BIR qu'il avait abattu si l'on était encore loin de Piccadilly Circus.

— Grossier personnage. Même pas foutus d'être polis dans cette sale cambrousse, murmura-t-il.

Puis il poursuivit sa route en trébuchant. Derrière lui, le château des Midden était en flammes et s'effondrait peu à peu sur lui-même et sur ce qui restait des Midden, ces malheureux qui avaient espéré y trouver un foyer où tout était gratuit, la table comme le couvert, avec tous les petits à-côtés auxquels ils s'étaient habitués sous les tropiques — des domestiques qu'on pouvait rudoyer, par exemple. De toute façon, même s'ils avaient vécu, ils n'auraient plus eu de domestiques à rudoyer. La cuisinière, sa fille et le personnel de cuisine avaient eu la vie sauve grâce à l'explosion de la citerne d'eau qui avait inondé la cave. Mais ils avaient failli mourir ébouillantés. L'arrivée d'une procession d'engins de pompiers n'avait pas été d'un grand secours : tous les accès au domaine étaient bloqués par les véhicules qui encombraient l'allée depuis la grille d'entrée. Et même les pompiers n'auraient rien pu faire. Middenhall, cette construction de brique, de pierre et de ciment d'un mauvais goût incommensurable, ce monument à la gloire d'une vanité, d'une stupidité et d'une rapacité impériales, était enfin devenu le mausolée que Black Midden avait souhaité léguer à la postérité, sans doute plus littéralement qu'il ne l'avait imaginé. Middenhall était désormais un morceau de l'histoire du comté de Twixt et Tween. Une pile de morceaux, présentement. Seule était restée intacte la grande table de billard, du moins le grand bloc d'ardoise qui la constituait et qui s'était effondré dans la cave en brisant au passage les derniers vestiges d'une superbe collection de bordeaux, portos et autres vins fins que Black Midden et ses successeurs avaient précieusement laissés vieillir et que les Midden des colonies n'avaient pas réussi à trouver et à liquider.

Et pendant ce temps-là, pendant tout ce déchaînement

apocalyptique qui devait emporter le château et ses habitants, miss Midden était restée imperturbablement rivée au téléphone. Assise dans le hall de sa ferme, elle avait eu une longue conversation avec Hilda, sa vieille copine de classe qui vivait dans le Devon. Elles avaient parlé d'histoires qui n'avaient rien à voir avec les événements actuels et évoqué les souvenirs bénis d'une autre époque quand Hilda et elle étaient allées en auto-stop jusqu'à Land's End. Miss Midden s'était ainsi forgé un alibi inattaquable. Personne ne pourrait venir l'accuser d'avoir été responsable de la destruction de cette infâme bâtisse qui avait gâché la vie de son père.

28

A son arrivée à Middenhall, le spectacle offert aux yeux de Lennox Midden (parler de « spectacle offert » relève de la litote et néglige le fait qu'il avait dû se taper un kilomètre à pied à cause des embouteillages) n'était pas de nature à rassurer un honnête avocat de la bonne banlieue londonienne qui s'était réveillé quelques heures plus tôt dans l'heureuse perspective de participer au tournoi annuel de golf du club d'Urnmouth. La scène qui l'attendait était bien éloignée des greens moelleux, des larges fairways, de la franche et chaude camaraderie du clubhouse où l'on se retrouve, après la partie, entre hommes convaincus qu'expédier une petite balle blanche aussi loin que possible donne un sens à la vie. Il y avait un gouffre, un abîme insondable, entre cet univers confortable et ce qui se passait à Middenhall. On apercevait bien encore quelques bandes de gazon entre les volutes de fumée, là où, récemment encore, des pelouses descendaient jusqu'au lac, mais ce gazon n'avait rien de moelleux. Il était hérissé de morceaux de ciment arrachés aux créneaux, de blocs de tourelles fichés dans le sol, avec, par-ci par-là, le spectacle navrant des corps de policiers morts ou blessés. Des camions de police ou des voitures défoncées cramaient furieusement dans l'allée. La grande véranda brûlait, elle aussi, tandis que la carcasse de l'imposante bâtisse n'était que vapeurs et cendres fumantes avec parfois un retour de feu venu des tréfonds de cet enfer comme dans un gigantesque cratère volcanique. Pour un Allemand ayant survécu à l'assaut final de Stalingrad, ou peut-être pour un soldat américain témoin de l'anéantissement barbare et inutile de la colonne irakienne au nord de Koweït City, la vue et l'odeur auraient certainement évoqué un spectacle familier.

Mais pas pour Lennox Midden dans sa tenue de golf. Il n'avait jamais été témoin d'un carnage et d'une destruction d'une telle ampleur. Sur la route et dans l'allée, à chacun de ses pas il découvrait d'autres horreurs : des spécialistes de la brigade DDT hagards, des policiers blessés, des prostituées au visage noirci, hideuses mais courageuses, des bergers allemands errant, affolés, la queue fumante et les moustaches roussies ; et même le vieux Buffalo qu'il ne reconnut pas sous sa couche de fumier de cochon et qui insistait toujours pour qu'on lui indiquât la route de Piccadilly Circus. De pareilles visions ébranlèrent chez Lennox toute sa foi dans les valeurs respectées de la classe moyenne. Quand il arriva enfin au bout de l'allée où un groupe de pompiers ne pouvait que contempler, effarés, les ruines fumantes de l'incendie qu'ils étaient venus éteindre, tous les derniers espoirs de l'avocat s'évanouirent. Il ne restait plus rien à sauver de Middenhall. A chaque instant, des pans d'étages tout entiers s'effondraient encore dans cet enfer, soulevant de gros nuages de cendres et de fumées. L'odeur était atroce. Pour Lennox, il était évident que ces flammes avaient englouti bien davantage que la demeure extravagante de son arrière-grand-père. L'odeur nauséabonde du barbecue géant où avaient péri ces Midden d'Afrique et d'Asie venus chercher, à l'abri de Middenhall, une retraite confortable et paisible, loin des remous d'indépendance, empuantissait l'air de cette journée d'été.

Lennox ne comprenait peut-être rien à la situation mais, en bon avocat,. il lui fallait un coupable à blâmer. Et à poursuivre en justice. Il obtint tous les renseignements nécessaires de Frank Midden, l'éleveur d'autruches boiteux qui avait échappé au feu et aux balles de la police en se laissant glisser de la véranda sur le toit d'un car de police. Maintenant il boitait des deux jambes, mais quelle importance !

— Sont ces salauds qu'ont tout commencé, grommela-t-il en indiquant un des tireurs d'élite en treillis noir. Ils ont déboulé du fond de l'allée comme des sauvages et ils se sont mis à tirer sur tout ce qui bougeait. Je les ai vus tuer Mrs Devizes quand elle s'est penchée par la fenêtre pour leur demander ce qu'ils fabriquaient. Maintenant elle ne le saura jamais, j'imagine.

— Mais ce sont des gens de la police, dit Lennox qui avait remarqué les inscriptions sur les véhicules, il doit bien y avoir une raison pour justifier cette fusillade.

Frank Midden ne le pensait pas.

— Une raison ? Des flics ? Si c'est ça la police britannique, je m'en retourne en Afrique du Sud. C'est pas des enfants de chœur par là-bas, mais chez vous, ces salauds sont de vrais...

Les mots lui manquaient. Lennox, de son côté, en savait assez. Si la police de Twixt et Tween se révélait responsable de cette attaque meurtrière sur des personnes et des biens, elle allait le payer cher. Lennox s'inquiétait surtout pour les biens, car le château, quoique absolument invendable, avait coûté une fortune à construire. Maintenant, réduit à ce tas de ruines fumantes, il était devenu carrément inestimable. Et, évidemment, on ajouterait à l'addition tous ces Midden calcinés. Son esprit d'avocat, parfaitement entraîné à évaluer au penny près les sinistres, n'arrivait même pas à estimer ce que cette aimable plaisanterie allait pouvoir rapporter en dommages et intérêts. En tout cas, il était certain, comme il l'avait déclaré à miss Midden avec un humour peut-être involontaire, que cette fois-ci on allait « se faire des couilles en or ».

Miss Midden s'abstint de tout commentaire. Elle n'avait pas la moindre idée de ce qui avait pu provoquer les événements catastrophiques de la matinée ni de ce qui avait poussé Buffalo à commencer cette fusillade. Quoi qu'il en soit, elle se sentait envahie d'un immense et macabre sentiment de gratitude. La malédiction de Middenhall avait été brisée.

Tout comme les lunettes de l'inspecteur principal Rascombe. Mais il n'en avait pas besoin pour se rendre compte (même de façon floue, et toutes ses idées étaient assez floues) qu'il était largement responsable de la destruction d'un énorme bâtiment, de la mort d'une demi-douzaine de tireurs d'élite du BIR et, à en juger par l'affreuse puanteur, de la fin de la plupart des occupants de ce putain de domaine. Tout en s'extirpant de la boue du lac artificiel où il s'était réfugié, il comprit, avec le peu de lucidité qui lui restait, que sa carrière d'officier de police touchait à sa fin. Dieu seul savait ce que le commissaire divisionnaire allait dire quand il apprendrait cette débâcle. Et, à entendre le bruit des hélicoptères tournoyant au-dessus de sa tête, il y avait des chances pour que le vieux soit déjà au courant et en train de chercher comme un enragé sur qui il pourrait (« pourrait », mon œil !) aller planter ses crocs. Le seul espoir de l'inspecteur, un espoir ténu et infime bien que très sincère, c'était que sir Arnold claque d'une crise d'apoplexie ou d'un bon infarctus.

Mais en fait, ce dimanche-là, le commissaire divisionnaire n'avait pas encore été informé de ce que la malveillance du destin lui réservait. Ce sursis était la conséquence de sa promesse de faire partager aux fidèles de l'église du Saint-Sépulcre à Boddington, 50 kilomètres au nord de Tween, le bénéfice de ses conversations avec Dieu. C'était plutôt une série de conseils assez mercantiles qui prêtait à Dieu un discours que n'aurait pas désavoué la Grande Dame elle-même.

— En vérité, je vous le dis, commença-t-il du haut de la chaire, si nous ne renforçons pas les liens de la libre entreprise et de la libre concurrence, nous nous retrouverons aux mains de Satan. Notre tâche ici-bas est de préserver tous les biens que Dieu, dans son immense bonté, dispense comme fruits de la libre entreprise, et de repousser ces autres fruits tentateurs que l'État-providence nous présente sur un plateau pour répondre aux besoins rédempteurs que nous aurions dû accepter en hommage à Notre-Seigneur. Ce qu'il importe de faire, mes chers frères et mes chères sœurs, c'est de vous assumer en tant qu'individus et d'éviter que la communauté ne le fasse à votre place sur le dos du contribuable. J'en ai eu un exemple encourageant précisément cette semaine, quand j'ai pu constater le nombre de comités de voisinage et de comités de vigiles bénévoles qui se sont constitués pour épauler la police, et particulièrement mes hommes, dans la tâche magnifique qu'elle s'est donnée pour mission. Je n'ai pas souvent la chance, ou devrais-je dire l'occasion, d'accomplir le travail du Seigneur comme Il nous l'ordonne et comme certains le font déjà si bien, c'est-à-dire en poussant les autres à se libérer des chaînes de la passivité et de la résignation et d'aller répandre auprès de nos frères moins fortunés les bienfaits positifs et stimulants de notre énergie, de nos richesses et de notre rayonnement. Cela ne signifie pas que l'on doive pour autant plier les genoux devant le besoin ou une soi-disant fracture sociale. Nous devons, au contraire, utiliser nos talents, nos capacités et nos richesses chaque fois que c'est possible. Comme me l'a dit le Seigneur, la route du Ciel est pavée de primes de participation tout comme la pente fatale de l'Enfer est semée de pots-de-vin. Donner un sou à un mendiant est bon. Tendre la main soi-même est méprisable. Ainsi, je vous le dis, mes amis, continuez à aider la police dans sa grande œuvre de prévention du crime et dans sa poursuite de la justice, mais n'oubliez jamais que le bien se trouve dans la voie du self-service et non pas l'inverse. Et maintenant, prions.

Devant lui, l'assemblée des fidèles inclina la tête tandis que sir Arnold, faisant appel à toute la puissance de sa rhétorique, se lançait dans une prière exaltant la campagne de prévention des vols de voitures et les services d'aide domestique bénévoles. Au total ce fut une très grande prestation.

— Vous vous êtes trompé de vocation, sir Arnold, lui dit le curé avant de prendre congé. Mais quand vous cesserez vos fonctions de policier, que vous accomplissez admirablement, peut-être entendrez-vous l'appel de l'Église ! Elle offre de nombreuses perspectives à un homme de vision de votre nature.

— Tout à fait, dit sir Arnold qui n'appréciait pas cette allusion à sa retraite, mais je me vois dans un rôle beaucoup plus humble, mon père, celui d'un malheureux pécheur dont le cœur se réjouit de pouvoir transmettre les messages du Saint Livre auprès de…

— Oui, oui, mon fils, absolument, coupa le révérend qui n'avait pas envie de se laisser submerger une deuxième fois par le flot oratoire du commissaire. Superbe sermon. Tout à fait superbe.

Le curé se tourna alors vers un de ses paroissiens, et sir Arnold descendit reprendre sa voiture. Sur le chemin qui le ramenait à Sweep's Place, il se mit à réfléchir à la façon dont il pourrait mettre à profit l'état de grâce qui l'envahissait chaque fois qu'il parlait de Dieu.

— Voilà qui devrait me protéger contre tout ce que Job a écopé. Dieu lui-même ne voudrait pas venir me contrarier dans le maintien de l'ordre et de la loi sur mon propre terrain.

Cet espoir fut de courte durée. En branchant son autoradio, il entendit un flash d'informations qui faillit l'envoyer emboutir un Abribus.

« On annonce la fin de la bataille de Middenhall qui a entraîné, depuis ce matin, une intense activité policière. Le bâtiment est en flammes et on signale une énorme explosion. Les pertes des forces de l'ordre sont estimées à neuf morts. On ne connaît pas encore les chiffres concernant les occupants de Middenhall. Nous vous tiendrons informés des nouveaux développements de la situation dès que possible. »

Le commissaire dut arrêter sa voiture sur le bas-côté. Il ne pouvait détacher son regard du poste de radio. Neuf policiers morts ? Neuf de ses gars ? Ce n'était pas possible ! Pas ses gars ! Ce n'étaient plus ses gars, c'étaient des cadavres. Foutre merde. Et Job qui pensait n'avoir pas la vie facile, le sale con pleurnicheur. Maintenant sir Arnold comprenait pourquoi il avait maudit le jour. Lui aussi. Il maudissait le jour où il avait nommé ce connard de Rascombe chef de la brigade criminelle. Pour ça, oui, il le maudissait. Et Dieu aussi, dans la foulée, pour avoir laissé engendrer un crétin du calibre de Rascombe. Le vieux bougre aurait dû faire preuve de jugeote. Même au niveau du spermatozoïde. Il aurait pu déterminer qu'il n'avait pas plus de cervelle qu'un… spermatozoïde, quoi. Et il fallait être un ovule vraiment pas dégoûté pour lui faire des avances. Un ovule complètement barge, oui. Si lui, sir Arnold, avait eu son mot à dire, il lui aurait tordu le cou, à cette espèce de têtard spermatique, et aurait foutu ce taré d'ovule à coups de pompe au fond des chiottes. Et si ça avait foiré, hypothèse improbable, il n'aurait pas hésité à recourir à une très longue aiguille à tricoter pour en venir à bout. Ou, mieux encore, à donner à maman Rascombe une bonne douche vaginale à base de Harpic ou d'eau de Javel, quelque chose qui lui aurait ôté pour un moment l'envie de remettre le couvert avec papa Rascombe.

Assis dans sa Jaguar, à l'entrée d'un de ces villages miniers de la circonscription de Twixt et Tween qu'il avait si brutalement contribué à transformer en un haut lieu du chômage, le commissaire voyait cette magnifique journée d'été sous une lumière bien différente. Pour lui c'était un jour sombre où s'amoncelaient à l'horizon de gros nuages d'orage, noirs et menaçants, aussi noirs que les alignements de maisons de mineurs, tristes rangées inhospitalières bordées de caniveaux jonchés de boîtes de bière vides. Certaines fenêtres étaient barricadées de contreplaqué et on voyait çà et là errer quelques-uns de ces malheureux qui n'auraient plus jamais de travail et qui, pour les plus âgés, étaient rongés par la silicose et par tous les tracas causés par leurs loubards de rejetons. Mais même ces gens-là, dans leurs masures misérables, avaient des raisons de se réjouir. Bientôt ils auraient l'immense joie d'assister à la chute de celui qui avait ordonné à ses hommes de briser les lignes de grévistes, et quelques crânes au passage pour faire bonne mesure. Ces fumiers ne manqueraient pas d'organiser des feux de joie à tous les coins de rue pour célébrer sa disgrâce et se soûleraient comme des vaches en portant des toasts pour qu'il crève. Le commissaire, incapable de supporter cette vision d'avenir terrifiante, reprit la route. Il avait peut-être des illusions sur beaucoup de choses mais certainement pas sur le soutien que lui apporteraient ses amis et ses alliés politiques.

Ils le laisseraient choir en vitesse et comme une belle merde même, tous ces Bload et ces Sent et ces connards prétentieux et arrogants qu'il avait aidés, comme ce Pulborough, le magnat de la Compagnie des eaux, tous ces lèche-bottes de la belle époque, une époque qui s'annonçait particulièrement sinistre désormais pour sir Arnold. Il sentait déjà se lever le vent de la disgrâce et la tempête du déshonneur.

« Nouveau flash d'informations : parmi les policiers, les morts s'élèvent maintenant à treize, et on estime à dix le nombre de tués chez les résidents de Middenhall. »

Le commissaire en fut consterné : ces abrutis du BIR n'étaient même pas foutus de viser juste. Le journaliste poursuivait en regrettant de ne pas avoir pu contacter le commissaire divisionnaire. Mais son adjoint, Henry Lodge, qu'on avait réussi à joindre à son domicile, avait reconnu qu'aucune autorisation pour une opération armée visant Middenhall n'avait été délivrée. Si quelqu'un avait donné un ordre d'attaque, lui, en tout cas, n'avait pas été mis au courant.

— Bougre de petit con ! hurla sir Arnold en direction du poste de radio, pouvait pas s'en tenir au « sans commentaire » habituel, l'enfoiré ?

C'était une question idiote et même sir Arnold pouvait s'en rendre compte. Il était clair que ce salopard voulait son poste et qu'il saisissait l'occasion de lui refiler le mistigri, avec toute la merde en prime. Maintenant, il était hors de question qu'il puisse rentrer chez lui à Sweep's Place. La maison serait encerclée de journalistes et de gars de la BBC avec leurs caméras, leurs micros et tout le tremblement. Ces gens-là voulaient sa peau depuis le début. Eh bien, ils devaient être satisfaits. Mais c'était sans compter avec toute sa ruse de vieux rat portant la peste bubonique. Sir Arnold chercha bien un moyen de s'échapper de cette trappe. Et le trouva. Une maladie foudroyante.

Un jour, au cours d'une vie exposée à de louches et brutales fréquentations, il avait entendu dire qu'avaler un tube de dentifrice provoquait des symptômes effrayants donnant toute l'apparence d'une grave maladie. Il s'arrêta dans un supermarché et acheta deux tubes, de marques différentes pour plus de sûreté, et une bouteille de tonic. On le retrouverait, affalé contre le volant de sa voiture, et tout près de l'hôpital général de Tween où l'on n'aurait plus qu'à le transporter très vite (il ne tenait pas à mourir) et à le soigner. C'est presque rasséréné et très déterminé que sir Arnold rentra dans Tween et, s'étant garé devant les portes du service des urgences, il réussit, assez difficilement à dire vrai et à grand renfort de tonic, à ingurgiter les deux tubes. C'est un geste qu'il devait regretter très vite. L'effet fut quasiment immédiat. Et atroce. Il sortit en titubant de la Jaguar et s'écroula dans la rue. Il ne faisait pas semblant. Il ignorait qu'il avait un ulcère, mais maintenant il le savait, et pour de bon. En tout cas ce n'était pas une hernie étranglée. Peut-être bien que c'était un empoisonnement au fluor, après tout. Bon Dieu, il n'avait pas pensé à ça. En rampant vers les grilles de l'hôpital, il eut la certitude qu'il allait y passer. Qu'il y passait. Si seulement il tenait ce petit saligaud qui lui avait bourré le mou avec cette histoire de dentifrice à la mords-moi le nœud... Il avait menti, l'enfoiré !

Une heure plus tard, il mesurait toute l'ampleur de la bêtise qu'il avait commise. A plus d'un titre.

— C'est la première tentative de suicide au dentifrice que je vois depuis le début de ma carrière, commenta le médecin qui venait de lui faire un lavage d'estomac. A mon avis, c'est un dingue.

Ce fut exactement le même commentaire à Whitehall. Le Premier ministre, qui avait suivi l'affaire à la télévision (ces hélicoptères avaient rendu un fier service aux médias) et qui aurait étranglé avec joie le commissaire de ses blanches mains, fut très étonné d'apprendre qu'après avoir avalé deux tubes de dentifrice sir Arnold était encore en vie. Il fut également horrifié d'apprendre de la bouche même de son chef des Services secrets que la brigade spéciale, diligemment expédiée à Tween par avion pour inspecter la maison de sir Arnold, avait déniché des douzaines de bandes vidéo prises dans un bordel où figuraient en gros plan d'importants membres du parti local ainsi que des hommes d'affaires bien en vue et d'importants collecteurs de fonds du bureau national. Le disque dur et la banque de données de l'ordinateur du commissaire avaient livré de nombreuses informations horriblement compromettantes.

— On doit s'en débarrasser, dit-il au ministre de l'Intérieur. Je me fiche de tous vos arguments. Je ne tolérerai pas qu'une personne aussi corrompue occupe un poste comportant d'aussi hautes responsabilités. Ça, jamais !

C'était une déclaration vraiment très forte pour un homme aussi faible. Mais de toute manière le ministre de l'Intérieur ne songeait pas à contredire le Premier ministre. Lui aussi aurait volontiers étranglé le commissaire, pas seulement pour toute cette pagaille à Middenhall. Mais pour des motifs plus personnels. Franchement, quelqu'un aurait bien dû le mettre en garde contre cet établissement d'Urnmouth et l'avertir qu'il risquait d'être filmé dans son rôle de Marlene Dietrich. Le moins qu'on puisse dire, c'est que l'avenir de sir Arnold promettait de n'être pas un lit de roses.

— D'un autre côté, il ne faudrait pas faire trop de vagues. Les gens du parti local sont tous dans le même bateau, poursuivit le Premier ministre.

C'était vraiment un homme très faible.

Cette fois, le ministre de l'Intérieur ne put partager son point de vue. Il était d'une humeur de dogue. Et ce bateau, il l'aurait volontiers torpillé. Et mitraillé tous les survivants.

29

Alors qu'on évacuait de la pelouse le dernier corps de policier, les médecins légistes de Scotland Yard arrivèrent à Middenhall.

— Je me contrefous de ce que peut dire ce crétin de Gonders, avait dit le ministre de l'Intérieur au commissaire de Scotland Yard, mais à partir de maintenant c'est vous qui prenez le commandement.

Aux experts revenait la tâche difficile, voire impossible, de distinguer les restes de Mrs Devizes de ceux de Laura Midden Rayter et des autres cadavres carbonisés. On comptait beaucoup sur les tests d'ADN. Et la cuisinière, rouge comme une écrevisse, fit un tabac à la télévision en expliquant, devant une audience de quinze millions de téléspectateurs, comment elle avait réussi à échapper à l'holocauste avec toute l'équipe des cuisines, en se cachant dans la cave et en se faisant ébouillanter. Quant aux bonnes âmes charitables, elles reprirent le chemin de leur hôtel de luxe pour se remettre à leurs travaux sur le sphincter et poursuivre leurs discussions, dans un contexte légèrement différent, qui s'appliquait cette fois-ci à ces trous du cul de policiers envoyés par l'État prouvant, une fois de plus, son antiféminisme. Bref, tout commença à rentrer dans l'ordre et le doyen de Porterhouse ramena sa Mission dans le quartier de l'Isle of Dogs, loin de l'horreur encore fumante de ce qui avait été un jour le château de Middenhall. Dans son taillis, Consuelo McKoy avait rajusté sa combinaison argentée, après avoir totalement changé d'opinion au sujet des petits garçons.

L'inspecteur Rascombe aussi. Du fond du car de police, il se jura de ne plus jamais s'inquiéter du sort des petits enfants, quoi qu'il advienne. On pouvait organiser toutes les messes noires de la terre et égorger ces petits connards au rythme de un par heure, il ne s'en mêlerait plus. Il chanterait même alléluia. Il n'avait pas tellement de raisons de chanter, présentement. On l'attendait au quartier général de la police et les deux inspecteurs qui étaient venus le récupérer l'avaient prévenu que deux enquêteurs étaient partis de Londres par avion rien que pour pouvoir bavarder un peu avec lui. Rascombe imaginait tout à fait le style de bavardage : il avait eu l'occasion lui aussi de « bavarder » avec des prévenus qui n'avaient pas eu l'air de beaucoup apprécier l'expérience.

Phoebe Turnbird avait abandonné l'inspecteur Markin dans les bois, les pouces liés derrière un arbre. C'était un vieux truc que lui avait enseigné son père, le général, qui l'avait souvent pratiqué sur les prisonniers de guerre qu'il devait interroger. Puis Phoebe se dirigea d'un pas triomphant vers la ferme Midden. Sa robe blanche était tachée et déchirée et sa capeline cabossée. Elle tenait à consoler cette pauvre Marjorie Midden et lui dire combien elle était affreusement, vraiment affreusement désolée de toutes ces pertes si tragiques. A son grand étonnement, elle trouva miss Midden assise sur le pas de la porte, l'air remarquablement guilleret pour une femme qui venait de tout perdre.

— Oh, ma pauvre chérie…, attaqua Phoebe qui avait

décidé d'ignorer le rayonnement d'intense satisfaction qui illuminait le visage de miss Midden.

Miss Turnbird, bien que portée à la poésie, n'était ni très sensible ni très perspicace. Ou disons que chez elle la poésie remplaçait sensibilité et perspicacité. Elle était arrivée, bien décidée à offrir sa compassion à cette pauvre chère Marjorie, avec une bonne dose de condescendance par la même occasion, et c'était ce qu'elle allait faire, contre vents et marées. Mais miss Midden n'entendait pas se laisser gâcher une si belle journée et n'était pas d'humeur à supporter tout ce sirop sentimental écœurant dont Phoebe Turnbird comptait l'abreuver. D'ailleurs, il était facile de voir que miss Turnbird n'avait pas précisément passé le jour du Seigneur en dévotions. L'état de sa robe, les restes d'humus sur sa figure et sur ses mains l'indiquaient assez clairement. On devinait aisément qu'elle sortait d'une agréable séance d'observation de feuilles à l'envers et que l'expérience avait été plutôt satisfaisante.

En la regardant, miss Midden fut prise d'une soudaine inspiration. Elle leva la main et la voix :

— Arrête tout de suite, Phoebe. Pas la peine de te fatiguer. Prends plutôt une chaise et assieds-toi. Non, attends. Va d'abord dans la salle de bains te laver la figure. Comme ça, tu ressembles à Barbara Cartland. Enfin, disons que ce n'est pas ton style, ce rouge à lèvres. J'imagine que tu en as mis pour faire plaisir à ce vieux doyen qui a dit un jour… enfin, passons. Je vais nous préparer une bonne tasse de thé et après, j'aurai quelque chose à te dire.

Phoebe monta de son pas lourd au premier étage. En descendant, elle était nettement plus présentable. Du moins, le rouge à lèvres avait disparu. Mais toutes ses récentes tentatives pour s'épiler les sourcils avaient été malheureuses et évoquaient tout à fait une crise de pelade.

Phoebe saisit une chaise et alla rejoindre miss Midden dans le jardin.

— Bon. Maintenant, Phoebe, j'ai quelque chose à te dire et je veux que tu m'écoutes attentivement. J'ai bien peur d'avoir abusé de ton hospitalité, dit-elle en lui tendant une grande tasse de thé. Il y a un très gentil garçon qui est venu passer quelques jours chez moi. Il a eu une dépression nerveuse qui lui a laissé les nerfs fragiles. Alors ce matin, quand a démarré toute cette fiesta à Middenhall... Non, ma chérie, ce n'est pas le moment de me raconter. Ce que j'ai à te dire est bien plus important. Comme je disais, donc, quand la police s'est mise à tuer tous les gens par là-bas, j'ai tout de suite pensé à toi et à Carryclogs pour ce pauvre garçon. A vrai dire, ce n'est plus exactement un garçon mais plutôt une grosse brute de vingt-huit ans qui ne brille pas par son intelligence. Il prétend s'appeler Bright, Timothy Bright[1], un nom qui ne lui convient guère. Mais ça fait partie de son problème. Il a vaguement travaillé dans la City et le stress a été trop fort pour lui. Il souffre de cauchemars épouvantables, ce qui ne m'étonne guère. On ne peut pas exiger d'un jeune homme normalement constitué qu'il passe ses journées devant un écran d'ordinateur à brasser des millions et s'attendre qu'il reste sain d'esprit. C'est une vie qui n'est pas naturelle. Je crois qu'avec l'aide apaisante du temps, beaucoup d'affection, une nourriture saine et une vie au grand air il redeviendra rapidement vif comme un gardon. Il doit bien monter à cheval et savoir tenir un fusil, c'est tout à fait son genre. Donc, je l'ai envoyé chez toi parce que je sais à quel point tu es bonne, dévouée et affectueuse. En plus, il est de ta classe sociale. J'ai rencontré son oncle et il est vraiment de très bonne famille. Il a d'assez bonnes manières. Je suis sûre que tu vas pouvoir l'aider, ce pauvre

1. *Bright* signifie « brillant et intelligent » en anglais. *(N.d.T.)*

garçon. Enfin, j'espère que tu ne m'en voudras pas d'une telle initiative mais j'ai pensé...

Ce que miss Midden pensait vraiment, elle comptait bien le garder pour elle-même. Mais elle pariait qu'il ne faudrait pas longtemps à Phoebe Turnbird pour étreindre ce lamentable voyou sur son sein généreux et le conduire sur le chemin de l'autel. Sinon, elle ne s'appelait plus Marjorie Midden, fille de Bernard Foss Midden et de Cloacina von Mistaufen, elle-même fille du général von Mistaufen, que son père avait rencontrée et épousée quand elle était venue rendre visite au général mourant, au château de Middenhall en 1949. Miss Midden n'avait jamais connu sa mère qui était morte en lui donnant le jour. Mais son père en avait toujours parlé comme d'une forte femme, extrêmement têtue, dont la cuisine allemande roborative avait fait des merveilles pour son estomac délicat.

— Cette chère Clo, disait-il, comme ses Blutwursts et ses Nachspeise me manquent parfois ! Elle avait un merveilleux appétit, ta mère. C'était un plaisir de la voir manger. Elle me disait « Nous ne sommes pas des "von", réellement. Ni même des Mistfaufen. C'est de la prétention. On est des "Scheisse", tout simplement, comme vous êtes des Midden[2]. Mais le Kaiser est intervenu et finalement on s'est retrouvés von Mistaufen. Mais je préfère Scheisse. Plus terre à terre et sans tralalas. » Et il y avait beaucoup de vérité dans ces paroles. C'était une femme remarquable, ta mère. Beaucoup de jugement.

Quelques instants plus tard, laissant derrière elle un ciel envahi de panaches de fumée, miss Midden raccompagna Phoebe jusqu'à Carryclogs et récupéra le major MacPhee.

---

2. *Scheisse* signifie merde, et *midden*, fumier. *(N.d.T.)*

Elle s'était enfin débarrassée de Middenhall et de tous ses « tralalas » et elle comptait bien ne plus jamais y penser.

Elle s'était également débarrassée de tous ses problèmes d'argent. Dans un grand carton au-dessus de son armoire l'attendait un paquet entouré de papier kraft contenant les milliers de livres ayant appartenu à l'homme au rasoir qui avait tant terrifié ce pauvre Timothy. Cet argent n'irait pas plus loin désormais. Les Bright avaient récupéré leur fric et Phoebe, un fiancé. Miss Midden continuerait de vivre à la ferme et laisserait à Lennox le soin de faire cracher aux autorités jusqu'à leur dernier penny en compensation de la perte de Middenhall. Mais elle n'irait pas au mariage de Phoebe comme elle le lui demanderait sans doute. Comme demoiselle d'honneur.

Cette pensée fit frissonner miss Midden. Ce mariage serait certainement une affaire bruyante et de très mauvais goût. Et puis elle avait passé l'âge d'être une demoiselle et l'honneur, elle n'en avait cure. Elle resterait ce qu'elle était : une femme tenant par-dessus tout à son indépendance. Le mariage ne la tentait pas. Il y avait assez de Midden par le monde pour ne pas souhaiter en procréer d'autres. Le major pouvait rester à la ferme s'il en avait envie, ça lui était bien égal. Il lui faisait pitié, le pauvre bougre, et elle apprécierait son aide dans la maison. Mais elle doutait fort qu'il choisisse de rester. Il ne résisterait pas longtemps à l'appel de cette vie du caniveau, ce qu'il avait appelé un jour *la nostalgie de la boue*[3] même si dans son cas il s'agissait moins de boue que d'ordure. En dépassant le carrefour des Sept-Chemins avec la vieille Humber, miss Midden aperçut une silhouette clopinante, loqueteuse et couverte de saletés qui marchait dans leur direction. Elle s'arrêta pour proposer un peu d'aide.

---

3. En français dans le texte.

— C'est très aimable à vous. Je cherche Piccadilly Circus mais ici, personne n'a pu me renseigner.

C'était Buffalo Midden et, dans son cas, la boue n'était pas une figure de style.

— Montez, dit miss Midden. Je vais exactement dans cette direction.

A ses côtés le major commença à grommeler et à protester.

— Bouclez-la, fit miss Midden. Bouclez-la ou alors descendez et rentrez à pied.

Le major choisit de la boucler. Il avait assez marché ce jour-là.

En approchant de la cour de la ferme, miss Midden comprit qu'elle n'arriverait jamais à se débarrasser de tous ces vieux bonshommes stupides aux idées loufoques. Mais comme elle était généreuse et pleine de bon sens, ça ne la dérangeait pas.

En un sens, elle avait trouvé sa vocation.

Cet ouvrage a été réalisé par la
SOCIÉTÉ NOUVELLE FIRMIN-DIDOT
Mesnil-sur-l'Estrée
pour le compte des Éditions 10/18
en mai 1999

Imprimé en France
Dépôt légal : mai 1999
N° d'édition : 3020 – N° d'impression : 46969